普通高等教育酒店管理专业系列教材

前厅与客房管理

主　编　田雅琳

副主编　朱　婕　张　立

参　编　李爱军　肖轶楠　魏　畅

机械工业出版社

酒店管理是一门应用性极强的专业，它要求从业者既掌握管理理论知识，又有实践技能经验，这样才能满足日常工作的需要。为此，本书在编写过程中，力求将酒店运营中最为重要的前厅与客房两大核心部门的知识清晰呈现出来，同时又突出内容的实用性，让读者能够学以致用。本书在编写体例上有所创新，每章以引导案例与思考题作为切入点，旨在为读者再现一个“真实”的酒店工作场景，身临其境地掌握本章的知识和管理技巧。同时，每章开篇列有知识目标和能力目标，以便读者能够有的放矢地学习。除此之外，每章穿插着许多生动、有趣的小案例、小知识，在注重服务技巧、管理能力的同时，更注重培养读者对酒店管理的兴趣，坚定从事酒店管理工作的信念。

本书可作为高校旅游管理专业、酒店管理专业的本科、专科教材或教学参考用书，也可作为酒店各级管理人员以及前厅部和客房部的培训教材。

为方便教学，本书配备了电子课件等教学资源。凡选用本书作为教材的教师均可登录机械工业出版社教育服务网 www.cmpedu.com 免费下载。如有问题请致电 010-88379375 联系营销人员。

图书在版编目（CIP）数据

前厅与客房管理/田雅琳主编. —北京：机械工业出版社，2014.1（2022.1 重印）
普通高等教育酒店管理专业系列教材
ISBN 978-7-111-45116-7

Ⅰ. ①前… Ⅱ. ①田… Ⅲ. ①饭店—商业管理—高等学校—教材 ②客房—商业管理—高等学校—教材 Ⅳ. ①F719.2

中国版本图书馆 CIP 数据核字（2013）第 298720 号

机械工业出版社（北京市百万庄大街 22 号 邮政编码 100037）
策划编辑：徐春涛 责任编辑：徐春涛 马碧娟
封面设计：马精明 责任印刷：常天培

北京中科印刷有限公司印刷

2022 年 1 月第 1 版第 9 次印刷
184mm×260mm · 12.75 印张 · 312 千字
标准书号：ISBN 978-7-111-45116-7
定价：39.00 元

电话服务 网络服务
客服电话：010-88361066 机 工 官 网：www.cmpbook.com
010-88379833 机 工 官 博：weibo.com/cmp1952
010-68326294 金 书 网：www.golden-book.com

机工教育服务网：www.cmpedu.com

普通高等教育酒店管理专业系列教材

编写委员会

序

近年来，随着我国酒店业的快速发展，竞争也变得越加激烈。竞争的成败在于核心竞争力，而人是核心竞争力的主要因素。酒店业对高素质人员的需求日益增长，酒店业专业人才的培养迫在眉睫。

北京联合大学旅游学院是国内第一批从事旅游教育的专业学院，自 1978 年到现在，酒店管理本科教育历经了三十多年的积淀，形成了良好的知识体系和教学理念，也为酒店业输送了大批的优秀管理人才。为了适应目前酒店业对管理人才的迫切需要，我们把酒店管理的教学经验通过系列教材的形式进行总结，为酒店管理专业的学生和管理人员提供适用的教材，以改变目前相关教材不多、教材与酒店实际管理脱节的现状，进而有效满足酒店管理人才培养的需要。

该系列教材的主编具有较高的国际视野和专业知识，有些主编人员在业界具有较高的知名度。参编人员多是来自酒店、餐饮业的专家和高级管理人员，因此教材从理论到实践具有较高的水准和实用性。

本系列教材的主题涉及范围很广，它包括《酒店业导论》《酒店服务营销》《酒店管理信息系统》《酒店服务流程管理》《酒店餐饮管理》《前厅与客房管理》《酒店战略管理》《酒店财务管理》《酒店人力资源管理》和《酒店质量管理》。内容囊括了酒店业中几乎所有的管理、营销和操作领域的知识，侧重培养酒店管理人员系统性的知识、能力和技能，具有层次分明、结构合理、内容全面的特点。

编写本系列教材的目的是与相关院校分享我们的教学经验，为酒店管理人才培养提供好的教材，为酒店在职人员知识更新和理论提升提供有针对性的参考资料，同时也希望为我国旅游接待业的健康发展做出应有的贡献。

北 京 联 合 大 学 副 校 长
北京联合大学旅游学院院长
黄先开

前　言

酒店业作为旅游行业的重要组成部分，在我国社会经济进程中飞速发展。目前我国酒店业正在从服务接待型向质量效益型转变，行业对人才的需求有了较高的标准。酒店管理又是一门应用性极强的专业，它要求从业者既掌握管理理论知识，又有实践技能经验，才能满足日常工作的需要。但目前高校培养的学生，特别是酒店管理专业学生，长期受传统教育模式的束缚，往往存在着专业知识不扎实、动手能力不强的问题。高等院校酒店管理人才的培养存在“供需错位”现象，不能满足我国酒店业日新月异的发展需求。

“前厅与客房管理”是酒店管理专业必修的专业核心课程，在本书的编写过程中，我们力求将酒店运营中最为重要的前厅与客房两大核心部门的知识为读者清晰呈现出来，同时又突出内容的实用性，让读者能够学以致用。考虑到酒店管理专业的学生绝大多数没有酒店工作经验，纯粹的理论说教和流程展示难免令人厌倦，本书在编写体例上有所创新，每章以引导案例与思考题作为切入点，旨在为读者再现一个“真实”的酒店工作场景，让其身临其境地掌握本章的知识和管理技巧。同时，每章开篇列有知识目标和能力目标，以便读者能够有的放矢地学习。除此之外，每章穿插着许多生动、有趣的小案例、小知识，在注重服务技巧、管理能力的同时，更注重培养读者对酒店管理的兴趣，坚定从事酒店管理工作的信念。

本书由北京联合大学旅游学院的田雅琳担任主编，负责全书的设计、统稿工作。具体编写分工如下：第一～六章由成都职业技术学院旅游学院的朱婕、四川省旅游学校的张立共同编写；第七～十章由田雅琳编写。

本书在编写过程中得到了北京瑞吉酒店房务部魏畅、四川锦江集团饭店事业部副总经理何涛、西藏饭店总经理陈蓉等业界专家的大力支持，为本书编写提出了宝贵建议，在此一并表示感谢。

因为酒店业知识更新速度的加快和个人能力的有限，本书还有很多不尽如人意的地方，我们愿意随时听取读者的批评和建议，改进不足之处。

编　者

目　　录

第一章 走进“酒店的窗口”——前厅部

知识目标

- 认识前厅部的工作任务
- 熟悉前厅组织结构
- 明确前厅各基本岗位所需的素质和能力要求
- 了解酒店大堂的功能分区及作用

能力目标

- 根据酒店的等级和规模，能为前厅部设计相应的组织机构
- 培养与其他部门相互合作协调的意识及能力
- 能对大堂进行合理地布局和设计

引导案例

某天下午6点钟左右，酒店大堂里来了三位客人，当客人提出要开特价房时，前厅的接待员很礼貌地告诉客人：“对不起，先生，这种房间已售完，您看其他的房间可以吗？”话未说完，客人就不高兴了：“怎么会没有呢，是不是你们骗我？”接待员耐心地向客人解释：“先生，我们这种房间的数量是有限的，每天只推出十几间房作为特价出售，今天是周末，要这种房的客人比较多，一般到了下午这个时候已售完了，假如您提前打电话跟我们预订，我们就可以帮您留出来，不过，您这次的房价我可以按贵宾的优惠给您打折，您看怎么样？”客人有些犹豫，但另外两位同伴已经不耐烦地说道：“不住这里了，到××宾馆去，那里肯定有。”不过这位客人似乎对接待员的一番话有点心动，对他的同伴说：“难得接待员这么热情地接待，就住这里算了，不过，说实在的，我最主要的还是觉得你们宾馆客房特别安静，没有骚扰电话。”

就这样，这几位客人接受了总台员工的推荐，入住了该酒店。

思考：前厅部是酒店服务与管理的关键部门，为什么人们会习惯性地把前厅喻为酒店的“门面”和“橱窗”？前厅的服务与管理水平对酒店的经营又有什么样的影响？

第一节 前厅部工作职责

酒店前厅位于酒店门厅处，是包括酒店大门、大堂、总服务台在内的为客人提供综合服务的区域。前厅是现代酒店对客服务的开始和最终完成的场所，也是客人对酒店产生第一印象和最后印象的地方，人们习惯把前厅喻为酒店的“门面”“橱窗”，因此，前厅部的服务与管理水平直接关系到酒店的经营命脉。

前厅部（Front Office），也称大堂部、前台部或客务部，是指设在酒店前厅的负责销售酒店产品、组织接待客人、调度业务经营、接受客房预订、分配房间、入住接待、更换住房、行李服务、处理遗留物品、留言查询、兑换现金、收银结账、电话叫醒与接转、文件传真与打印复印、秘书翻译等，以及为酒店各部门提供信息的综合性服务部门。前厅部的管理系统、工作规范程序、员工整体素质和工作表现对酒店服务质量特别是经营效果都有着非常重要的影响。

一、前厅部的地位和作用

前厅部是用来招待并接待客人，推销客房及餐饮等酒店服务，同时为客人提供各种综合服务的部门。

前厅部在酒店中的地位和作用是与它所担负的任务相联系的，它虽不是酒店的主要营业部门，但它对酒店市场形象、服务质量乃至管理水平和经济效益有至关重要的影响。

1．前厅部是酒店的营业橱窗，反映酒店的整体服务质量

一家酒店的服务质量和档次的高低，从前厅部的服务与管理中就可以反映出来。前厅被誉为酒店的门面，不仅取决于前厅大堂的设计、装饰、布置、灯光等设施的舒适度和豪华程度，良好的酒店氛围，更取决于前厅部员工的精神面貌、服务态度、服务效率、服务技巧、礼貌礼节和服务特色等诸多因素。

2．前厅部是给客人留下第一印象和最后印象的地方

前厅部是客人第一次接触的部门，是给客人留下第一印象的地方。第一印象的好坏，在很大程度上影响着客人对酒店整体服务质量的评价，甚至有可能让客人改变是否入住酒店的决定。此外，前厅部也是客人最后接触的部门，是给客人留下最后印象的地方，这个最后印象在客人脑海里停留的时间也最长。能否给客人留下“依依不舍”的感觉和深刻的美好印象，在很大程度上也取决于前厅部工作人员的服务质量。

3．前厅部具有一定的经济作用

前厅部协同酒店的销售部门，积极主动地销售酒店客房产品，努力提高客房的出租率和平均房价，以争取良好的客房经济效益。此外，前厅部还通过提供商务、电信、票务、邮政等服务，直接获得经济收入。

4．前厅部具有协调作用

前厅部是酒店的神经中枢，负责联络和协调各部门对客服务工作。通常情况下，前厅

部是掌握宾客信息和酒店信息最集中、最齐全的部门。前厅部犹如酒店的“大脑”，在很大程度上控制和协调着整个酒店的经营活动。前厅部和其他各个部门之间应该有着非常畅通的信息流，由前厅部发出的每一项指令和每一条信息，都将直接影响酒店其他部门的服务工作质量。美国著名的酒店管理专家查理·奥图尔先生曾形象地比喻：“若将酒店比做车轮，前厅部则是该车轮的轴心。”前厅部的运行效率决定着酒店前进的步伐。

5．前厅部的工作有利于提高酒店决策的科学性

前厅部掌握着全部住宿客人的相关资料和信息，并能及时收集、处理客人对酒店管理与服务的意见和建议，将这些信息反馈到酒店管理机构和相关经营服务部门，供其进行有针对性的分析。另外，前厅部还保存了大量的实时经营数据，可按日、周、月、年定期或不定期地向酒店决策和营销机构提供市场各种信息的报表及数据，通过对这些资料的科学统计与分析，有助于帮助酒店管理人员制定正确的经营策略，使酒店在市场中站稳脚跟。

6．前厅部是建立良好的宾客关系的重要环节

酒店服务质量的高低最终是由客人作出评价的，评价的标准就是客人的满意度，建立良好的宾客关系有利于提高客人的满意度，赢得更多的回头客，从而使酒店获得更高更稳定的收益。前厅部是客人接触最多的部门，前厅部员工最容易获知客人的需求，并尽最大可能地提高客人对酒店的满意度，以建立起良好的宾客关系。

在酒店业竞争日益激烈的市场条件下，酒店越来越重视客人的个性化需求以及酒店与客人之间的关系，在这种情况下，前厅部的工作显得格外重要。

二、前厅部的主要任务

1．销售客房

客房是酒店最主要的产品，目前我国许多酒店的客房赢利占整个酒店利润总额的50%以上。因此，前厅部的首要任务是销售客房。前厅部推销客房数量的多与少、达成价格的高与低，不仅直接影响着酒店的客房收入，而且住店人数的多少和消费水平的高低，也间接地影响着酒店餐厅、酒吧等的收入。

2．为客人提供各种综合服务

作为直接向客人提供各类相关服务的前台部门，前厅部的服务范围涉及机场和车站接送服务、门童行李服务、入住登记服务、离店结账服务，还涉及换房服务、退房服务、问询服务、票务代办服务、邮件报刊（函件）服务、电话通信服务、商务文秘服务等，实际上这是“大前厅服务”理念的体现。

小知识

“大前厅服务”理念的核心思想是：在完成前厅各项服务过程中，促使前厅服务与酒店其他服务，诸如客房服务、餐饮服务、安全服务等方面共同构成酒店的整体服务，表现为“服务链条”的紧密衔接，避免推诿、“扯皮”或“踢皮球”等现象，强调“服务到位”，使客人对酒店留下满意、深刻的印象。

3. 提供信息

前厅是客人汇集活动的场所，前厅部服务人员与客人保持着最多的接触，因此前厅部服务人员应随时准备向客人提供其所需要和感兴趣的信息资料，如酒店近期推出的美食周、艺术品展览等活动信息，这可以使住店客人的生活更加丰富多彩。前厅部服务人员还应充分掌握并及时更新有关商务、交通、购物、游览、医疗等详细和准确的信息，使客人“身在酒店内便知天下事”，处处让客人感到方便。

4. 协调对客服务

前厅部的工作涉及酒店的许多部门，与其他部门的协调是否有效，工作关系是否顺畅，直接关系到前厅部的工作质量和酒店在客人心目中的印象。这就要求前厅部和其他部门密切配合，及时获得并传递有关客务信息，协调好客人涉及的各个部门的关系，以保证对客服务的准确性、及时性和高效率，共同为酒店树立良好形象。例如，客人向前厅部服务人员反映房间温度问题，前厅部服务人员就应立即通过管理渠道向设备维护部门反映客人的意见，并给予客人圆满的答复。

5. 控制客房状况

前厅部一方面要协调客房销售与客房管理工作，另一方面还要能够在任何时候正确地反映客房状况，如住客房、走客房、待打扫房、待售房等，为客房的销售和分配提供可靠依据。正确反映并掌握客房状况是做好客房销售工作的先决条件，也是前厅部管理的重要目标之一。要做好这项工作，除了实现控制系统计算机化和配置先进的通信联络设备等设施外，还必须建立和健全完善的、行之有效的管理规章制度，以保障前厅部与相关部门之间的有效沟通及合作。

6. 负责客房账务

处理客房账务主要是指建立客人账户、累计客账、结账收银等工作任务。酒店向客人承诺并提供统一结账服务。客人经过必要的信用证明，即可在酒店内各营业点（一般不包括商品购物）签单赊账。建立客账是为了实时记录并监督客人与酒店之间的财务关系，达到方便客人、保障酒店声誉并获取经济效益的目的。

小知识

前台可在客人预订客房时商定并建立客账（收取订金或预付款），也可在客人办理入住手续时建立客账。在提供了客人累计消费额和信用资料的基础上，前台账务部门按服务程序和酒店财务政策约定，与相关部门或各营业点协调沟通，及时登账，迅速、快捷地为客人办理离店结账手续，主动征求客人意见，使客人满意。

7. 建立客史档案

前厅部为更好地发挥信息集散和协调服务的作用，一般都要为住店一次以上的客人建立客史档案。无论采用计算机自动记载、统计还是采用手工整理统计等方法，建立客史档案时，一般要将客人的姓氏、身份、公司、抵/离店日期、消费记录及特殊要求作为主要内容予以记载，作为酒店提供周到、细致、有针对性服务的依据。这也是寻求和分析客源市场，研究市场走势，调整营销策略、产品策略的重要信息来源。

8. 辅助决策

前厅部每天都要接触大量有关客源市场、产品销售、营业收入、客人意见等信息，通过统计分析，及时将整理后的信息向酒店决策管理机构汇报，并与有关部门协调沟通，采取对策。前厅部管理人员还要经常参与客房营销分析和预测活动，进行月、季和年度的销售统计分析，提出改进工作和提高服务水平的有关建议。

第二节　前厅部组织机构

前厅部要顺利地开展各项业务工作，提高工作效率就必须有合理的组织机构作保证。前厅部的组织机构要根据酒店企业的类型、体制、规模、星级、管理方式、客源特点等因素进行设置。前厅部组织机构一般由以下部分组成：部室、预订、问询、接待、礼宾、结账、大堂副理、商务（行政）楼层、电话总机、商务中心。

另外，通常在前厅部还设有其他非酒店所属的服务部门，如银行驻店机构、邮政部门驻店机构、旅行社分社驻店机构、民航以及其他交通部门驻店机构等，以作为完善酒店不同服务功能需求的必要补充。

小案例

某民营企业家李某通过自己的勤奋创业，创建了自己的家族财团。可他投资的一家下属三星级酒店的经营状况却不尽如人意。原因是该酒店的总经理是李某的舅舅王某，王某文化水平较低，仅为初中毕业，且该酒店很多关键高层管理岗位，如前厅部管理人员等均由王某的至亲好友担任，有的甚至对酒店管理的专业知识一窍不通，只是托关系找人情由王某帮助安排在酒店工作。一段时间以来，该酒店前厅部的管理一片混乱，严重影响了酒店的经营……

一、前厅部组织机构设置的原则

1. 因店而异的原则

前厅部组织机构的设置、职责划分、人员配备应结合酒店企业的性质、规模、地理位置、管理方式和经营特色等实际情况，不宜生搬硬套。例如，规模小的酒店或以内宾接待为主的酒店，可以考虑将前厅部的接待服务划入客房部管辖，不必单独设置。

2. 机构精简的原则

机构精简应遵循“因事设岗、因岗定人、因人定责”的劳动组织编制原则，在防止机构重叠、臃肿，人浮于事的同时，要处理好分工与组合、方便客人与便于管理等方面的矛盾。“机构精简”不是机构过分简单化，不能出现职能空缺的现象。

3. 分工明确的原则

在明确各岗位人员工作任务的同时，应明确上下级隶属关系以及相关信息传达、反馈的渠道、途径和方法，防止出现职能空缺、业务衔接环节脱节等现象。

4. 协作便利的原则

前厅部组织机构的设置不仅要便于本部门岗位之间的协作，还要有利于前厅部与其他相关部门的协调合作。

二、前厅部组织机构设置的特点

前厅部组织机构的设置主要依据酒店规模及功能需要而定，设置要符合酒店管理方式的要求。

1. 系统化模式特点

前厅部组织机构设置系统化是酒店管理层级制的客观要求，但酒店的组织机构并不是一个权力机构，它只表明各部门的业务范围及其协调关系。酒店的权力机构是通过酒店的管理体制表现出来的，它体现着酒店资产所有者、经营管理者和生产劳动者在酒店中的权力、地位及其相互关系。

2. 系统化动作特点

酒店管理层级制具体表现在部门组织机构模式上，管理学称之为直线职能制。其动作特点是：统一指挥，垂直领导，层级管理，逐级负责。

3. 我国酒店前厅部组织机构设置

小型酒店前厅部组织机构较简单。部分小型酒店不设前厅部，由客房部经理管理总服务台（见图 1-1）；也可以把前厅部与销售部或公关部合并。有些酒店前厅部部门经理之下服务员之上只设主管或领班一层（见图 1-2）。

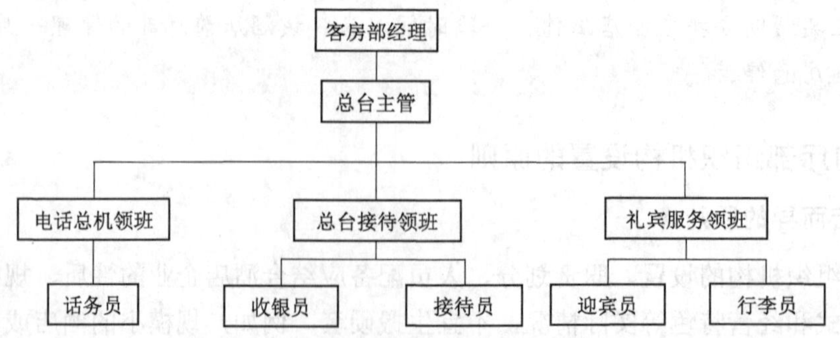

图 1-1 小型酒店总台（前厅部）组织机构

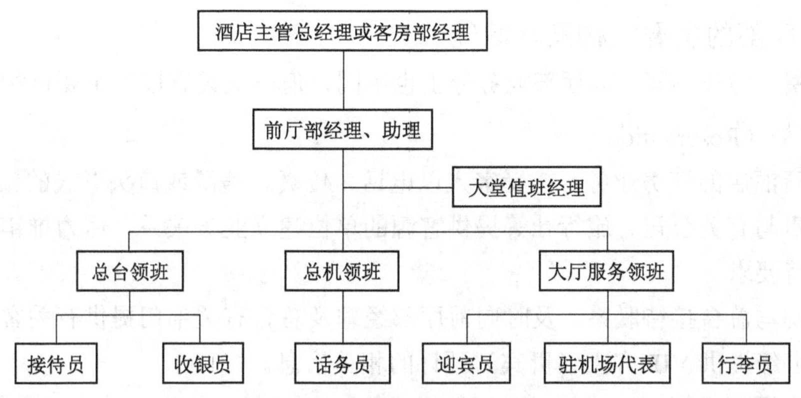

图 1-2 中型酒店前厅部组织机构

有些大型酒店前厅部设立了专职收银员，而前厅收银员在大多数大中型酒店隶属于财务部，但有与前厅接待员合并成一个工种并隶属于前厅部的趋势。大堂副理一般为主管级或领班级员工，有的酒店直属于总经理或住店经理管辖；大型酒店的大堂副理往往设 3 人以上，其中 1 人负责管理其他的大堂副理，此人常常被称为大堂经理；有的酒店还设立宾客关系主任（Guest Relation Officer）取代大堂副理，而此种情况下大堂副理通常被称为高级宾客关系主任（Senior Guest Relation Officer）（见图 1-3）。

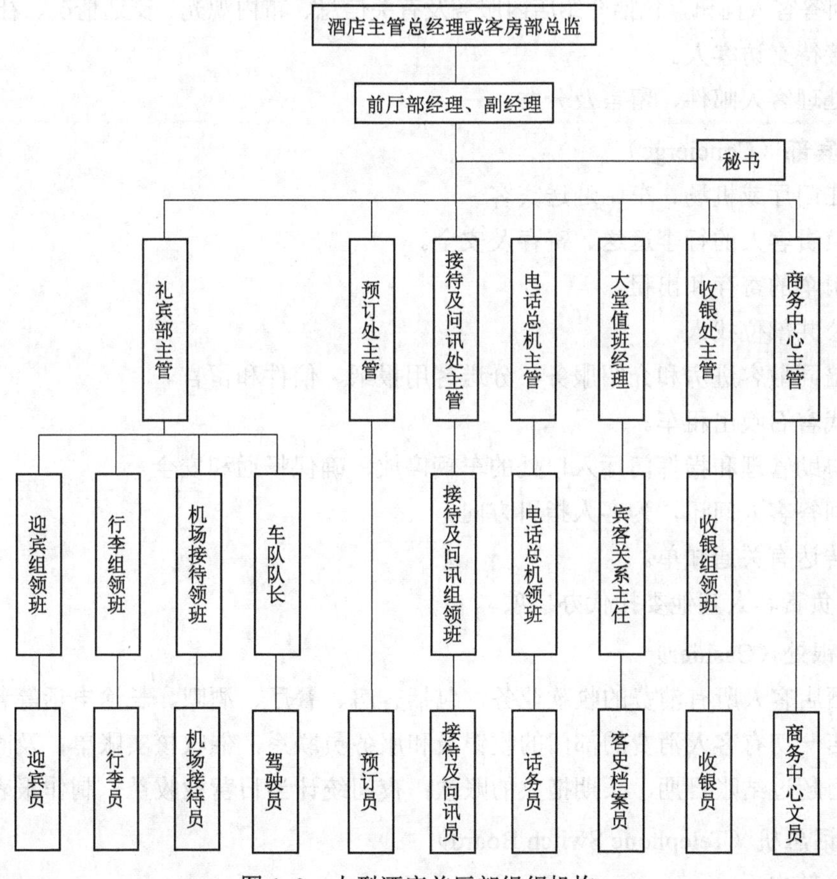

图 1-3 大型酒店前厅部组织机构

三、前厅部的主要机构及其职能

酒店规模、等级不同，前厅部业务分工也不同，但一般设有以下主要机构：

1．预订处（Reservation）

（1）负责酒店的订房业务，接受客人以电话、传真、信函或口头形式的预订。

（2）负责与有关公司、旅行社等提供客源的单位建立业务关系，尽力推销客房并了解委托单位接待要求。

（3）密切与总台接待联系，及时向前厅部经理及总台有关部门提供有关客房预订资料和数据，向上级提供 VIP 客人（贵宾）预订的相关信息。

（4）制定预订报表。

（5）参与制定全年客房预订计划。

2．接待问讯处（Reception Information）

（1）销售客房，接待住店客人，为客人办理入住登记手续，分配房间。

（2）掌握住店客人动态及信息资料，控制房间状态。

（3）制定客房营业日报等表格。

（4）协调对客服务工作。

（5）回答客人问讯，包括介绍店内服务及有关信息、市内观光、交通情况、社团活动等。

（6）接待来访客人。

（7）处理客人邮件、留言及分发。

3．礼宾部（Concierge）

（1）在门厅或机场、车站迎送宾客。

（2）负责客人的行李运送、寄存及安全。

（3）雨伞的寄存和出租。

（4）公共部位找人。

（5）陪同散客进房和介绍服务、分送客用报纸、信件和留言。

（6）代客召唤出租车。

（7）协助管理和指挥门厅入口处的车辆停放，确保畅通和安全。

（8）回答客人问讯，为客人指引方向。

（9）传达有关通知单。

（10）负责客人其他委托代办事项。

4．收银处（Cashier）

负责酒店客人所有消费的收款业务，包括客房、餐厅、酒吧、长途电话等各项服务费用；与酒店一切有客人消费的部门的收银员和服务员联系，催收核实账单；及时催收长住客人和公司超过结账日期、长期拖欠的账款；夜间统计当日营业收益，制作报表。

5．电话总机（Telephone Switch Board）

（1）接转电话。

（2）为客人提供请勿打扰电话服务。

（3）叫醒服务。

（4）回答电话问讯。

（5）接受电话投诉。

（6）电话找人。

（7）电话留言。

（8）办理长途电话事项。

（9）充当酒店出现紧急情况时的指挥中心。

6．商务中心（Business Centre）

为客人提供打字、翻译、复印、长途电话、传真以及国际互联网（Internet）等商务服务，还可以根据需要为客人提供秘书服务。

7．客务关系部（Guest Relations Department）与大堂副理（Assistant Manager）

现在，不少高档酒店在前厅部设有客务关系部，其主要职责是代表总经理负责前厅服务协调、贵宾接待、投诉处理等服务工作。在不设客务关系部的酒店，这些职责由大堂副理负责，大堂副理还负责大堂环境、大堂秩序的维护等事项。

四、前厅部的发展趋势

目前酒店前厅部的发展趋势有以下几个方面：

1．手续简单，服务快捷

订房手续将更为简单，如提供身份证扫描并存档，可以加快客人登记速度，也可使客人信息更加准确。退房、换房、钥匙分发、电话总机服务、行李服务等将更加快捷。

2．程序简化，强调规范

各项服务程序将简化，更强调在规范、标准、程序化服务基础上的超常、灵活、个性化服务。

3．培训重点转移

前厅部培训的重点将转向服务概念、意识、素质和能力的培训；专业培训更细、更有针对性，同时将更加注重前厅部员工职业道德、思想品德方面的教育和引导。

4．追求零缺陷服务

管理方式较活，要求较高，追求零缺陷服务。当然，对前厅部服务人员的素质要求也会越来越高，员工的待遇也会有所提高。

5．人数少而精，工种趋于减少

前厅部员工人数少而精，工种趋于减少。以三星级酒店为例：100 间以下的三星级酒店，前厅部员工数（含经理等所有人员）与客房数之比大致为 1:4～1:9 为宜；100～300 间的以 1:6～1:12 为宜，同时，兼职人员和实习生的使用人数及使用率也会提高；酒店与酒店之间前厅部的组织机构和岗位设置区别越来越明显，越来越有利于酒店提供特色服务、超常服务及个性化服务。

第三节　前厅部管理人员工作任务

前厅部是酒店业务活动的中心、管理机构的代表，优秀的人力资源是保证前厅部有效运转最重要的资产。前厅部的管理人员作为前厅部员工队伍中的核心力量，其专业素质和工作能力水平直接影响着整个团队的工作效率。他既是酒店管理机构的代表、信息的提供者、矛盾的调解人，也是顾客问题的解决者、酒店各部门的协调人等，有着复杂多重的角色关系。

小案例

陈丹是国际大酒店的前厅部经理，她刚开完一个管理会议。会议的主题主要集中在市场营销部存在的问题上。尽管这段时间前厅部的经营没出什么问题，她还是决定仔细地审视一下前厅部的工作，以防出现类似市场营销部的问题。在成本控制方面还有没有漏洞？员工在履行职责时的服务态度如何？她本人与其他部门的经理合作得好吗？这些只是她决定要检讨的几个大的方面的内容。

她把过去三个月的经营情况与自己所做的预测进行比较，结果发现有75%的预测是正确的。她还发现大部分时间，前厅部的劳动力成本被控制在了预算范围之内。但也有三次超过了预算额，当时是有几位临时工没有来上班，使她不得不请正式工加班而付给他们较高的加班费。

她觉得有一个地方需要改进。最近，客人经常投诉她手下的两名员工。一个是总机话务员阿云，她在接电话时，对客人很不耐烦，总是三言两语应付了事。阿云已经在酒店工作了15年，最近一段时间，她待人缺少礼貌，一改过去和蔼可亲的样子，在过去她的热情礼貌和和蔼可亲曾为她多次赢得“杰出员工奖”。另一个是行李员阿杰，这个月以来，他多次上班迟到。有一次竟然无故没来上班。问他的时候，他说以后再也不迟到了。

尽管陈丹认为她的管理工作做得相当不错，但她也愿意接受改进前厅部管理工作的任何建设性建议。她与总经理周先生进行了交谈，周先生希望他的部下能与酒店一起成长。他愿意以任何方式提供帮助。

一、前厅部经理的素质要求与岗位职责

前厅部经理是前厅部营业与管理的最高指挥，是前厅部全体员工甚至是整个酒店的形象代表。其主要工作是通过对前厅部经营的计划、组织、人员配备、指挥与控制，创造出前厅部高效工作的气氛，从而保证酒店的经济效益。

1. 前厅部经理的素质要求

（1）掌握酒店经营、销售知识，熟悉旅游经济、旅游地理、公共关系、经济合同等知识。

（2）掌握前厅部各项业务标准化操作程序、客房知识，了解旅客心理和推销技巧。

（3）掌握酒店财务管理知识，懂得经营统计分析。

（4）熟悉涉外法律，了解国家重要旅游法规。

（5）具有一定的计算机管理知识。

（6）熟练运用一门外语阅读、翻译专业文献，并能流利准确地与外宾对话。

（7）了解宗教常识和国内外民族习惯及礼仪要求，了解国际时事知识。

（8）能够根据客源市场信息和历史资料预测用房情况、决定客房价格，果断接受订房协议。

（9）能够合理安排前厅部人员有条不紊地工作，能处理好与有关部门的横向联系。

（10）善于在各种场合与各阶层人士打交道，并能够积极与外界建立业务联系。

（11）能独立起草前厅部工作报告和发展规划，能撰写与酒店管理相关的研究报告。

（12）遇事冷静，感情成熟，有自我控制能力。

（13）善于听取他人意见，能正确地评估他人的能力，能妥善处理客人的投诉。

（14）具有三年以上的前厅部服务和管理经验。

2. 前厅部经理的岗位职责

（1）主管前厅部业务运转，协调前厅部各部门的工作，负责制定前厅部的各项业务指标和规划。

（2）每天检查有关的报表，掌握客房的预订销售情况，并负责安排前厅部员工班次及工作量。

（3）掌握每天旅客的抵离数量及类别；负责迎送、安排重要客人的住宿。

（4）严格按照前厅部各项工作程序，检查接待员、收银员、行李员等工作情况。

（5）配合培训部对前厅部员工进行业务培训，提高员工素质，并具体指导员工各项工作。

（6）与财务部密切合作，确保住店客人入账、结账无误。

（7）协调销售、公关、客房、餐饮以及工程维修部门，共同提高服务质量。

（8）负责监督营业报表，并进行营业统计分析。

（9）负责处理和反映跑账、漏账等特殊问题。

（10）收集客人对客房、前厅以及其他部门的意见，处理客人投诉。

（11）与安全部联系，确保住店客人的安全，维持大堂的正常秩序。

（12）组织和主持前厅部部务会议和全体员工会议。

为了确保前厅部经营的顺利进行，前厅部还设值班经理。这样，前厅部每时每刻都有经理负责，任何重要问题都能及时得到解决或反馈。值班经理具有前厅部经理的职责与权力，前厅部经理缺席时，他可以代理主持前厅部工作。

二、前厅部主管的素质要求与职责

在规模较大的酒店里，前厅部的管理人员除前厅部经理之外，还设有主管人员，如前厅业务主管以及下属的各位领班人员。前厅部主管接受前厅部经理领导，负责前厅部营销的日常工作。

1. 前厅部主管的素质要求

（1）熟知“服务”的多重结构、销售组合概念、商品广告艺术和效果、产品定价策略知识。

（2）了解中外旅游市场的需求层次、主要客人接待工作。

（3）能够在前厅部经理授权下，协调与各旅行社、酒店以及涉外企事业单位的工作关系，努力为酒店开辟客源新渠道。

（4）能熟练撰写客源市场分析、酒店经营分析报告等业务文件，有较强的口头表达能力。

（5）有协调前厅部各项工作关系和人际关系的能力。

（6）有监督、检查和指导前厅部员工的各项业务工作的能力。

（7）能妥善处理客人投诉和前厅客人闹事等情况，维持良好的客人关系与前厅秩序。

2. 前厅部主管的岗位职责

（1）掌握前厅部营运的基本情况，如客人到离人数、客房出租率、客房状况、订房情况等，发现问题及时向前厅部经理汇报。

（2）协调前厅部与客房、餐饮以及工程维修部门的关系，共同搞好服务工作。

（3）严格按照酒店规定对前厅部询问、接待、行李、结账等环节的服务态度、服务方式、服务质量等方面进行督导。

（4）了解员工的思想、学习、工作、生活情况，协助前厅部经理做好员工的技术培训与业务考核工作。

三、大堂经理的素质要求和岗位职责

1. 大堂经理的素质要求

（1）以身作则，敬业乐业，作风正派。

（2）掌握与客人沟通的语言能力（至少一门外语）。

（3）有较强的服务意识、整体管理意识、公关意识、整体销售意识和培训意识。

（4）了解各部门的运作程序。

（5）掌握所在城市的历史、游乐场所地点、购物及饮食场所地点。

（6）了解主要国家的风土人情。

（7）有一定的法律知识。

（8）有较强的自我控制能力，处事不惊，不卑不亢。

（9）有较强的判断、分析、处理问题的能力；思维敏捷，意思表达准确，处理问题正确。

（10）有敏锐的观察力，对问题的发展有预见性。

（11）社会经验丰富，有较强的口头及文字表达能力。

（12）具备五年以上的酒店管理经验，其中含三年以上大堂副理工作经验。

2．大堂经理的岗位职责

（1）代表酒店迎送 VIP 客人，处理主要事件及记录特别贵宾、值得注意客人的有关事项。

（2）迎接及带领 VIP 客人到指定的房间，并介绍房间设施和酒店情况。

（3）做 VIP 客人离店记录，落实贵宾接待的每一个细节。

（4）决定是否受理客人支票及处理关于客人结账时的问题及其他询问，并根据酒店有关规定和授权处理。

（5）记录和处理换锁、换钥匙的工作。

（6）处理客房部报房表上与接待处有误差的房间，并亲自锁定房间。

（7）处理客人投诉，针对客人心理正确解决问题。

（8）了解当天及以后房间状态走势，尽量参与接待处工作。

（9）巡查酒店内外部以保证各项功能运行正常，及时排除可防范的弊端。

（10）与保安部及接待处紧密联系，取得资料作出“意外”“病客”报告。

（11）与保安部人员及工程部人员一起检视发出警报的房间。

（12）与财务部人员配合，追收仍在酒店住宿的客人拖欠的账款。

（13）发生紧急事件时，必须作正确的指示。

（14）遇危险事故而没有领导可请示时，应果断作出决定，视情况需要疏散客人。

（15）为生病或发生意外事故的客人安排送护或送医事宜。

（16）负责贵重物品遗失和被寻获的处理工作。

（17）检查大堂范围内需维修的项目，并督促有关部门及时维修。

（18）做好本职范围内的防火防盗工作。

（19）向领导反映有关员工的表现和客人意见。

（20）每天坚持在值班记录本上记录当天发生的事件及投诉处理情况，并向前厅部经理汇报。

（21）做好领导指派的其他工作。

小案例

坐落在杭州机场出口处不远的 A 酒店，是一家三星级酒店，很多因飞机晚点而没有被接走的客人都习惯在这家酒店等候。这天，下着滂沱大雨，从北京飞来杭州的班机比预定时间晚到了整整 1 个小时。有 6 位客人预订了市中心某四星级宾馆的客房，但是在机场出口处并未见到该宾馆的接客车。因为下雨，6 位客人就来到了 A 酒店大堂等候……对于在大堂出现的这 6 位客人，大堂副理将作出何种反应才能体现出应有的专业素质？

他可能采取的做法及其素质分析如下：

（1）立即上前问候，介绍本酒店，希望能留下这6位客人。这个做法太急功近利，会引起客人的反感，失去酒店可能出现的商机。

（2）上前询问，安慰客人。得知具体情况后，帮助客人联系订过房的酒店。联系好后把情况告诉客人，请客人安心等待。这种做法解决了客人的实际问题，给客人留下了好印象，为使潜在客人成为酒店的正式客人创造了条件。

（3）如果再等一会儿接客车还不来，大堂副理应再次上前请客人安心等待，并适时、恰当地介绍本酒店的设施设备和服务，使客人对本酒店有所了解。这样做既给客人提供了一种消遣方式，也有意识地宣传了本酒店。

（4）如果再等一会儿接客车仍不来，则可帮客人打电话再度联系。如果对方车辆来不了，则可向客人说明可替客人叫出租车。这时，6位客人会被酒店热情、耐心的服务所感动，再加上天还下着大雨，路上出租车较少，客人很可能会说："不用再找车了，我们今天就住你们酒店了。"

第四节　前厅部功能布局与环境营造

酒店的大堂是酒店在建筑内接待客人的第一个空间，也是使客人对酒店产生第一印象的地方。大堂是酒店的管理和经营中枢。在这里，接待、登记、结算、寄存、咨询、礼宾、安全等各项功能齐全。大堂必须以宽敞的空间、华丽的装饰、独特的主题创造出一种能有效感染客人的酒店氛围，因此大堂规划与设计对整个酒店的形象举足轻重。

酒店的内装饰设计作为室内环境艺术，始终处在探索和发展之中，其核心思路可以概括为"功能"和"美感"的统一，即科学性和艺术性的统一。

小案例

酒店大堂的设计风格决定了整个酒店的设计风格，而大堂设计风格应与建筑外观风格互相呼应。多伦多希尔顿酒店建于1970年，位于加拿大多伦多市中心边缘的一条比较清冷的街道上。由于酒店陈设古板、简单，大堂装饰摆设没有吸引力，缺少现代感，使酒店生意下滑。后来，酒店业主用了两年的时间，对27层600间客房、大堂和酒店其他部位进行了全面改造。承担改造任务的KPMB建筑设计公司首先从大堂着手，以几何技术作为总规划的主导手法，再注入明亮柔和的色彩和一种波浪形的分点灯光创作，彻底改变了原有的布局和基调，将大堂设计成全新欧陆式的公众空间，并注入了大量的现代元素：

- 入口处地面铺设浅色大理石，休息区地面抬高并改铺深色实木地板，局部却铺入白色鹅卵石。
- 总台由原来的死角位置改在电梯厅附近。
- 合成竹片加钢管编制成的屏风隔开大堂休息区与电梯入口，既充分利用了空间，也明确了交通导向。同时，与天花板透明玻璃窗垂下的布幔形成呼应，形式鲜明而独特。

● 与第二层回廊连接的楼梯护栏以透明石材配合钢制材料，处理手法简洁、大方、精巧。

● 只对原有空间进行务实的利用，但取消了所有古旧的设计与装饰物。

● 整个大堂的改造设计充分利用了自然光线的折射，大堂空间布局中丰富而简练的层次都在折射光温和的点拨中显得很动人。

此设计集辉煌、自然、现代于一体，三者简洁巧妙的结合使得大堂舒适明朗，焕然一新。

一、酒店大堂的功能布局

（一）大堂设置的基本原则

尽管大堂的设置随着酒店业的发展在不断更新，各类酒店在大堂设计上都突出自己的特点，但是大堂的设计都要遵循一些基本的原则，以利于大堂的运转。

1. 经济性

大堂是酒店的寸金之地，酒店可以充分利用这一客流量最大的地方，设置营利设施。因此，大堂的设置要尽量少占用大堂空间。

2. 安全性

大堂的设置应遵循安全性原则。其含义一方面是指大堂的设置必须确保“收银处”的安全，预防不利于酒店现金和账务活动的事情发生；另一方面是指大堂的设计要能够为客人保密，不能让客人轻易得知其他客人的情况。因此，酒店的前台以直线形、半圆形为多，而圆形较少。

3. 明显性

大堂的位置应该是明显的，也就是大堂的可见度比较强。客人一进入酒店就能发现大堂，同时大堂的员工也能够看清酒店大堂出入的过往客人。如果一家酒店的大堂不易让客人找到，那么其设置是不合理的。此外，大堂的明显性原则还包括前台各业务处的明确中英文标示。

4. 效益性

大堂的设置还应该注意各工作环节的衔接，确保前台接待人员工作效率的提高和节省客人的时间与体力，绝大多数酒店的前台都是以“客房控制系统架构”为中心进行设计的。这种方法最利于提高大堂接待工作效率。“时间与动作研究”是设计大堂必须要进行的工作。

5. 美观性

大堂不仅要高效、准确地完成客人的入住登记手续，而且要能够给客人留下深刻的良好形象。因此，大堂的布局、灯光、色彩以及气氛都是不容忽视的内容。

（二）大堂设置的基本标准

大堂的公共面积（不包括总服务台、商场、商务中心、大堂酒吧和咖啡厅等营业面积）取决于酒店的规模和档次，以及客源市场定位（见表 1-1）。

表 1-1 大堂公共面积

星 级	大堂公共面积
四、五星级	不少于 1.0m^2/间客房或不小于 350m^2
三星级	不少于 0.8m^2/间客房或不小于 300m^2
二星级	不小于 150m^2
一星级	150m^2 以下

1. 总服务台的高度与宽度

在西方国家，酒店大堂立式总服务台的高度通常是：客人登记面高 1.05～1.10m，宽 0.4～0.6m；服务书写面高 0.9m，宽 0.3m；坐式总服务台高 0.65～0.72m，宽 0.65～0.7m。过高或过低都不利于大堂的接待工作。

2. 总服务台的长度

总服务台是大堂活动的中心，要设在主入口进到大堂一眼就能看到的地方，长度与酒店的类型、规模、客源市场定位有关，一般为 8～12m，大型酒店可达 16m。两端不宜封闭，应留一个活动出入口，便于前台人员随时为客人提供个性化服务。总台常见的型制有中心长台型、侧向长台型和分立圆台型三种。总服务台后面要有办公室，供前厅部人员办公、财务夜审、存放资料、复印和传真，销售部也最好设在这里，以便提供接待服务。面积以 50～100m^2 为宜。贵重物品保管室与总服务台相邻，客人和工作人员分走两个入口，客人入口应尽量隐蔽。推算标准，如表 1-2 所示。

表 1-2 推算标准

客 房 数	柜 台 长 度	服务台与办公面积
50 间	3.0m	5.5m^2
100 间	4.5m	9.5m^2
200 间	7.5m	18.5m^2
400 间	10.5m	30.0m^2

小知识

近几年，有些国内酒店在设计时为突出酒店的经营特色，提高服务档次，模仿国外一些著名酒店的“座式前台”的理念，一改常见的站立式前台服务模式，让客人坐下来，同时前台服务员也采用坐式提供服务，显得颇有亲切感。但是，应该注意以下几点：

（1）“座式前台”一般适合于大型休闲度假酒店、城市酒店或高级公寓式酒店，尤其是有信用卡自动结算功能的先进酒店。

（2）“座式前台”的数量、大小、位置、角度都与酒店的性质、规模、风格有关。

（3）“座式前台”是一个完整的工作单元，由接待、服务、客位、等候休息、资料保管等部分组成，不是简单的“桌椅组合”。

（4）“座式前台”的设计与大堂规划密切相关，对前台、财务室、结账台、客人休息区、贵重物品保管室的布局都会产生影响，须统一布置。

（5）“座式前台”对前台接待人员的操作技能、职业素养以及办理入住和结算的速度、计算机的配置等要求很高，一般适用于由专业酒店管理公司管理的酒店。

（三）大堂的基本构成

大堂的装饰、灯光、布置必须有特色，必须体现酒店的级别、服务特点及管理风格，必须对客人有较强的吸引力，并具备安静的气氛。更重要的是，大堂的布局要考虑到酒店经营与管理的需要。

1. 大堂的功能分区

通常一家酒店的前厅大堂应分成四大功能区：一是接待服务区，包括总台、前厅办公室、大堂副理台、礼宾服务台、行李房、贵重物品保管室等；二是公共设施区，包括客人休息区、公共卫生间、公共电话、电梯间等；三是经营设施区，包括商务中心、大堂吧、小商场等；四是服务设施区，包括 PA（酒店保洁）工作间、大堂吧操作间、员工通道等。

2. 大堂功能分区的作用

大堂的空间区域分成流动空间和停滞空间。大门、总台、电梯间构成前厅大堂的基本布局结构，设计时应避免三者之间连线与前厅中轴线的交叉。

（1）酒店大门。酒店的大门由正门和边门构成，大门的外观要新颖、有特色，能对客人有较强的吸引力。一般的酒店都采用玻璃门作为正门。酒店的玻璃门要选用厚度、强度、颜色适当的玻璃制作，安装要牢固，防止玻璃落下碰伤客人。玻璃门要有醒目的中英文及图形标志，酒店的店名牌、店徽及星级标志要醒目、美观，不易被来往的车辆挡住。大多数酒店的正门分成两扇，便于客人进出及门卫为客人提供开门服务，也可以根据客流量的大小增设更多扇门，正门两侧应各开一两扇边门，以便酒店员工及团体客人的行李进出酒店。正门安装自动感应门的酒店，应同时开设手开边门，以防感应失灵时客人无法进出酒店。有些酒店使用双道门，即两道有一定间距的门，内道门开则外道门关，外道门开则内道门关，这样可以节约能源。使用旋转门为正门的酒店，旋转门的性能应可靠，螺钉要牢固以防夹伤客人。为安全起见，酒店的正门在夜间应关闭，只留边门。门高不低于 2.2m，宽不低于 2.0m，边门宽 1.0～1.8m，门厅深度不低于 2.44m。

酒店的大门前，应有供客人上下车的空间及回车道、停车场，使客人进出方便、安全，正门车道宽大于 5.5m。正门外还应留有足够的空间，以暂时摆放进出店团体客人的行李。有些酒店正门前还设计了小花园和喷泉，以给客人留下良好的第一印象。正门前台阶旁还应设立专供残疾客人轮椅出入店的坡道，以方便残疾客人出入店。通常在大门口还铺设一块地毯，供客人擦干净鞋底后进入大堂，以维持大堂的整洁，防止湿鞋带入大堂的水珠使客人滑倒。边门旁应设置伞架，供客人存放雨伞。酒店大门外的空地，通常应设置旗杆，一般设置三根，分别用来挂店旗、国旗和在酒店下榻的各国国家元首所在国的国旗。

（2）休息区。休息区能方便客人等候并起到疏导、调节大堂人流的作用，位置最好设在总服务台附近并能向大堂吧或其他经营点延伸，以引导客人消费。公共卫生间（包括残疾人卫生间和清洁工具储存室）应设在大堂附近，但门不可直接对着大堂。

（3）柜台和工作区。大厅内有多个服务用柜台，柜台的布置必须与大堂总的风格协调一致，必须符合服务的要求。

礼宾台的位置设在客房区或客用电梯厅与酒店大门连接的路程中；行李员服务台设在靠近大门，同时又能看到总服务台和电梯厅的地方；大堂要有行李间，行李间以每间客房 $0.05\sim0.06m^2$ 设定，观光型酒店的旅行团行李较集中，行李间应适当加大一些。

（4）公共设施。大厅内应有齐备的公用电话等公用设施，较高档的酒店还应配备供客人查询有关酒店服务设施位置及时间等信息的计算机。

（5）洗手间及衣帽间。大厅内应设有用中英文文字及图形明显标志的供男女客人使用的洗手间，洗手间要宽敞，各种用品如手纸、面巾纸、香皂、干手器、小毛巾、擦鞋机等要齐全，洗手间应干净无异味。

总之，大堂内客人的活动区域、酒店员工的活动及工作区域、店外单位驻店服务点的工作区域，都能最大限度地发挥出效率，客用电梯、酒店员工电梯及行李专用电梯应分别设立。

二、酒店大堂的环境营造

小案例

新建某宾馆二期建筑是以现代高科技风格为主，主要用于酒店的会议功能，所以酒店大堂顺其自然地以现代高科技风格为主，选用新几何科技设计风格。

设计风格还遵循酒店经营理念及设计时尚要求，力图兼收并蓄，以超前及个性化的高科技设计理念及手法营造一个典雅、温馨、舒适的空间。

大堂大胆运用了大量的新型材料，力求展示 21 世纪的建筑装饰风格，各种高质感的材料对比强烈，特别是有机玻璃装饰五角扭曲的柱身，具有很强的高科技感，打破了传统材料及设计观念的约束。

大堂保持了丰满的正圆，符合中国传统的文脉精神。为了满足一百多间客房的人流导向，总台设在了圆的边上，以现代的手法及最新型材料表达庄重豪华的酒店气氛。绿色玻璃和西班牙透光云石片的运用在视觉上有强烈的冲击，更丰富了局部空间；台灯新颖，状若沙漏，表现出时间和速度；墙面抛弃了传统烦琐的线条，大面积采用艺术浮雕板，简约又具动感；天花板与地面相呼应，云石灯片充分展示了大堂的雍容华贵并组成五个不同直径的圆，立体构成式的圆解决了大堂的照明问题，灯片内散发的温暖的光渲染主宰了整个大堂的气氛。地面的圆采用庄重的啡珍珠，天花板、地面、柱子的造型元素（五角、五圆）代表着五洲。

休息区布艺上的选择及饰品搭配丰富，注重艺术性、观赏性。总体色调黑、金、蓝、灰层次分明，对比强烈。几何造型的运用使整个空间充满活力，尽显不同凡响的新设计思想。

1. 光线

大堂内要有适宜的光线，要能使客人在良好的光线下活动，员工在适当的光照下工作。

大堂内最好通入一定数量的自然光线，同时配备层次、类型各不相同的灯光，以保证良好的光照效果。客人从大门外进入大厅，是从光线明亮处进入到光线昏暗处，如果这个转折过快，客人会很不适应，睁不开眼睛，所以，灯光的强弱变化应逐步进行。要使每位客人的眼睛都能逐步适应光线明暗的变化，可采用不同种类、不同亮度、不同层次、不同照明方式的灯光，配合自然光线达到上述要求。

2. 色彩

大堂环境的好坏，还受到大堂内色彩的影响。大堂内客人主要活动区域的地面、墙面、吊灯等，应以暖色调为主，以烘托出豪华热烈的气氛。而大堂的服务环境及客人休息的沙发附近，色彩就应略冷些，使人有一种宁静、平和的心境，适应服务员工作和客人休息对环境的要求，创造出大堂特有的安静、轻松的气氛。

3. 温度、湿度与通风

大堂要有适当的温度，酒店通过单个空调机或中央空调，通常都可以把大厅温度维持在人体所需要的最佳温度，一般是 22～24℃，再配合以适当的湿度（40%～60%RH），整个环境就比较适宜了。

大堂内人员集中，密度大，人员来往活动频繁，耗氧量大，如通风不畅，则会使人觉得气闷，有一种压抑感，应使用性能良好的通风设备及空气清新剂等，改善大厅内的空气质量，使之适合人体的要求。

通常高星级酒店大厅内风速应保持在 0.1～0.3m/s，大厅内新风量一般不低于 $160m^3$/人·h。大厅内的废气和污染物的控制标准是：一氧化碳含量不超过 $5mg/m^3$；二氧化碳含量不超过 0.1%；可吸入颗粒物不超过 $0.1mg/m^3$；细菌总数不超过 3 000 个/m^3。

4. 声音

大堂内声源多、音量大。如噪声过于集中，就会超过人体感觉舒适的限度，使人烦躁不安，容易出错，易于激动和争吵，降低效率。因而在建造大堂时，应考虑使用隔音板等材料，降低噪声。酒店员工工作交谈时，声音应尽量轻些，有时甚至可以使用一些体态语言，代替说话进行沟通（如用手势招呼远处的同事）。要尽量提高工作效率，使客人在高峰时间不致长久滞留于大厅，破坏大厅安静的气氛。酒店应尽可能播放轻松动听的背景音乐，以减少噪声对客人的危害。

本章小结

本章介绍了前厅部的基础知识。通过对前厅部工作任务的分析，阐述了前厅部的业务特点，明确了前厅部的组织机构设置、各基本岗位的主要职能及各岗位所需的素质和能力要求，并对前厅大堂的功能布局和环境营造也进行了说明。为进一步学习和研究酒店部门的业务管理和尽快胜任酒店前厅部的相关管理工作奠定了基础。

复习思考题

1. 选择题

（1）因为前厅的服务与管理水平直接关系到酒店的经营命脉，所以人们习惯把前厅喻为酒店的（　　）。

A. 灵魂　　B. 橱窗

C. 大脑　　D. 中枢

（2）前厅部（　　）的工作职责是代表总经理负责前厅服务协调、贵宾接待、投诉处理等服务工作。

A. 预订处　　B. 礼宾部

C. 客务关系部　　D. 商务中心

（3）大堂里最适宜的温度一般是（　　）。

A. 18～20℃　　B. 20～22℃

C. 22～24℃　　D. 24～26℃

（4）下列属于酒店前厅大堂的功能区的有（　　）。

A. 接待服务区　　B. 公共设施区

C. 员工活动区　　D. 经营设施区

E. 服务设施区

（5）总服务台是大堂活动的中心，总台常见的型制有（　　）。

A. 中心圆台型　　B. 中心长台型

C. 分立圆台型　　D. 侧向长台型

E. 侧向圆台型

2. 案例题

某三星级酒店位于市中心，有160间客房，客源结构为散客70%，会议和旅游团各占15%，酒店总经理和人事部核定前厅部员工数为20人，其中不包括前厅部经理、商务中心和前厅收银员。

假如你是该酒店的前厅部经理，请画出该酒店的前厅部组织机构图。

3. 实践题

（1）参观几家不同星级酒店的前厅，简述其前厅部的设置、环境、布局及主要特点。

（2）对比前厅部管理人员应具备的素质要求，查找自身存在的不足。

第二章

前厅部预订管理

知识目标

- 掌握酒店客房预订的种类与方式
- 掌握散客及团体预订的基本程序
- 了解预订资料管理方法
- 掌握预订控制及预订核对的方法

能力目标

- 能按照规范接受散客及团体预订
- 能按照规范处理预订变更及取消
- 能对预订各类表格及信息进行分类及查找
- 能有效处理预订控制及核对

引导案例

南京某酒店门口来了一辆出租车，一对日本夫妇先后从车上走下，接待员接过行李，陪客人到总台办理入住登记手续。

“我能为两位做些什么吗？”接待员十分有礼貌地问。

“我 3 天前在大阪与你们通过电话，预订了一间朝南的套房，说定今日下午抵达，请你帮忙查一下预订记录。”那位日本先生慢条斯理地说。

接待员早就料到他们的到来，因为预订记录上确实写着“三木先生今天下午来店。”问题是今天的客房出租率是 100%，实在腾不出空房。

“您的订房记录在这儿，但十分抱歉，今天我们没有一间空房，希望您能谅解。”接待员道歉说。

“那不行，我和夫人新婚旅行，特意到南京瞻仰中山陵。就因为担心没有房间，才在大阪提前打电话来预订。你们已经答应的话怎么能不算数？”三木先生非常恼怒。

“确实十分抱歉。今天下午原定的一个旅行团增加了几名成员，多要了 4 个房间。

所以，原定的房间不得不给他们了。"接待员如实相告。

三木先生更加生气了，提高音调加快了语气说："他们没有预订却有房间住，我们提前3天就预订了反而要露宿不成？他们比我们重要？"

"不是那么回事。那个旅行团中有很多人在北京玩得太累了，生了病。为了能照顾好那些病人，旅行团负责人希望客人不要分散在几个酒店，所以占用了先生的房间。"接待员解释说："我向经理汇报过此事。我们已经和本市的一家五星级酒店联系好了，他们今天有空房。我已代两位订了一间朝南的套房，那儿的设施和服务都很不错，房间又临街，可以观赏南京的市容。如果两位没有意见的话，我马上派车送您过去暂住一个晚上。尽管他们的房价比我们酒店高出很多，但您只需按预订的价格付钱。明天上午我再安排车接二位回来，我一定给您安排一个朝南的套间。"

三木夫妇听说付四星级酒店的房费可以住五星级酒店，又何乐而不为呢？于是欣然同意。

思考：旅游者在开始旅行之前，为了有效地计划自己的行程，节约时间，免遭酒店客满的风险，常常要事先预订客房。而酒店为了满足客人的住店要求、进行客房推销，使酒店获得最理想的出租率，也很重视预订工作。但在承接预订时应该采取哪些方法、完成哪些程序、掌握哪些信息，才能将预订工作做得完美呢？

第一节　前厅部预订服务主要任务及方法

预订（Reservation），是客人在抵店前通过各种途径和方式提出用房及其他服务的具体要求。客人通过电话、网络、传真等各种方式与酒店联系预约客房，酒店则根据客房的可供状况，决定是否满足客人的订房要求。这种预订一经酒店确认，酒店与客人之间便达成了一种具有法律效力的预期使用客房的协议。因此，客房预订对客人和酒店来说都有非常重要的意义。现代酒店预订系统是否完善，直接关系到酒店经营的成功与否。

一、预订的主要任务

（1）根据客人要求，提供使之满意的理想房间。

（2）及时处理客人的订房要求。

（3）记录、储存预订资料。

（4）完成客人抵店前的准备工作。

二、预订的渠道

了解客人的预订渠道对促进酒店销售，提高客房开房率有重要意义。客人向酒店预订一般通过两类渠道：一类为直接渠道；另一类为间接渠道。具体而言，主要来自以下八个渠道：

（1）客人直接与酒店预订。

（2）通过旅行社预订。

（3）通过连锁酒店或合作酒店预订网络预订。

（4）通过与酒店签订商务合同的单位预订。

（5）通过会议组织机构预订。

（6）通过政府机构或事业单位预订。

（7）通过网络公司或国际订房组织预订，SUMMIT 是国际上最大的销售订房中心之一，该订房组织具有预订客人的层次高、客源多、加入网络的成员酒店档次高、订房渠道畅通等特点。SUMMIT 代理了全球所有主要航空公司、旅行社和跨国商务公司的预订系统，拥有 90 多家成员酒店和遍布全世界的 52 个订房中心，可以通过 GDS（全球销售系统）、互联网订房。我国的广州花园酒店、上海华亭宾馆等已加入了该组织。

（8）通过航空公司预订。

三、预订的方式及方法

客人采用何种方式进行预订，受预订的紧急程度和客人预订条件的制约。因此，客房预订的方式多种多样，各有其不同的特点。

客人采用的预订方式主要有以下几种：

1．电话预订

电话预订是指客人以电话形式与酒店联系订房。其特点是迅速、简便，而且便于客人与酒店之间进行直接的沟通。这样，客人在掌握酒店客房的实际情况下，可以及时调整其订房要求，订到满意的客房。据调查，国外的酒店，电话预订相当普遍。一些著名酒店连锁集团往往通过广播、电视、报刊、广告牌、宣传册等的宣传，给客人提供了一个非常简便的订房方式——拨打 800 免费电话。

受理电话预订的操作要点如下：

（1）迅速接听电话（电话铃声响 2～3 声为宜）。

（2）向客人问好，并自报酒店部门名称及姓名，细心接听电话，记下对方所说的要点，然后复述一遍对方所说的内容。

（3）查看“客房预订控制表”，确定是否接受客人的预订要求。

（4）填写预订单，并复述一遍，以便确保无误。

（5）若对客人所提订房要求不能立刻进行明确答复，应请对方留下电话号码，并商洽再次通话的时间。

（6）将客人的预订单存档。

（7）确定客人挂上电话后，才能挂上电话。

2．信函预订

信函预订是客人以明信片或信件等方式预订客房，它较适合于提前预订时间较长的客户和以接待度假或会议为主的酒店客人。这种方式的优点是订房内容完整、准确，客人还可以写明特殊要求。而且，信函如同一份订房协议，对酒店和客人双方起到一定的约束作用。

受理信函预订的操作要点如下：

（1）及时回复。有些酒店规定从收到预订信起24小时内必须寄出复信。

（2）复信要亲切。应使收信人感到信件是专门为他写的，避免给客人留下公函式信件的印象。要记得正确使用客人的头衔与称呼，正确拼写客人的姓名。

（3）复信的内容应清楚、简洁、明确、有条理。

（4）复信中应注明复信人的姓名与身份，还要有复信人或预订处主管的亲笔签名。

（5）地址和复信日期要书写完整、正确。

（6）复信所用的信纸、信封应质量上乘，格式规范。

3．传真预订

传真预订是目前酒店与客人进行订房联络的较为常见的一种方式，传真也是最理想的通信手段之一。传真预订的优点是方便、快捷、准确、正规，它可以将客人的预订资料原封不动地保存下来，不容易出现订房纠纷。

受理传真预订的操作要点如下：

（1）收到或发出传真后，及时打上时间印记。

（2）回复要迅速准确。

（3）语言要简明扼要，准确规范。

（4）做好订房资料的保留存档。

4．面谈预订

面谈预订是指客人或其委托人直接来到酒店，当面预订客房。这种订房方式能使预订员有机会更详尽地了解客人的需求，并且当面解答客人提出的问题，有利于推销酒店产品。

受理面谈预订的操作要点如下：

（1）预订员应注意仪表端庄、举止大方，礼节礼貌，态度热情，语言、语调适当、婉转。

（2）把握客户心理，运用销售技巧，灵活地推销酒店的客房和其他产品。必要时，还可向客人展示房间及酒店其他设施与服务。

（3）对当面预订的客人，预订员要及时准确地填写预订单上各项内容，如果是旺季，还应告知客人留房截止时限。

（4）如果客人要预付订金，则要做好相关工作。

5．网络预订

利用计算机网络预订客房，改变了传统的预订方式，逐渐成为酒店争取客源的重要渠道。通过国际互联网进行网上预订，是目前国际上最先进的订房方式。互联网预订的特点是方便、快捷、先进、廉价，由于家用计算机的普及以及互联网的飞速发展，这种预订方式将越来越流行。

（1）通过酒店连锁集团公司的中央预订系统（Central Reservation System，CRS）向其所属的酒店订房。随着我国酒店业连锁化、集团化进程的加快，不少酒店纷纷加入了国际或国内酒店集团的连锁经营。大型的酒店连锁集团公司都拥有中央预订系统。随着互联网的推广使用，越来越多的宾客开始采用这种方便、快捷、先进而又廉价的方式进行客房预订。酒店业越来越注重其网站主页的设计，以增强吸引力。

小知识

中央预订系统（CRS）与中央预订处（CRO）

中央预订系统历史上被称为中央预订处。尽管这两个名称有区别，但业内现在已基本将二者混用。事实上，中央预订系统是指整个系统，包括所有的连接、软件、转化器等。而中央预订处是指整个系统在酒店中的哪个部分，中央预订处实际上是连锁酒店公司预订员工作的办公室或场所。

历史上大多数酒店连锁公司都保留了一个中央预订处。客人可以直接拨通酒店连锁公司对外公布的免费预订电话或登录相应预订网站进行预订。

国际上各大型酒店管理集团大都建立了自己的网络预订系统，如美国30%的旅游产品是在网上预订出去的。为了扩大预订渠道，酒店除了可以在互联网上建立自己的网站外，还可以将自己的网页与国内外知名的酒店预订网站建立链接，让客人能够更方便地接触到酒店的信息和预订服务。目前全球客房预订主要有三种网络系统：一是专业预订组织系统，即专门从事全球客房预订的专业公司，如UTELL、SRS、SUMMIT等公司；二是中央预订系统，是国际著名酒店和集团在其成员酒店（连锁店）内运行的专业预订系统；三是专有预订系统，是各酒店在互联网上自设网址和主页，自主营销。我国许多酒店已经开始在互联网上进行预订营销，出现了专业预订网。

小知识

国内知名的酒店预订网站

携程旅行网（www.ctrip.com）：目前国内最大的酒店预订网站之一。

艺龙旅行网（www.elong.com）：可提供全球22万家酒店的网上预订，享受1～7折超低价格及优质服务。

中国酒店预订网（www.chinahotelbooking.com）：是以商务旅游者为主要服务对象的旅游预订服务网络。

（2）通过酒店自设的网址，直接向酒店订房。一些大型酒店已自设网站，实行全方位的在线订房。虽然这一做法较传统的做法经济、迅速，但对大多数中、小型酒店来说一时还难以承受，因此尚未得到广泛的普及和应用。

6. 合同预订

酒店与旅行社或商务公司之间通过签订订房合同，达到长期出租客房的目的。

四、预订的类型

一般来说，酒店常采用临时预订、确认预订和保证预订三种预订类型。由于现代通信技术的发展，预订的类型已有所变化，常以确认预订为主。

1. 临时预订

所谓临时预订，是指客人的订房日期与抵店日期已很接近，甚至是抵店当天的订房。大部分临时预订由开房员受理。由于订房时间与抵店时间很接近，酒店一般无法给客人书面的预订确认书，只能口头确认。受理此类订房时，应注意询问客人的抵店时间或航班车次，并把需要提醒客人注意的事项（如客房保留至下午 6 点等）告诉客人，以免引起不必要的麻烦。

2. 确认预订

所谓确认预订，是指酒店答应为订房的客人保留至某一事先声明的规定时间。如果到了规定的时间客人仍未抵店，又无任何声明，则在用房紧张的时期，酒店可将客房出租给未经预订直接抵店的客人。

确认预订的方式有两种：一是口头确认；二是书面确认。二者比较，书面确认具有以下优点：

（1）它能使客人了解并证实其订房要求是否已被酒店接受。

（2）以书面形式在酒店与客人之间达成了一定的协议，从而确立了双方间的关系。

（3）通过书面确认，客人的个人情况得到了证实。所以持预订确认书的客人比未经预订，直接抵店的客人在信用上可靠，大多数酒店都给这类客人提供较高的信用限额及一次性结账服务。

3. 保证预订

所谓保证预订，是指客人通过使用信用卡、预付订金、订立合同等方法来保证酒店的客房收入，而酒店则必须保证为这类客人提供所需的客房。这类预订使酒店与未来的住客之间建立了更牢靠的关系，并为客人保留房间的时间延长到客人预期抵店次日中午 12 点。

（1）信用卡担保。客人在预订时，向酒店声明，将使用信用卡付款，并把信用卡的种类、号码、持卡人姓名和失效日期等告知酒店。这样即使客人在违约的情况下，酒店也可以通过信用卡发行单位收取客人的房费，以弥补酒店的损失。

（2）预付订金担保。从酒店角度来说，收取预付订金是最理想的保证预订方法。酒店为了避免损失，通常要求客人或其代理人或接待单位在住客抵店前，预先将一夜的房费或整个住店期间的房费汇给酒店作为订金，收取的订金于客人离店结账时予以扣除。酒店的责任是必须为客人保留相应的客房，并注意向客人说明取消预订，退还预付订金的有关政策。

（3）订立合同担保。订立合同担保是指酒店与有关旅行社、企业等单位签订的订房合同。合同的内容包括签约单位的地址、账号以及同意为未抵店的订房客人承担付款责任的说明。即使客人未抵店入住，对方公司也必须保证支付房费。合同还规定了通知取消的最后期限，如签约单位未能在规定期限内通知取消，则酒店可以向对方收取罚金。

小知识

订房合同的主要内容

1. 签订合同的甲乙双方名称
2. 销售内容
3. 价格及相关政策
4. 客房使用条件及期限
5. 预订的办法
6. 预订变更及取消的条件及程序
7. 预付款
8. 保密要求
9. 违约责任
10. 合同有效期
11. 双方签章
12. 合同签订日期

五、预订的程序

预订业务是一项技术性较强的工作，如果组织得不好，常常会出差错。为确保预订工作高效有序，应建立科学的工作程序。预订的程序大致分为以下六个阶段：

（一）预订前的准备

预订前做好准备工作，才能给订房客人一个迅速而准确的答复，提高预订工作水准和效率。

1. 班前准备

（1）预订员按酒店规定的要求规范上岗，做好交接班。接班时查看上一班预订资料，问清情况，掌握需要处理的优先等待的、列为后备的和未收订金的等不准确的预订名单及其他事宜。

（2）检查计算机或订房控制盘等设备是否完好，准备好预订单、预订表格等各种资料和用品，摆放整齐规范，避免客人订房时，临时现查、现找等现象发生。

2. 预订可行性掌握

预订员上班后，必须迅速准确地掌握当日及未来一段时间内可预订的客房数量、等级、类型、位置、价格标准等情况，对可预订的各类客房心中有数，保证向客人介绍可订房间的准确性。

（二）受理预订

接到客人的订房申请后，预订员应迅速查看有无房间，以及是否符合客人订房要求，决定是否接受客人的申请。

（1）决定是否受理一项订房要求，需要考虑以下四个方面的因素：预期抵店日期；所需的客房类型；所需的客房数量；逗留天数。

掌握了这些信息，预订员便能判断客人的订房要求与酒店客房的可供出租状况是否相吻合，从而决定是受理预订还是婉拒预订。如果受理预订则意味着对预订客人的服务工作已经开始，预订员要填写客房预订单，安装有计算机预订系统的，则要将预订信息输入计算机。

（2）进行预订操作如下：

1）订房要求：抵店日期、离店日期或住店天数、房类、房数、人数。

2）房价定义：房价类别、房价等。

3）客人资料：客人姓名、地址、证件号码、性别、职业、所属公司等。团体资料：团体名称、团体代号等。

4）结算方式：现金、信用卡、支票、挂账等。

5）特殊要求：兴趣爱好、抵店时间及航班、活动安排（团体）等。

6）订房人资料：订房人姓名、联系电话、地址等。

输入这些信息后即可打开客人预订表，在预订表中，很容易发现指定的日期、房号等，计算机已经按照要求自动填写到预订单中了。

对预订单的规定项目填入完毕后，按“保存”按钮，则系统会检查预订单资料的正确性，并校检是否能满足客人的订房要求。如果客房出租率较高时不能满足客人要求，则会给出提示。

在预订操作中还会遇到修改、取消等情况，仍然是打开“预订管理”窗口来执行操作。

（3）设置账户。一旦成功地建立客人订单，系统就会同时开立客账，可以在“账户设置”中定义“固定收费”，即规定在夜审过房租时自动记账的项目、数量、金额或比例。在填写完其他需要输入的订房资料后即可保存，完成一个预订的操作。

填写客房预订单时，要认真地逐栏逐项填写清楚，并向订房人重复其主要内容。因为这是最原始的订房资料，它的错误会导致订房系列工作的全盘错误。

客房预订单（见表 2-1）一般包括以下内容：

1）客人姓名、称呼。

2）国籍、地址及电话号码。

3）预订抵、离店日期与时间（航班号、车次）。

4）所需的客房类型与数量。

5）同行者的情况（人数、关系等）。

6）房价与付款方式。

7）订房人的工作单位、地址与电话号码。

8）客人的特殊服务要求（如接机、放置鲜花水果篮、加床、供残疾人使用的特殊设备等）。

9）受理预订的日期、预订员姓名。

表 2-1　预订单

RESERVATION FORM

<table>
<tr><td colspan="2" rowspan="2">客人姓名
GUEST NAME
先生/太太/小姐
Mr./Mrs./Ms________
Mr./Mrs./Ms________
Mr./Mrs./Ms________
Mr./Mrs./Ms________</td><td colspan="2">确认号码
CFM NO.:
确认书
CONFIRMATION:　是□ YES　否□ NO
新订
NEW BOOKING □
修改
AMENDMENT □
取消
CANCELLATION □</td></tr>
<tr><td>房间数目
NO.OF ROOM</td><td>人数
NO.OF PAX</td></tr>
<tr><td>房间类别
ROOM TYPE</td><td>价目
TARIFF</td><td>折扣
DISCOUNT (%)</td><td>房价
RATE</td></tr>
<tr><td>到达日期
ARRIVAL DATE
MM 月/DD 日/YY 年</td><td>到达/航班时间
ARR./FLIGHT TIME</td><td colspan="2" rowspan="2">交通安排
TRANSPORTATION REQUEST</td></tr>
<tr><td>离开日期
DEPARTURE DATE
MM 月/ DD 日/ YY 年</td><td>离开/航班时间
DEP./FLIGHT TIME</td></tr>
<tr><td>订房者
BOOKED BY</td><td>电话
TEL:
传真
FAX:</td><td colspan="2" rowspan="2">备注
REMARKS</td></tr>
<tr><td colspan="2">公司
COMPANY</td></tr>
<tr><td>申请日期
DATE APPLIED
MM 月/ DD 日/ YY 年</td><td>经办者
HANDLED BY</td><td>输入者
ENTERED BY</td><td>批准者
APPROVED BY</td></tr>
</table>

当客房的可供出租状况不能全部满足客人的要求时，预订员应建议客人做些更改，主动提出一系列可供客人选择的建议。例如，建议客人重新选择来店日期或改变住房类型、数量等，尽量把客人留住，即使不能满足客人的最初订房要求，最终也要尽可能使客人满意。在客房预订服务中，用建议代替拒绝是非常重要的，它不仅可以最大限度地销售酒店产品，更有助于在客人心目中树立酒店的良好信誉。如果客人不能接受这些建议，可在征得客人同意后，把客人列入等候名单（Waiting List），并记录订房人的姓名、联系电话，一旦有空房立即通知客人。如果最后还是无法满足客人的要求，预订员也应用友好、遗憾和理解的态度对待客人，并希望客人下次光临本店。

如果客人是书面订房而酒店无法满足客人的订房需求，也应立即礼貌复函，以表歉意，婉拒致歉信如图 2-1 所示。

> 小姐/女士/先生：
> 由于本酒店____年__月__日的客房已经订满，我们无法接受您的订房要求，深表歉意。
> 感谢您对本店的关照，希望以后能有机会为您服务。
> ××酒店预订处
>
> ____年__月__日

图 2-1　婉拒致歉信

（三）确认预订

接受了客人的订房要求并经核对后，预订处下一步的工作是给客人签发预订确认书，以示对客人订房的承诺。确认书是酒店回答客人的订房已被接受的书面凭证，是双方之间履行权利和义务的协议书。确认书中的有关事项，如付款方式、保留客房截止时间、房价等都对双方行为具有约束力。通常，酒店至少要在客人动身前一周把确认书寄到客人手中，对团体订房要提前更长时间，要有充分的时间让客人知道酒店为他保留了房间。

确认书主要包括以下五个方面的内容：

（1）重申客人的订房要求，包括住客姓名、人数、抵离店时间、房间类型和数量等。

（2）双方就付款方式、房价问题达成的一致意见。

（3）声明酒店取消预订的规定。

（4）对客人选择本店表示感谢。

（5）预订员或主管的签名、日期。

根据国际订房惯例，不管订房人以什么方式订房，只要客人订房与抵店日期之间有充足的时间，酒店都应向客人寄发书面订房确认书。随着现代通信设施的日益普及，书面确认的方式逐步被电话、短信和电子邮件确认方式所取代。

订房确认书的格式如图 2-2 所示。

订房确认书
RESERVATION CONFIRMATION

客人姓名
GUEST NAME

到达日期 班机号 离店日期
ARRIVAL DATE_________FLIGHT NO._________DEPARTURE DATE_________

房间种类 TYPE OF ACCOMMODATION	人数 NO.OF PERSONS	房价 RATE

备注
REMARKS_________________________________

请将订房确认书交与接待部
Please present this confirmation to the reception desk

公司 致
COMPANY_______________________ATTN_______________________

地址 电话号码
ADDRESS_______________________TEL.NO._______________________

注意：预订客房将保留至下午六点，迟于六点到达的宾客，请预先告知。若有任何变动，请直接与本酒店联络。

NOTE：Your room will be held until 6:00P.M. unless later arrival time is specified. Should there be any changes，please contact the hotel directly for adjustment.

确认者 日期
CONFIRMED BY_______________________DATE_______________________

订房办公室
BOOKING OFFICE_______________________________________

图 2-2 订房确认书

（四）预订变更、取消

酒店接受并承诺了的预订，客人常会因各种原因对原来的预订提出变更要求，甚至可能取消预订。预订员应重视并处理好预订的变更工作。

（1）如果客人取消订房，应填写取消单，或将预订单抽出，加盖“取消”图章，注明取消申请人和取消原因及取消日期，并签上预订员姓名，将资料存档。同时对计算机预订状况进行调整。不可在原始的预订单上涂改。

（2）如果客人要求更改订房，预订员要先查阅有无符合客人更改要求后（如房间数量、类型、时间、价格等）所需要的房间。如果有，要接受客人的更改，满足客人的要求，并将订房资料重新整理。

在时间允许的情况下，应重新发一张订房确认书，以示前一份确认书失效。如果无法满足客人的变更要求，则可作为候补或优先等待名单处理。

（3）若变更或取消的内容涉及一些原有的特殊安排，如接机、订餐、鲜花、水果、房内布置等，则应尽快给有关部门发变更或取消通知。

（4）有关团体订房的变更与取消，要按合同办理。一般的合同规定，旅行社要求取消订房应在原定团体抵达前 10 天通知酒店，否则按合同收取损失费。

（5）尽量简化取消预订的手续，并给予耐心、高效的受理。客人能花时间通知酒店取消原来的订房，对酒店是十分有利的。所以，应鼓励取消预订的客人及时与酒店联系，对取消预订的客人要给予同样的热情和耐心。取消预订的客人大多数这次不会再来了，但调查表明，90%的取消预订的客人，在后来的旅行中仍会返回该酒店预订。

（五）预订资料整理、记录

为确保预订工作没有疏漏，预订资料必须及时整理、记录、储存。预订资料包括一切与客人订房相关的资料，如客房预订单、客房预订变更取消单、客人原始订房资料（信函、传真等）、订房确认书、客人交付的预付款的收据、客史档案等。

（六）客人抵店前的准备

做好客人抵店前的准备工作，既有助于缩短订房客人办理入住登记的时间，又能提前做好接待服务工作中的细节安排，向客人提供针对性的服务。

第二节　预订资料管理

当订房确认书发出以后，预订资料必须及时、正确地予以记录、储存和传递，以防疏漏。预订资料一般包括客房预订单、订房确认书、预订编码、预付款收据、预订变更单、预订取消单、宾客档案、宾客预订原始凭证等。

一、预订编码的管理

对于担保预订的客人，酒店往往进行编码管理。这种编码是将客人的相关参考信息按照字母和数字组合而成的号码形式。这种编码指明客人支付了至少一个晚上的客房费用后，酒店保证在特定的日期内给客人提供住宿服务。编码同时还包括一些对客人没有任何重要意义的字母和数字，这些字母和数字主要用来表明酒店属于哪个连锁集团、预订的经办人、客人抵店及离店时间、信用卡的种类、信用卡的号码、客房规格、客房价格以及预订序列号等。设计这些预订编码的组合能使预订编码包含很多信息，这样大大方便了某一预订系统的有效管理。以下是一个担保预订的编码：

01-ZL-1001-1002-MC-85-3115G

01——连锁集团中该酒店的代码

ZL——预订员的姓名首位字母

1001——客人抵店日期（10 月 1 日）

1002——客人离店日期（10 月 2 日）

MC——信用卡的种类（万事达卡）

85——客房每晚房价 85 美元

3115G——预订的顺序号码

在建立一个预订编码系统的时候，必须把下面几个因素考虑进去。由于计算机里用来储存编码信息的容量是有限的，所以编码信息不宜太复杂。在设计预订编码时必须保证该编码包含了酒店所需要的足够的信息，以确保酒店能为预订客人提供食宿服务。

二、预订资料的记录、储存

当为客人办理完预订相关事项后，应将同一客人的预订资料装订在一起，将最新的资料存放在最上面，依次顺推，以利于查阅。预订资料的记录储存可采用下列两种方式：

（1）按照客人抵店日期的顺序储存。即按照客人所预订的抵店日期顺序，将预订单归档储存，以便随时掌握未来每天的宾客抵店情况。

（2）按照客人姓氏字母的顺序储存。即按照客人姓氏第一个字母的顺序，将预订单归档储存，以便随时查找客人的预订资料。同时，前厅部总台和总机也可通过宾客姓氏字母顺序快捷、有效地查找相关资料。

三、预订资料的修改

预订宾客在实际抵店前，因种种原因可能对其原有预订进行更改或取消。在修改预订资料时，应注意下列要点：

（1）迅速查找出该客人的预订单，并作出相应标记，如预订更改、预订取消。

（2）根据客人变更要求填写预订变更单，并更改计算机预订总表、预订卡条等相关信息。确保准确记录最新的预订资料。

（3）尽量简化取消预订的手续，使用预订取消编码是证明预订取消已被受理的最好方法。例如，101-01-ZL-536 编码的含义如下：101——表示客人原订的抵店日期（10 月 1 日）；01——表示该酒店的编号；ZL——表示预订员的姓名首位字母；536——表示取消预订的编号。预订取消编码应记录在预订资料上并存档。

四、预订资料的传递

为保证预订客人能顺利入住酒店，预订员应在客人抵店前及时准确地将预订资料传递到相关部门，以便提前做好接待服务的细节安排。其间的工作大致划分为以下三个阶段：

（1）提前一周或数日，将主要客情，如重要贵宾（VIP）、大型会议及团体、客满等信息通知各相关部门和总经理。其方法可采取分发客情预报表（见表 2-2）、重要客人预报表（见表 2-3）等，或者建议召开由总经理或主管副总经理主持协调会来发布。

表 2-2　一周客情预报表

日期：____月____日至____月____日

日期	星期	抵店用房	离店用房	住客房	空房	待修房	出租率（%）	人数	
								团体（会议）	零星

制表人：______

送：总经理、副总经理、大堂副理、销售部、客房部、餐饮部、保安部、礼宾部、总机室

表 2-3　重要客人预报表

年　月　日

姓名或团体		国籍	
身份		人数	
来店日期		班次	
离店日期		班次	
接待单位			

具体要求：

备　注：

经手人：______

（2）客人抵店前夕，将具体接待安排以书面形式通知有关部门，使各部门做好对客服务的准备工作。通知单主要有 VIP 接待通知单（见表 2-4）、接站单（见表 2-5）、订餐单（见表 2-6）、次日抵店客人名单（见表 2-7）、会议预订单（见表 2-8）等。

表 2-4　VIP 接待通知单

姓名 （团体名称） 身份		国　籍	
人　数	男：　　　女：	序　号	
来店日期		班　次	
离店日期		班　次	
拟住天数		接待标准	
客人要求			
接待单位		陪同人数 身　份	男：　　　女：
特殊要求			
审 核 人		经手人	

备　注：

年　月　日

表 2-5　接站单

时间：__________________

航班：__________________

姓名：__________________

其他　　　　　　　　　　年　月　日

表 2-6　订餐单

DINNER ORDER FORM　　　　NO.:

<table>
<tr><td colspan="2">房号
Room NO.</td><td colspan="2">姓名
Name</td><td>国籍
Nationality</td></tr>
<tr><td colspan="2"></td><td colspan="2"></td><td></td></tr>
<tr><td colspan="2">酒家
Name of Restaurant</td><td colspan="3"></td></tr>
<tr><td colspan="2">用餐时间
Date & Time</td><td colspan="3"></td></tr>
<tr><td>人数
Persons</td><td></td><td colspan="2">台数
Tables</td><td></td></tr>
<tr><td colspan="4">每人（台）标准
Price for Each Person（Table）</td><td></td></tr>
<tr><td colspan="3">有何特殊要求
Special Requirements</td><td colspan="2"></td></tr>
<tr><td>处理情况</td><td colspan="4">酒家承办人：
经手人：
年　月　日</td></tr>
</table>

表 2-7　次日抵店客人名单

预订号	序号	客人姓名	房间数	房间类别	抵达时间	预期离店时间	备注
1							
2							
3							
4							
5							
6							
7							

表 2-8　会议预订单

<table>
<tr><td colspan="2">会议名称</td><td colspan="6"></td></tr>
<tr><td colspan="2">客户名称</td><td colspan="2"></td><td colspan="2">联系电话</td><td colspan="2"></td></tr>
<tr><td colspan="2">入住日期</td><td colspan="6"></td></tr>
<tr><td colspan="2">离店日期</td><td colspan="3"></td><td>人数</td><td colspan="2"></td></tr>
<tr><td rowspan="4">订房要求</td><td>房间类型</td><td>标　间</td><td>单　间</td><td>商务房间</td><td>套房</td><td colspan="2">…</td></tr>
<tr><td>数量</td><td></td><td></td><td></td><td></td><td colspan="2"></td></tr>
<tr><td>价格</td><td></td><td></td><td></td><td></td><td colspan="2"></td></tr>
<tr><td>会务组房间</td><td colspan="2"></td><td>要求安排楼层</td><td colspan="3"></td></tr>
<tr><td colspan="2">备　注</td><td colspan="6"></td></tr>
<tr><td rowspan="3">会议室要求</td><td>类型（名称）</td><td></td><td></td><td></td><td></td><td></td><td></td></tr>
<tr><td>日期</td><td></td><td></td><td></td><td></td><td></td><td></td></tr>
<tr><td>价格</td><td></td><td></td><td></td><td></td><td></td><td></td></tr>
<tr><td colspan="2">备　注</td><td colspan="6"></td></tr>
<tr><td rowspan="4">用餐情况</td><td></td><td colspan="2">早　餐</td><td colspan="2">午　餐</td><td colspan="2">晚　餐</td></tr>
<tr><td>时间</td><td colspan="2"></td><td colspan="2"></td><td colspan="2"></td></tr>
<tr><td>地点</td><td colspan="2"></td><td colspan="2"></td><td colspan="2"></td></tr>
<tr><td>标准</td><td colspan="2"></td><td colspan="2"></td><td colspan="2"></td></tr>
<tr><td colspan="2">娱乐情况</td><td colspan="3"></td><td colspan="3"></td></tr>
<tr><td colspan="2">备　注</td><td colspan="6"></td></tr>
<tr><td colspan="2">付款方式</td><td>□现金</td><td>□转账</td><td>□支票</td><td colspan="3">□其他方式：</td></tr>
<tr><td>预订员</td><td></td><td>销售部负责人</td><td colspan="2"></td><td>日期</td><td colspan="2"></td></tr>
</table>

对某些指定的房间，特别是 VIP 客人的订房，预订处应提前一天或数天，用电话或书面方式通知接待处和客房部，对这些房间进行控制，不再出租给其他客人，即实行所谓订房管制。对其他特殊订房也要特殊关照，以体现出酒店服务的个性化。例如，新婚订房，酒店也应排定客房，并在客人到达之前布置好贺卡和鲜花，再送上纪念性礼品。这会给新婚夫妇留下美好而难忘的印象。

（3）客人抵店当天早上，开房员根据抵店客人名单，提前预分好房间，并把钥匙信封、住房登记单准备好。将有关细节通知有关部门，以搞好接待，共同完成客人抵店前的各项准备工作。

五、预订报告

常见的预订报告有以下几种：

1．预订业务报告

预订业务报告分析每天的预订业务情况，统计资料来源，订房记录，订房修改记录和取消记录。其他报告还有专项分析报告，如取消报告、预留报告以及 No-show（预订未到）报告等。

2．预期抵离店名单

根据需要制作的显示即将抵店、离店或住店客人的数量和名单的清单。总台接待员根据这份名单提供的信息准备客人入住工作。同样，预期离店名单可以用来做好客人结账准备工作。

3．预订历史档案

通过分析预订资料，前厅部管理者可以不断了解各种订房的方式。酒店的市场销售部可以利用订房资料和分类报告来确定业务发展的趋势，审视酒店的产品和服务，制定能对市场产生影响的策略。预订历史档案包括订房过程中每一个方面的统计数据，如客人人数、出租的客房数、订房方式、预订未到的客房数、未预订而直接上门的客房数、延期或提前离店的客房数等。

第三节　超额预订及预订失约行为的处理

客人向酒店订房，并不都是保证预订。经验表明，即使酒店的订房率达到 100%，也会有一小部分客人因为各种原因不能按期抵达酒店、临时取消或提前离店，使酒店利益蒙受损失。为了充分利用客房，提高客房出租率，酒店有必要作预订控制，以避免或弥补上述原因造成的损失。

一、制定有关预订政策

预订政策的制定不仅能满足客人的要求，保护客人的利益，而且有利于酒店的经营管理工作，使预订工作有章可循。同时，也可作为处理预订中发生纠纷的依据和规则，保护酒店自身的合法权益。预订政策应涉及预订业务中易出现问题的环节，其中包括以下内容：

1．酒店客房预订规范

包括客房预订操作程序、团体与散客预订的比例、接受预订的房间数量及期限、超额预订的比例等。

2．预付款收取

该条款明确收取预付款的对象、形式、数量、期限或分段收取的方法等。

3．预订确认条款

明确需确认的对象、时间、方式等。

4．预订取消条款

明确通知取消预订的期限、预付款的退还手续及落实部门和方法等。

5．酒店对预订客人应承担的责任条款

明确因工作差错、疏漏、超额预订失误等而引起预订客人无法入住的处理规定等。

6．预订客人应承担的责任条款

明确预订客人未能如期抵店、逾期离店等的处理规定。

二、超额预订与缺额预订

超额预订是指酒店在预订已满的情况下，再适度增加预订的数量，以弥补少数客人临时取消预订而给酒店造成的损失。

做好超额预订的关键在于掌握有效的超额预订数量和幅度，避免或最大限度地降低因失误而造成的麻烦。按照国际酒店的管理经验，超额预订的百分比可控制在5%～20%。通常，实施超额预订时应考虑下列因素：

1．团体预订与散客预订的比例

团体预订的履行率通常较散客预订高。因此，若在某一段时间团体预订多、散客预订少，则超额预订的比例不可过大；若散客预订多，团体预订少，则超额预订的比例不宜过小。

2．预订种类的比例

若某一时段内，酒店的担保预订客人多，而临时预订客人少，则超额预订的比例不能过大；反之，则超额预订的比例不能太小。

3．不同客源数量的比例

酒店应针对性地统计出不同客人数量所占的比例，并结合过去同期、近期及将来的情况进行综合分析，以恰当把握超额预订的“度”。酒店客人类别可分为以下几种：

（1）预订未到者（No Shows）。

（2）临时取消者（Cancellations）。

（3）提前离店者（Under Stays）。

（4）延期离店者（Over Stays）。

（5）提前抵店者（Early Arrivals）。

通常，为合理掌握超额预订的数量及比例，可采用下列计算公式：

超额预订数量=预订临时取消数+预订未到数+预计提前离店数−延期退房数

或

超额预订数量=酒店应接受当日预订房数×预订取消率+酒店应接受当日预订房数×预订未到率−预计离店房数×延期退房率

三、预订中的失约行为及其处理

按照行业惯例，对于在规定时间内抵店的保证或确认预订的客人，酒店可采用以下方法处理：

（1）诚恳致歉，请求客人谅解。

（2）将客人的房间升级或立即与其他同等级的酒店联系，请求援助。

（3）免费提供客人到其他酒店的交通费及第一夜的房费。

（4）免费提供一～两次长途电话费或传真费，使客人能将临时改变住处的信息告诉相关方面。

（5）保留客人的有关信息，便于为客人提供邮件及查询服务。

（6）征求客人意见，看其是否愿意次日搬回酒店。如果客人愿意搬回，则为客人留房并免费接客人回酒店。

（7）当客人搬回酒店入住，应由大堂副理或客户关系主任出面迎接，并在客房内摆放致歉信、赠送鲜花、水果等。

（8）事后由前厅部管理人员向提供援助的酒店表示感谢。

（9）详细做好客史档案。

四、控制预订失约行为的方法

为避免出现预订失约行为而引起客人与酒店之间的纠纷，酒店前厅部应实施以下有效的预订控制方法：

（1）完善各项预订规范及政策，健全预订的程序及标准。

（2）加强与预订中心及预订代理商之间的沟通。

（3）建立与相关服务部门的沟通制度。

（4）加强预订的督查，避免出现错项及遗漏。

（5）注重培训，不断提高预订员的业务素质。

（6）重视案例收集与总结分析。

本 章 小 结

本章介绍了酒店客房预订的任务、方法、预订的规范、资料管理及预订控制。客人事先进行客房预订是为了免遭酒店客满的风险。而酒店之所以拥有预订系统来受理客人的预订，是想尽力为客人提供满意的客房，为酒店争取较高的入住率。因而在承接预订时采用正确的方法、按照规范的程序、掌握完善的信息，才能将服务的细节做到完美。

复习思考题

1. 选择题

（1）客人交付预付款进行预订，我们称这种预订为（　　）。

A. 临时预订　　B. 长期预订

C. 担保预订　　D. 确认预订

（2）酒店通常为担保类预订客人保留房间至客人预期抵店日期的（　　）。

A. 次日中午 12 点　　B. 下午 6 点

C. 中午 12 点　　D. 夜间 12 点

（3）大型会议采用（　　）预订方式为宜。

A. 电话预订　　B. 传真预订

C. 网络预订　　D. 面谈预订

E. 信函预订

（4）决定是否受理一项订房要求应考虑的因素有（　　）。

A. 预期抵店日期　　B. 所需的客房类型

C. 所需的客房数量　　D. 逗留天数

E. 客人能支付的房费

2. 案例题

酒店在旺季时普遍会采用超额预订的方法规避因客人 No-show（预订未到）带来的损失。某酒店通过近几年的数据统计发现平均每日预订取消率为 5%，No-show 率为 7%，而延期退房的客人达到 8%。

请问该酒店在旺季时采用多少超额预订量比较恰当？

3. 实践题

（1）通过传真方式为旅行社提供团体客人订房服务。

（2）为散客提供预订变更服务。

第三章 总台服务管理

知识目标

- 了解总台接待工作的作用、程序及标准
- 了解总台销售的内容和方法
- 了解客房状态控制的方法
- 了解客人信用控制的内容

能力目标

- 能按照规范为客人办理入住登记手续
- 掌握客房销售中排房和定价的方法
- 掌握控制客房状态的方法
- 能处理前厅接待工作中的各种问题

引导案例

一天深夜，甘肃省某市的一家星级酒店走进一位浑身酒气、走路摇摇摆摆的客人。这位客人来到总台掏出了500元现金，含糊不清地对接待员说了一句："要一个标准间。"然后就趴在了总台上。

看到客人醉成这个样子，夜班接待员小肖觉得当务之急是尽快帮客人办理好入住登记手续，让客人到房间休息。

按照酒店的规定，客人在办理入住登记手续时应支付相当于房费金额150%的费用作为预付款。由于酒店标准间的房费是每晚328元/间，因此小肖看到客人给了500元现金后认为客人是要一个标准间，并住一个晚上。

"先生，您是住一个晚上吗？"小肖礼貌地问客人。

"嗯。"客人点了点头。

"我们酒店明天的房间全部预订出去了，所以请先生在明天中午12点以前到总台办理结账退房手续。"小肖向客人申明。

"嗯。"客人还是含糊不清地回答了一声。

于是小肖以最快的速度为客人办理了入住登记手续，并请保安人员将客人送到了房间。

第二天，酒店要承接一个大型会议，按照规定至少应该提前3个小时把团体的房间准备好。可是接近中午12点了，那位深夜入住的客人仍然没有来办理结账退房手续。于是接待员给客人打电话提醒。

"先生，您好！现在快到中午12点了，请问您什么时候来退房呢？"白班接待员小欧问客人。

"退房？谁说我要退房？我要住3天！"客人在电话里回答。

"不好意思，先生，您昨晚入住时要的一个晚上的房间。我们今天要接待一个大型会议，房间早在1个月前就订出去了，您今天中午12点以前一定要退房。"

"绝不可能！我来这里办事，一定要住3天！"客人有些生气了。

"先生，请您理解一下！我们今天的接待是很重要的，您的房间不能再住了。"小欧继续解释。

"我管不了那么多！反正我不会退房！你们这是赶客人走嘛！岂有此理！再这样我就打12315投诉！"客人越说越激动。

小欧实在没办法，只好把这件事报告给大堂副理。大堂副理查看前一晚客人入住时的资料，才发现入住登记单上根本没有客人的签名。

经过大堂副理的协调，最终将客人的房间由普通标准间升级为商务套房，客人这才作罢。

思考：在这一则案例中，接待员为客人着想本来是值得提倡的。但是由于接待员在办理入住登记手续时忽略了与客人复述确认的重要程序，省略了请客人签名的重要操作规范，结果事与愿违，导致"好心办成坏事情"。那么在总台接待服务中应该采取哪些方法、完成哪些程序、遵守哪些规范，才能避免出错，高效率地完成接待工作呢？

第一节　总台接待服务

总台接待服务主要是指办理入住登记手续。如今实行并岗设置的酒店越来越多，因此很多酒店的总台接待服务还包括回答问询、办理结账退房等多项工作。总台接待员除了要为客人提供热情的服务之外，还要增强销售意识，提高工作效率，尽可能地缩短客人办理入住登记和离店结账手续的等候时间，提高服务质量。

一、入住登记的目的

1. 办理入住登记手续，签订住宿合同

入住登记表格，实际上是一个酒店住宿合同。通过办理入住登记手续，酒店与客人之间的责任与义务、权利与利益才能明确。客人通过填写入住登记表，确定房号、房价、住

宿期、付款方式等基本事项，酒店还告知客人（消费者）消费客房产品应注意的事项，如退房时间、贵重物品保管等。最后，客人与接待员（Receptionist）双方签名确认。

2．遵守国家有关户籍管理的规定

我国有关法律明确规定，境外旅客及国内旅客在宾馆、酒店、招待所住宿应当出示护照或身份证等有效证件办理入住登记。

3．获得住客的个人资料

通过客人填写登记表及接待员核实客人有效身份证件，可获得住客的有关个人资料，如姓名、职业、国籍、出生年月、常住地址、公司等基本信息。这些个人资料有助于酒店个性化服务的提供，有助于客人历史档案的建立，有助于日后酒店产品的推介等。

4．满足客人对房间及房价的要求

办理入住登记时，接待员向客人介绍房间和房价，回答客人的提问，让客人了解客房类型和房价，为客人决策提供建议并为客人安排适当的客房。

5．为客人入住后各种表格、文件的形成提供可靠的依据

客人填写入住登记表后，接待处获取了住客的有关个人资料和住宿的有关信息，然后根据以上信息制作出有关表格和文件，如入住单（开房单 Check-in List）、账单、住客名单（In-house Guests List）、房卡等，这些表格和文件的传递有利于协调其他部门的对客服务。

6．掌握客人的结账付款方式，保证客房销售收入

确认付款方式的目的是为了保护酒店的利益，决定客人在住宿期间的信用标准以及提高退房结账服务效率。信用标准是指酒店允许赊欠的客人所必须具有的偿付能力。宾客付款的常见方式有：信用卡、现金、旅行支票和转账。

7．向客人推销酒店的其他服务与设施

接待员在给客人办理入住登记过程中，可以在推销客房的基础上抓住时机，让客人了解酒店所提供的其他服务项目和各种设施。注意要适度，以免让客人产生厌烦情绪，同时要迎合客人心理，引起客人注意，从而促进其他交易的实现，为酒店带来更高的经济效益。

二、入住登记服务程序控制

（一）识别客人有无预订

接待员应热情接待客人，主动向客人问好，询问客人有无预订。如果客人已经预订了房间，则应迅速查找预订表或次日抵店客人名单，找到客人资料后向客人确认预订的内容，如住店客人的姓名、房间的类型、入住的天数、结账方式等。经客人确认后，为客人办理入住登记手续。

（二）介绍房间

对于没有预订的客人，应该首先询问客人的要求，迅速查看即时房间状态表，再根据客人的需求向其介绍房间情况及酒店其他服务设施。

（三）排房、定价

根据当天的房间预订情况及可销售房间的情况，结合客人的特点及需求有针对性地推销客房及酒店其他服务设施。待客房确定后，接待员根据对客人的了解以及酒店的信用政策向客人确定房间价格。需要注意的是，接待员在报价时应将重点放在对酒店产品优点的介绍上，而不是和客人在房价上讨价还价。

（四）办理入住登记手续

1. 为散客办理入住登记手续

接待员应先问清客人证件的名称，然后协助客人填写登记，并查验客人的身份证件。为加快入住登记速度，有的酒店实行预先登记，退房日期先空出；待客人抵店，如果没有异议，让客人签上退房日期和姓名即可。

所有客人入住都必须登记，并做到散客住店一间房一张登记表。国内旅客住宿登记表如表 3-1 所示，境外旅客临时住宿登记表如表 3-2 所示。

表 3-1 国内旅客住宿登记表

编号： 房号： 房租：

姓 名	性 别	年 龄	籍 贯	工作单位	职 业
			省（市） 县		
户口地址				从何处来	
身份证或其他有效证件			证件号码		
抵店日期			离店日期		
同宿人	姓名	性别	年龄	关系	备注
请注意： 1．退房时间是中午 12:00 2．贵重物品请存放在前台保险箱内，阁下一切物品之遗失酒店概不负责 3．来访客人请在 23:00 前离开房间 4．退房请交回钥匙 5．房租不包括房间里的饮料				结账方式： 现金： 信用卡： 支票： 客人签名： 接待员：	

表 3-2 境外旅客临时住宿登记表

Registration Form of Temporary Residence for Visitors

IN BLOCK LETTERS: DAILY RATE: ROOM NO.:

SURNAME:	DATE OF BIRTH:		SEX:	NATIONALITY OR AREA:
OBJECT OF STAY:	DATE OF ARRIVAL:	DATE OF DEPARTURE:		COMPANY OR OCCUPATION:
HOME ADDRESS:				

（续）

<table>
<tr><td colspan="3">PLEASE NOTE：
1．Check out time is 12:00 a.m.
2．Safe deposit boxes are available at cashier counter at no charge. Hotel will not be responsible for any loss of your property.
3．Visitors are requested to leave guest rooms by 11:00 p.m.
4．Room rate not including beverage in your room.
5．Please return your room key to cashier counter after check-out.</td><td colspan="2">On checking out my account will be settled by：
CASH：
T/A VOUCHER：
CREDIT CARD：
GUEST SIGNATURE：</td></tr>
<tr><td colspan="5">For clerk use</td></tr>
<tr><td>护照或证件名称：</td><td>号码：</td><td>签证种类：</td><td>签证号码：</td><td>签证有效期：</td></tr>
<tr><td>签证签发机关：</td><td>入境日期：</td><td>口岸：</td><td colspan="2">接待单位：</td></tr>
<tr><td colspan="2">REMARKS：</td><td colspan="3">CLERK SIGNATURE：</td></tr>
</table>

2．为团体客人办理入住登记手续

团体抵店前通常要预订。对于已经预订的团体或会议客人，接待员可以根据具体的要求，提前将登记表填好，并制作好房卡。待团体抵店后，请团体领队签名确认。如果事先没有得到团体的资料，则在团体抵店后将客人引导至团体休息处后，再将入住登记表交给领队填写。团体人员住宿登记表如表 3-3 所示。

表 3-3 团体人员住宿登记表

REGISTRATION FORM OF TEMPORARY RESIDENCE FOR GROUP

团体名称： 日期： 年 月 日至 月 日
Name of group Date Year Mon Day Till Mon Day

房　号	姓　名	性　别	出生年月	职　业	证件号码
Room No.	Name in full	Sex	Date of Birth	Occupation	ID No.

用房总数： 标准间： 单人间： 其他：

接待单位： 结账方式：

备注：用餐：________________ 行李：__________

制表人：________________ 日期：__________

3．为 VIP 客人办理入住登记手续

酒店贵宾一般由大堂副理负责接待，前厅接待处负责配合。贵宾入住登记在客房内进行。

接待处与订房部配合安排好贵宾入住的客房，提前准备好住宿登记文件夹（Folder），根据已知的贵宾资料打印好住宿登记表和贵宾房卡。登记表及房卡的退房日期栏空出，让贵宾自填。准备好房间钥匙，将其与住宿登记表、贵宾房卡一并放在文件夹内，并将文件夹交大堂副理。查看有无客人的信件及其他早到的物品，以便及时转交。

客人抵店时，由大堂副理将贵宾带入房间，并对酒店和房间进行简单介绍，告知客人大堂副理台的服务电话，表达愿为其服务的愿望。大堂副理将已准备好的入住登记文件夹带进客房，请客人登记签字，然后大堂副理核对证件，确认其退房日期。离开客房时，预祝客人居住愉快。

贵宾入住，享受多种优惠，如免交押金（Waive Deposit）、房费免费（Complimentary）甚至是全免（All Complimentary）。具体优惠应按酒店贵宾申请单上的待遇执行。

（五）确定付款方式

确定付款方式的目的，从酒店角度来看，可避免利益损害，防止住客逃账（走单）；从客人角度来看，可享受住宿期消费一次性结账服务和退房结账高效率服务。

接待员从登记表的“付款方式”一栏中得知客人选择的付款方式。客人常采用的付款方式有：现金、信用卡、旅行支票（Travel Voucher）及转账等。三星级以上的酒店都应提供一次性结账服务。

如果客人用现金结账，则客人入住时要交纳一定数额的预付金。预付金额度应超过住宿期间的总房费数，具体超过多少，由酒店自定。

如果客人用信用卡结账，则接待员应首先确认客人所持的信用卡是否是本酒店接受的信用卡，是否完好并在有效期内。

如客人以转账方式结账，则一般在预订时就会向酒店提出，并经酒店有关负责人批准后方可操作。客人在办理入住登记手续时，才提出以转账方式结账的，酒店通常不能受理。对于一些熟客、常客、公司客等，酒店为了表示友好和信任，通常会给予他们免交预付款（Waive Deposit）的方便。免交押金的名单一般由酒店的营业部或财务部门印发，订房部员工在订房单的备注内容中注明，接待处则灵活处理。

（六）将房卡及房间钥匙交给客人

完成入住登记手续后，接待员制作房卡，并请客人在房卡上签名，告知其房卡的用途并提醒客人阅读房卡上的宾客须知内容。如果酒店为客人提供用餐券、免费饮料券、宣传品等，此时应同房卡、钥匙一并交给住客。还要注意有无客人代存的邮件和留言，如有，则应在这时一并转交客人。

提醒住客，酒店前厅收银处有免费的贵重物品保管服务，并祝客人住得愉快。

（七）引领客人进房

接待员安排行李员引领客人进房。如无行李员，则接待员应将房号告诉客人并指明电梯的位置。

为了表达对客人入住的感谢和对客人的重视，有的酒店还要求接待员在客人进房 5～10

分钟后，打电话到房间征询客人对客房及服务的意见。

（八）将有关信息输入计算机，建立相关表格

将入住登记表的有关内容输入计算机，如果酒店计算机联网，则相关对客服务部门可得到客人入住的信息。如果酒店计算机没有联网，则接待员需填写入住单，将得到的信息分发至问讯处、总机、礼宾部、管家服务中心等相关部门。

制作住客账单，送总台收银处。

在“预期抵店客人名单”（Expected Arrival List，EA List）中注明该订房单内的客人已入住。

小知识

1．有效证件的种类

（1）国内旅客持用的有效证件主要有：

- 中华人民共和国居民身份证。
- 临时身份证。
- 中国护照。
- 军官证。
- 警官证。
- 士兵证。
- 文职干部证。

（2）境外旅客持用的有效证件主要有：

- 中华人民共和国旅行证。
- 中华人民共和国入出境通行证。
- 外国人持有的证件——护照。

2．护照知识

（1）护照的概念。护照是一个主权国家发给本国公民出入国境和在国外旅行、居留时使用的合法身份证件和国籍证明。目前，有些具有国际法主体资格的国际组织和国际机构也有权颁发类似护照的证件，如联合国，国际上承认它具有执行其职务及达成其宗旨所必需的法律行为能力，具有国际法主体资格，因而有权颁发具有护照作用的证件，如“联合国通行证”。

（2）护照的签发机关。护照，一般由各国政府授权的主管机关按该国的有关法律颁发。多数国家授权外交部门、移民部门或内务部门颁发。我国颁发护照的机关是外交部、外交部授权的地方外事部门；公安部和公安部授权的地方公安机关；外交部授权和公安部委托签发护照的我国驻外国的使、领馆。

（3）护照的种类如下：

● 外交护照，发给驻国外的外交代表、领事官员和出国进行国事活动的国家元首、政府首脑、国会议员、政府代表团成员及其配偶和未成年子女。持有外交护照的人享有外交特权和豁免，除非本人声明放弃外交特权和豁免。

● 公务护照（官员护照），发给出国从事各种公务活动的人员，如政府的一般官员、驻外使领馆行政技术人员以及派往国外执行文化、经济等任务的人员等。护照上标有“SERVICE”（公务）或“OFFICIAL”（官员）字样。

● 普通护照，发给因私事前往国外或旅居国外的本国公民。普通护照是目前世界上颁发数量最多、使用最为广泛的一种护照。

（4）我国不承认的几种护照如下：

● 世界服务组织发的护照。

● 议会护照。

● 英国属土公民护照和英国公民（海外）护照。

● 英国旅游护照。

● 中国公民持用的“受汤加保护者”“汤加国民护照”。

● 把我国的部分领土作为一个国家发的护照。

● 中国公民非法持有的其他外国护照。

3．签证知识

（1）签证的概念及签证机关。

● 签证的概念：签证是一国政府允许外国人入出本国国境的许可证明。签证一般注在外国公民所持护照或代替护照的证件上。

● 签证机关：我国的签证机关在国外是驻外使领馆，在国内是公安部及其授权的地方公安机关和外交部及其授权的地方政府外事办公室。

（2）我国向境外旅客签发的签证种类有外交、礼遇、公务、普通四种。

● 外交签证：一般发给持外交护照的外交官、领事、政府高级官员及其随行家属和外交部领事司通知发给外交签证的人员。

● 礼遇签证：发给卸任的外国元首、政府首脑、国会议长、最高法院院长、外交部长、前驻华大使和其他高级官员、知名人士及其随行家属，签证机关认为应发给礼遇签证者。持礼遇签证者入出境时享受与持外交签证者相同的待遇。

● 公务签证：一般发给持公务护照的外国驻华使领馆工作人员，联合国系统组织驻华机构中持蓝皮通行证的人员及其随行家属，因公临时来华或过境持公务护照、官员护照、特别护照或联合国蓝皮通行证的人员及其随行家属，应邀访华的外国党、政代表团中未持外交护照的人员。

● 普通签证：一般发给持普通护照的外国人，根据外国人申请来华事由分为十二类，分别标有相应的汉语拼音字母。

1）C 字签证，发给执行乘务、航空、航运任务的国际列车乘务员、国际航空器机组人员、国际航行船舶的船员及船员随行家属和从事国际道路运输的汽车驾驶员。

2）D 字签证，发给入境永久居留的人员。

3）F 字签证，发给入境从事交流、访问、考察等活动的人员。

4）G 字签证，发给经中国过境的人员。

5）J1 字签证，发给外国常驻中国新闻机构的外国常驻记者；J2 字签证，发给入境进行短期采访报道的外国记者。

6）L 字签证，发给入境旅游的人员；以团体形式入境旅游的，可以签发团体 L 字签证。

7）M 字签证，发给入境进行商业贸易活动的人员。

8）Q1 字签证，发给因家庭团聚申请入境居留的中国公民的家庭成员和具有中国永久居留资格的外国人的家庭成员，以及因寄养等原因申请入境居留的人员；Q2 字签证，发给申请入境短期探亲的居住在中国境内的中国公民的亲属和具有中国永久居留资格的外国人的亲属。

9）R 字签证，发给国家需要的外国高层次人才和急需紧缺专门人才。

10）S1 字签证，发给申请入境长期探亲的因工作、学习等事由在中国境内居留的外国人的配偶、父母、未满 18 周岁的子女、配偶的父母，以及因其他私人事务需要在中国境内居留的人员；S2 字签证，发给申请入境短期探亲的因工作、学习等事由在中国境内停留居留的外国人的家庭成员，以及因其他私人事务需要在中国境内停留的人员。

11）X1 字签证，发给申请在中国境内长期学习的人员；X2 字签证，发给申请在中国境内短期学习的人员。

12）Z 字签证，发给申请在中国境内工作的人员。

第二节　总台销售管理

酒店产品生产与消费同步这一特性，使得酒店产品的销售在很大程度上依赖于酒店员工的销售意识和技巧。总台员工作为客房销售的一线人员，首先应该重视的就是销售人员的角色，要不断学习、提高销售技巧，通过对客人的观察、进行有效的沟通、运用恰当的介绍去引导客人消费、增加销售。

为了充分发挥前厅部的首要功能——销售酒店产品，提高客房销售业绩，前厅部员工特别是总台员工除了确保前厅部各环节服务的质量外，还应注意准确控制房态、合理制定客房价格、完善客房销售程序、提高销售技巧。

一、客房状态控制

（一）客房状态显示方法

1. 计算机系统（Computer System）显示房态

采用计算机系统显示房态具有快速、高效的特点，因此特别适合于房间数量多、房间类型复杂、客流量大的酒店。在总台接待处、收银处及房务中心配有联网的计算机终端，各岗位通过操作终端机了解及传递有关客房状态的信息。这样不仅大大加快了信息传递的速度，也大大提高了工作效率。

计算机系统显示客房状态通常有以下几种功能：

（1）查找某个房间目前的状态。输入该房间的房号及相应功能键，即可查看该房间的各种基本状况以及目前所处的状态。

（2）按照客人的要求查找相应的房间。如客人需要一间外景行政套房，则操作员输入相应关键词及功能键，即可显示出符合这些条件的房间号码以及目前所处的状态。

（3）按照房间种类查找房间。所有房间可根据需要按照房间种类排列，并可显示某一房型各种状态的数量。

（4）显示并打印即时的房间状态表。使用计算机管理的酒店，其客房各种状态分别由客房部、总台予以转换和控制，达到掌握和控制房态的目的。例如，客房部每天通过由计算机提供的楼层住客状况表来完成卫生清扫和组织安排；走客房清扫完毕，主管或领班经检查并确认可以重新出租后，通过计算机信息输入，使“走客房”改为“可售房”；客房出租时，总台接待员则将客人资料及客房已租信息输入计算机，使“可售房”转换为“住客房”；客人入住期满结账退房后，收银员将客人已结账信息输入计算机，使客房由“住客房”变为“走客房”；等等。从而使各种房态都可以通过计算机输入、显示、变更自动转换来反映客房状态，达到控制客房状态的目的，为客房预订和销售提供前提条件。

2. 采用客房状态显示架（Room Rack）手工显示房态

客房状态显示架设在总台内侧的工作台上，接待员将表示客房不同状况的卡条放入客房状态显示架中的格子或取出，控制和了解客房状态及住客情况。由于酒店计算机系统使用已非常普遍，手工显示房态的方式已逐渐被淘汰。

（二）引起房态变化的因素

（1）客人入住。

（2）客人换房。

（3）客人退房、延期退房或提前退房。

（4）特殊留房。

（5）关闭楼层。

（三）房态控制

（1）信息准确。已使用计算机管理的酒店，其房态变更和转换过程是实时和自动的，屏幕显示直观，一目了然。只要能确保每次输入的指令信息准确无误，房态就比较容易控制。采用传统的客房状态显示架及信号灯系统等手工控制房态的酒店，主要采用变换客房状态卡条、按时正确填写和交换、核对控制表格、加强多方信息沟通等方法来控制房态。

（2）加强房态的核对。由于总台的工作量大，而且房态时常处于变化之中，虽然很多酒店可通过计算机查询、了解目前的房态，但是员工工作上仍可能出现差错，从而造成接待处的房态与客房楼层的房态不符。因此，进行房态的核对是必要的，要定时与客房部的“楼层报告”相核对，一般采取一日三次核对的方法，以免出现“漏房”“虚房”或员工营私舞弊现象，而导致客房销售及客房服务混乱。

总之，正确控制客房状态，主要是为了有效地销售客房。无论采用何种客房状态控制系统，都要加强总台接待、账务、预订与客房部之间的房态变更、转换控制，保持信息沟通及协作，最终提高为客人服务的效率和经济效益。

二、前厅销售程序与技巧

被尊为“现代酒店之父”的美国酒店大王斯塔特拉说过：“谁是酒店的销售人员——是所有员工。”酒店需要树立全员销售的营销理念，使所有为客人服务的员工都意识到自己也是酒店产品销售人员的一分子。为了增加酒店的销售收入，前厅部的服务人员不仅要接受客人的预订、办理入住登记手续、排房，还要善于推销客房及其他产品，最大限度地提高客房出租率，增加酒店综合收入。这在当今酒店业激烈竞争的环境中显得尤为重要。因此，前厅部接待人员应充分利用自身的优势条件，熟悉、掌握客房销售的内容、程序和推销技巧，适时、成功地推销酒店客房及其他产品。

（一）总台销售内容

总台接待人员在接待过程中成功地将客房及酒店其他产品推销给客人，必须具备基本的个人素质，掌握相应的知识和能力，总台的销售内容可包括以下五个方面：

1. 酒店的地理位置

酒店所处的地理位置，是影响客人选择酒店的重要因素之一。它主要包括距机场、车站、码头、旅游景点、商业中心的距离以及周边环境。一般来说，商务型客人比较侧重选择交通方便的酒店；而度假型客人则比较侧重选择环境优雅、远离闹市的酒店。因此，前厅部员工应充分利用现有的地理位置，积极进行推销。

2. 酒店的设施设备

酒店的设施设备是酒店的硬件，是有形产品，标志着酒店的档次和星级，是销售酒店产品的重要条件。因此，前厅部员工应该娴熟地掌握酒店的设施设备并了解其特色。

3．酒店的形象

酒店的形象不仅是生动的活广告，而且能显示其特有的风格。前厅部员工不但应善于宣传，而且要自觉维护。它由酒店的知名度、美誉度、经营作风及优质服务等诸多因素构成。

4．酒店的气氛

酒店是客人的“家外之家”，“宾至如归”是酒店给客人的最佳感受。现代客人在酒店消费，不但要获得物质享受，而且要获得精神享受，所以他们比较注重酒店的气氛。因此，前厅部员工不但要营造酒店特有的气氛，而且还应努力展示其独具特色的风格。

5．酒店的服务

酒店的对客服务是销售酒店产品中最为重要的组成部分，是酒店的无形产品，亦称为酒店的“软件”。它是由人决定的最积极、最活跃的因素。因此，酒店应该努力提高前厅部员工对客服务的意识、知识和技能。

总之，总台工作人员应了解掌握上述销售内容，按照一定销售程序、运用销售技巧，最大限度地销售酒店的产品。

（二）客房销售程序

客房销售可划分为把握客人特点、介绍酒店产品、巧妙地洽谈价格、主动展示产品、尽快作出安排这五个环节。

1．把握客人特点

前厅部员工应有敏锐的观察力和分析判断能力。根据客人的年龄、职业、国籍、旅行目的、身体状况等方面的情况，可以基本了解客人的选房倾向、支付能力、消费习惯以及心理承受能力，从而不失时机地、有针对性地介绍、推销酒店客房产品及其他产品。

2．介绍酒店产品

把握了客人特点之后，前厅部员工应该投其所好，生动详尽地描述客房产品的优点，尽量突出客人最为敏感的部分，以满足不同客人的心理需求。例如，以理想的地理位置、新颖的装潢、优雅的环境、美丽的外景、宽敞的房间、先进的设施等来吸引客人。

3．巧妙地洽谈价格

前厅部接待员在与客人洽谈价格时，应尽量使客人感到酒店销售的产品是物有所值的，因此在销售过程中着重推销的是客房的价值而不是价格。接待员可以根据客房的特点，在客房前加上恰如其分的形容词，如刚装修好的、具有民族特色的、宽敞的、舒适的、能看到海景或湖景等，只有这样才更容易为客人所接受。在洽谈价格过程中要注意不急于报价、定价，不硬性推销，而尽量用征询、商量的语调与客人洽谈。

4．主动展示产品

前厅部必须备有酒店客房产品和其他产品的宣传册及广告宣传资料、图片等，并将它们陈列在客人随手可取的地方，供客人仔细观看、选择，还有一些酒店在大厅配备了大屏幕计算机查询系统，让客人在大厅就可以对客房等酒店产品的情况一目了然，获得感性的认识，以促进产品的销售。必要时，还可以带领客人实地参观客房产品，增加客人对客房价值的认知和理解。展示时应从高档客房向低档客房进行介绍，同时，接待员要自始至终表现出耐心、高效、礼貌，即使客人不住店，也应对客人的光临表示感谢，并欢迎客人再次光临。

5. 尽快作出安排

经过上述销售程序，当察觉到客人对所推荐的产品感兴趣时，前厅部服务人员应用提问的方式，促成客人作出选择。一旦客人作出选择，应对客人的选择表示赞赏和感谢，并为客人尽快办理入住登记手续，缩短客人等候时间。

（三）客房销售技巧

随着酒店业竞争的加剧，酒店越来越重视前厅部的销售工作。其销售成功与否直接影响到客人对酒店的认识、评价和是否再次光临，最终影响到酒店的经济效益。因此，对于一名优秀的前台服务员而言，不仅要熟悉前厅部客房销售的内容和服务程序，更应掌握客房销售技巧，运用销售艺术，对客人进行成功的、有效的推销。

1. 具有良好的职业素养

前厅是给客人留下第一印象的地方，是酒店的门面。客人初次到一个酒店，对该酒店可能不甚了解，他对酒店产品质量的判断是从员工的仪表仪容和言谈举止开始的。因此，前厅部员工必须随时面带微笑，以热忱的态度、礼貌的语言、优雅的举止、快捷规范的服务接待好每一位客人，这是前厅部成功销售的基础。

2. 分析客人心理

酒店负责推销的员工，必须要深入了解客人最需要的是什么，最关心的是什么，最感兴趣的是什么。把握好客人的购买目的和购买动机，帮助客人解决问题，满足其物质和心理需要。

3. 强调客人受益

由于客人对产品价值和品质的认识程度不一样，相同的价格，有些客人认为合理，而有些客人则感到难以承受。在这种情况下，接待员要将价格转化为能给客人带来的益处和满足，对客人进行启迪和引导，促使其购买。

4. 给客人进行比较的机会

前厅部接待员可根据客人的特点，向其推荐两种或三种不同房型、价格的客房供客人比较选择，激发客人的潜在需求，增加酒店的效益。

在推销过程中，接待员应避免将自己的观点强加于客人，切记接待员的责任是推销，而不是强迫对方接受。注意，要尊重客人的选择，即使客人最终选择了一间较便宜的或相对档次较低的客房，也要表示赞同与支持。

5．坚持正面的介绍

前厅部接待员在介绍不同的房间以供客人比较时，要着重介绍各类型客房的特点、优势及给客人带来的方便和好处，指出它们的不同，但不要对各类型客房的缺点进行比较，还应注意用词。

6．对犹豫不决的客人可以多提建议

许多客人并不清楚自己需要什么样的房间，在这种情况下，接待员要认真观察客人的表情，设法理解客人的真正意图，了解客人的特点和喜好，然后按照客人的兴趣和爱好，有针对性地向客人介绍各类客房的特点，消除其疑虑。若客人仍未明确表态，则接待员可以运用语言和行为来促使客人下决心住下来。

7．高码讨价法与利益引诱法

高码讨价法与利益引诱法，是两种有效的销售技巧，可以在客房销售过程中加以运用。

高码讨价法是指在客房销售中向客人推荐适合其地位的最高价格的客房。根据消费心理学，客人常常接受接待员首先推荐的房间。如果客人不接受，再推荐价格低一档次的客房，并介绍其优点。这样由高到低，逐层介绍，直到客人作出满意的选择。这种方法适合于向未经预订、直接抵店的客人推销客房，从而最大限度地提高高价客房的销售量和客房整体经济效益。

利益引诱法，亦称由低及高法，即采取给予一定附加利益的方法，使他们放弃原来想要的客房，转而购买高一档次的客房。

8．价格分解法和适当让步法

通常，酒店为获得更多的营业收入，都要求接待员先推销高价客房。价格是最敏感的，有的客人一听到总台的报价，就可能被吓退，拒绝入住。此时就要将价格进行分解以隐藏其“昂贵性”。

适当让步就是适当地给客人优惠或打折。这也是适应市场、适应竞争的重要手段。但要注意优惠幅度应控制在授权范围内。

9．选择适当的报价方法

总台对客报价是酒店为扩大自身产品的销售，运用口头描述技艺，引起客人的购买欲望，借以扩大销售的一种推销方法。其中包含推销技巧、语言艺术、职业品德等内容，在实际推销工作中，非常讲究报价的针对性，只有适时采取不同的报价方法，才能达到销售的最佳效果。掌握报价方法，是搞好推销工作的一项基本功，以下是酒店常见的几种报价方法：

（1）“冲击式”报价：先报出房间价格，再介绍房间所提供的服务设施、服务项目，这种报价方法适合推销价格比较低的房间，以低价打动客人。

（2）“鱼尾式”报价：先介绍所提供的服务设施和服务项目及客房的特点，最后报出

房价，突出产品质量，减弱价格对客人入住的影响。这种报价方法适合推销中档客房。

（3）“夹心式（三明治式）”报价：这种报价方法是将价格置于所提供的服务项目中，以减弱直观价格的分量，增加客人入住的可能性。这种报价方法适合于中、高档客房，可以针对消费水平高、有一定地位和声望的客人。

（4）交叉排列报价：将酒店所有现行价格按照一定排列顺序提供给客人，即先报最低价格，再报最高价格，然后报中间价格。这样可以使客人全面了解价格，从容选择。

（5）选择性报价：这种是将客人的消费定位在酒店房价体系中的某个范围，做有针对性的推销。采用此类报价法要求员工善于察言观色，能有经验地判断客人的支付能力，能客观地按照客人的需求，选择提供适当的房价范围。

总之，要根据不同客人的特点与需求，有针对性地宣传推销，介绍要恰如其分、不要夸大其词。要让客人因为员工的报价而对酒店产生信任，从而决定购买。

10．推销酒店的其他设施和服务

在宣传推销客房产品时，不应忽视推销酒店的其他服务设施和服务项目，如餐饮、娱乐、商务、商场等设施和服务，以使客人感到酒店产品的综合性及完整性。因为客人住店，不仅仅是为了满足其休息的生理需要，往往还有其他方面的需求，如果接待员不向客人介绍推荐，就有可能使某些设施设备长期无人使用或很少使用，不但使酒店的营业收入遭受损失，而且造成设备资源的闲置浪费。向客人推销酒店的其他设施和服务，不仅是一种积极的推销技巧，还可增加酒店的营业收入，改善与宾客的关系。

本章小结

本章介绍了酒店总台接待服务管理的内容和方法。通过对总台接待工作的目的和程序、客房价格的构成和房价种类、总台销售技巧和客人信用控制等知识的学习，了解总台服务工作的内容和特点，掌握总台销售管理的方法。

复习思考题

1．选择题

（1）先介绍所提供的服务设施和服务项目及客房的特点，最后报出房价，突出产品质量，减弱价格对客人入住的影响，这种报价方式被称作（　　）报价。

A．冲击式　　B．夹心式

C．鱼尾式　　D．混合式

（2）我国向境外旅客签发的签证种类有（　　）。

A. 外交签证　　B. 礼遇签证

C. 公务签证　　D. 永久居留签证

E. 普通签证

（3）引起房态变化的因素有（　　）。

A. 客人入住

B. 客人换房

C. 客人退房、延期退房或提前退房

D. 特殊留房

E. 关闭楼层

（4）总台销售的内容包括（　　）等几个方面。

A. 酒店的地理位置　　B. 酒店的设施设备

C. 酒店的形象　　D. 酒店的气氛

E. 酒店的服务

2. 案例题

一天，某酒店来了一个近百人的旅游团体，比预约抵达时间提前了三个小时。该团体领队直接向总台接待员提出要增加十个房间，而总台接待员查看了客房控制菜单后发现不但没有空房可以出租，而且为该团体预留的客房也没打扫出来。接待员给领队解释说房间还未打扫干净，客人不能进房，而且也不能增加房间。领队表示对此不能接受，双方僵持不下。而此时该团体所有客人都已涌进大堂，要求拿房间钥匙。整个大堂顿时乱得一塌糊涂。

请问这种情况应该发生吗？你觉得问题出在哪里？如果你是该酒店的前厅部经理，应该如何处理？

3. 实践题

（1）认识各类身份证件，并鉴别是否有效。

（2）模拟为散客提供入住登记服务。

（3）模拟为团体提供入住登记服务。

（4）模拟向客人推销客房。

第四章

前厅部其他服务管理

知识目标

- 了解酒店礼宾部的工作项目、服务程序及金钥匙服务
- 熟悉总机服务的程序及内容
- 了解商务中心日常业务的服务程序
- 熟悉行政楼层的服务流程和工作内容

能力目标

- 具备金钥匙服务的能力和灵活控制、检查礼宾服务的能力
- 能对总机服务质量进行检查
- 能控制商务中心耗材的使用和提高商务中心服务质量
- 具备行政楼层管理的能力

引导案例

5 月的南京已有夏日的气息，南京玄武饭店的“金钥匙”小张到火车站办理公务，站内熙熙攘攘，人群川流不息。小张发现从上海抵达南京的列车进站后，8 号车厢一直无人下车，职业的敏感使他意识到一定是出了问题，于是快步走到车厢口，发现车厢通道堆满了行李，车厢内的日本客人焦急万分。凭着金钥匙的服务理念，小张毫不犹豫地主动将 30 多件行李卸下了火车。日本客人对此报以热烈的掌声，一再深鞠躬表示感谢。原来这是中国人民对外友好协会组织的一个日本贵宾团来到了南京。

团体陪同人员激动地对客人说：“南京的金钥匙接我们来了。”并对小张说：“你们酒店考虑得真周到，都服务到站台来了。”当他接过小张的名片后，十分惊讶，原来这个团体入住的不是玄武饭店，而玄武饭店的金钥匙却会主动帮助毫不相关的店外的客人。

数日后，中国人民对外友好协会从北京发来了传真，对小张的服务表示衷心的感谢：“您服务于大众、服务于社会的精神，让我们全体同仁备受感动。从您的身上我们感到你们的酒店不愧为全国最佳星级酒店之一，所以我们决定原来入住南京其他酒店的团体改为入住你们玄武饭店。”就这样一次偶然的店外服务，小张为玄武饭店赢得了一次开房 253 间/天的业绩。

思考：前厅部除销售客房，接受客人预订和为客人办理入住登记手续以外，还有哪些配套服务项目？这些日常服务工作将如何促进酒店的客房销售？

第一节　礼宾服务管理

为了体现酒店的档次和服务水准，许多高档酒店都设有礼宾部（Concierge），下设酒店代表、迎宾员（门童）、行李员、委托代办等岗位。礼宾部的主要服务内容是迎送宾客服务、行李服务、委托代办服务等。礼宾部的员工是最先迎接客人和最后送走客人的服务群体，他们的服务对客人第一印象和最后印象的形成具有重要作用。因此，礼宾部的工作质量会直接影响到酒店的形象和声誉。

一、礼宾部岗位人员安排

（1）合理地对礼宾组在大厅内进行布点，要求厅内保持行李员 2～3 名，能在规定的布点上灵活地为客人服务。

（2）礼宾迎宾员 1 名，主要负责接听电话、接待问询、委托代办、办理客人行李寄存、发送传真、留言等业务。

（3）大厅电梯礼宾行李员 1 名，主要为进出电梯的客人提供行李服务，问候客人、帮助客人开启电梯，接待客人的问询。

（4）面对大厅门、礼宾台左前方行李员各 1 名，主要是在第一时间发现进店的客人是否需要行李服务。及时为客人提供行李服务和接待客人的问询，并问候和引领客人。

（5）礼宾台在上班、下班时间内随时都要有人员值台，以上三个岗位要保持在岗时间段有人员在岗，并注意及时补位。

在岗时要求员工：①站姿标准，手势呈后交叉，保持良好的精神面貌；②工装整洁、皮鞋干净；③切忌聚集在一起。

二、礼宾接待计划的制订标准

接待计划的制订与执行的好坏，可以决定整个接待活动的成败，甚至影响整个酒店的服务声誉。因此，接待计划的制订在整个礼宾管理中是非常重要的。

（一）一级接待计划

1. 接待对象

（1）著名的政治家、重要领导人、著名艺术家、著名演员、运动员及能提高酒店知名度、能给酒店带来客源的重要客人。

（2）上级主管机关的主要领导人。

2．礼宾接待要求

（1）制作欢迎横幅和酒水牌。

（2）在客人到达前 1 小时，礼宾部主管完成对各项准备工作的质量检查。

（3）专任迎宾员提前 20 分钟在大堂门口迎客。

（4）总经理亲率各部门正副经理穿齐制服提前 15 分钟在大堂门口列队欢迎客人。

（5）客人的车队到后，礼宾员向客人行礼并迅速为客人做好开车门服务。

（6）按要求将客人的行李送入房间。

（二）二级接待计划

1．接待对象

（1）总经理邀请的重要客人。

（2）同行业或其他著名酒店的总经理工作考察。

2．礼宾接待要求

（1）在客人到达前 1 小时，礼宾部主管完成对各项准备工作的质量检查。

（2）专任迎宾员提前 15 分钟在大堂门口迎客。

（3）客人的车队到后，礼宾员向客人行礼并迅速为客人做好开车门服务。

（4）按要求将客人的行李送入房间。

（三）三级接待计划

1．接待对象

（1）总经理邀请的普通客人。

（2）同行业或其他著名酒店的总经理的普通聚餐。

（3）酒店需要感谢或表示慰问的客人。

2．礼宾接待要求

按各部门的日常操作进行。

（四）VIP 客人的接待流程及标准

VIP 是“Very Important Person”（贵宾）的简称。VIP 是酒店给予在政治、经济以及社会各领域有一定成就、影响和号召力的人士的荣誉，是酒店完善标准的接待规格服务对象，是酒店优质服务体系的集中体现。

1．准备工作

（1）预订处或销售部接到 VIP 客人通知单或从每天预计到店名单中获知贵宾的姓名、职务、到达时间等资料后，应立即报告总经理，填写 VIP 客人申请单（即重点客人呈报表），请示酒店是否派管理人员来接待及接待规格等。

（2）根据接待规格安排适当的房间，提前准备好房间钥匙、欢迎卡和住宿登记单及有关客人信件等。

（3）VIP 客人到达酒店前要将装有房卡、钥匙等的欢迎信封及登记卡放至大堂经理处，同时要通知有关部门按照接待规格做好准备。

（4）大堂经理在客人到达前 1 小时检查房间；客人抵达前半小时，大堂经理应准备好客房门卡、欢迎卡及住宿登记单，在门厅迎候客人抵店。

2．办理入住手续

（1）准确掌握当天预抵 VIP 客人姓名；以客人姓名称呼客人，对不同级别的 VIP 客人，相应地通知酒店总经理、驻店经理、前厅部经理及大堂经理等亲自迎接。

（2）不同级别的管理人员分别将不同级别的 VIP 客人亲自送至房间，并向客人介绍酒店设施和服务项目。

3．储存信息

（1）总台接待员复核有关 VIP 客人资料，并准确输入计算机；在计算机中注明“VIP”以提示其他各部门或人员注意。

（2）为 VIP 客人建立客史档案，并注明身份，以备查询。

三、礼宾服务流程检查

（一）迎宾服务检查

1．检查标准

迎宾员应精神饱满、热情有礼、动作迅速，让客人建立良好的酒店第一印象。

2．服务流程

（1）迎宾员站立在正门代表酒店欢迎宾客，保持清醒和警惕，特别在酒店客人高峰和交通繁忙时，在岗保持以下姿势：双手自然下垂或背于身后，两眼平视前方，双脚自然张开与肩同宽，挺胸、收腹，表情自然、面带微笑。

（2）距离迎面来车约 10m 处时，身体微向右侧，目光注意来车，右手侧举成 90°，手掌张开，五指并拢，左手上举到胸部位置，引领司机在适当位置停车（右手迅速紧握成拳头，示意停车）。

（3）车辆停稳 15 秒内迅速为客人开启车门，一手拉开车门，以不挡住客人下车，又便于开车门为标准，将门开至接近最大限度，另一只手伸至车门框顶下沿，防止客人碰头。前后排均坐人时，应先开右后门，再开其他门，但不要开驾驶室门。

（4）保持目光交流，有微笑地欢迎客人：“早上/中午/晚上好，欢迎光临××酒店。”如果客人曾经住过，则使用：“欢迎回来，很高兴又见到你。”

（5）客人出车门后适度关上车门。关车门时迅速检查座位处有无遗留物。

（6）对步行进酒店的客人，应点头微笑致意。

（7）客人下车时应礼貌征询有无行李。有行李时，迅速用手势提醒行李员，并协助行李员将行李搬上行李车，提醒行李员与客人核对行李件数。尽量使用客人姓名（行李牌识别）。

（8）用手势向客人示意“请进”，对老年或行动不便的来宾，应主动搀扶。

（9）向驾驶人表示谢意，示意停车位置，同时迅速记下该车的车牌号码。

（10）站回原位，继续迎候客人。

（二）送宾服务检查

1．检查标准

迎宾员应随时热情欢送宾客，给予必要协助，保持友善、真诚、礼貌，建立良好的酒店最后印象。

2．服务流程

（1）在岗保持以下姿势：双手自然下垂或背于身后，两眼平视前方，双脚自然张开与肩宽，挺胸、收腹，表情自然、面带微笑。

（2）用手势提示接客车辆行至指定地点。

（3）协助行李员将客人行李装上车，行李员必须与客人核对行李件数，用标准手势打开车门，请客人上车。

（4）示意驾驶人准备完毕，即行出发。

（5）站至车子斜前方1m处地点，再次向客人点头微笑致意，并挥右手道别。

（6）遇老年或行动不便来宾，行李员、迎宾员应主动搀扶或使用残疾车帮助客人。

（7）站回原位。

（三）引领服务检查

1．检查标准

所有礼宾组员工都能口齿清楚地向客人介绍客房。

2．服务流程

（1）客人登记完毕后，主动上前向总台接待员领取钥匙，记住客人房号并在行李牌上注明房号。

（2）护送客人乘电梯到房间。

（3）引领客人入房。

（4）先按门铃，再敲门，报“Bell boy（门童）”两遍，若房内无人反应，则用钥匙开门入房。开门后将钥匙插入电源孔；开灯并退出，请客人入房。如果房间未整理好，则立即退出，请客人稍候，再马上与前台接待员联系换房。

（5）简单介绍房间设施。

（6）将行李放于行李架或客人指定地方，请客人清点行李件数。

（7）介绍完毕后离开房间，征询客人有无其他吩咐，并祝：“希望您住得愉快，先生/女士/小姐”（Enjoy your stay with us，Sir/Madam/Miss）。

（8）退出客房，轻轻锁上房门。退出时应面向客人，微笑点头，讲“再见，先生/女士/小姐”（Good-bye，Sir/Madam/Miss）。

（四）行李服务检查

1．检查标准

行李员能礼貌快速地为客人提供行李服务。

2．服务流程

（1）发现客人带行李进酒店或乘车进店，行李员应迅速上前，微笑问候："早上/下午/晚上好，欢迎光临，先生/女士/小姐，有什么可以帮到你的吗？"（Good morning/afternoon/evening，Welcome to××Hotel，Sir/Madam/Miss，May I help you?）。

（2）立即帮客人从车上卸下行李（轻拿轻放），检查行李有无破损，并请客人核对行李件数和状况；为每件行李挂上红色进店行李牌。

（3）按要求装上行李车，提醒客人贵重、易碎物品应随身携带。

（4）引导宾客至总台办手续。

（5）客人登记完毕后，主动上前向总台接待员领取钥匙，记住客人房号并在行李牌上注明房号。

（6）送完行李，带上行李车从员工通道返回礼宾台。在散客行李入住登记表上逐项记载并签名。如果是 VIP 客人需要特别注明。

（7）站回原位继续迎候客人。

（8）行李员在运送行李时要走行李通道，同时注意保护通道门，在运送时要注意保护酒店的设施设备。

（五）丢失行李

1．检查标准

若客人在店内外丢失行李，礼宾组应尽一切努力找到行李，尽量避免客人的经济损失和不便。尤其要注意客人在遗失行李后，是非常易怒的，一定要全力以赴为客人找到遗失行李。

2．服务流程

（1）店外遗失的服务流程如下：

1）员工接到客人在店外遗失行李的信息后，必须立即向礼宾组领班报告。

2）礼宾组领班第一时间面见客人，全面获取遗失行李信息（航班、车次、出租车时间，箱子外观，品牌，特征等），避免不断打电话向客人询问遗失行李特征。

3）致电机场行李问讯处或出租车客管处或火车站列车值班经理或各汽车站问讯处。

4）礼宾组领班负责向客人通报行李情况。

（2）店内遗失的服务流程如下：

1）员工接到客人在店内遗失行李的信息后，必须立即向礼宾组领班报告。

2）查对行李员行李运送记录，落实是否已送、延误或送错房间。

3）查对是否正在运送途中。

4）查对是否混在进店或离店的其他客人行李中。

5）查对是否还在汽车中未取出。

6）与酒店失物招领部门联系。

7）礼宾组领班立即和保安部人员面见客人，呈交事故报告。

8）立即着手调查，尽一切努力。

9）如行李未找到，建议客人报警（保险赔偿需要），由保安部人员陪同前往公安机关报案。

10）礼宾组领班向酒店书面报告事件经过。

（六）VIP 客人的行李运送

1．检查标准

快捷、准确、高标准地为 VIP 客人提供行李服务；“一级”以上 VIP 客人必须指定专人负责。

2．服务流程

（1）根据公关部提前发出的 VIP 客人接待计划和前台当日上午发出的 VIP 客人通知单的有关内容，掌握 VIP 客人具体信息，礼宾组领班给行李员作好安排。

（2）提前填好 VIP 客人行李牌，检查行李车是否已备好。

（3）客人抵店时，行李员应热情向客人问候，并立即将客人行李集中，主动与客人陪同人员清点件数。仔细检查行李有无破损、是否干净，否则用抹布将行李轻擦一次，保证行李入房时干净整洁。清点完毕后给每件行李系上行李牌，填上相关内容。

（4）由专人将行李从专用通道送至客人所住楼层。

（5）将行李送给客人。进入 VIP 客人房间，要热情礼貌问候，客人需要时才介绍房间设施；将行李放在行李架或指定位置，主动告诉客人行李件数和状况。

（6）从员工通道回到礼宾台。在行李员值班记录上注明 VIP 客人抵达时间和行李特征、件数及员工姓名。

小知识

门童和行李员是酒店的“门面”。他们在服务过程中与客人联系紧密、接触频繁。因此，无论室外气温有多高，他们都要保持制服和着装达到最高的标准。这样做可以让客人感到非常的舒适，使客人产生一种归属感。就算不是客源高峰的时候，也要确保门童和行李员站在自己的岗位上，不要在行李房等候客人，没有客人希望自己拿行李上客房。一些看似和酒店无关的服务却可以增加他们对酒店的好感。例如，让门童对入店的每一位路过或在公共区域的宾客都保持殷勤好客的态度。帮客人记下出入酒店所乘坐出租车的号码以备查询。这些微不足道的服务能带给客人良好的“第一印象”，给他们一种“上帝般的感觉”。不同类型的服务员可以带给客人不同的服务感受。老门童给客人一种稳重可靠的感觉；女门童能让客人觉得更亲切。

四、金钥匙服务

金钥匙服务是建立在一般服务基础上的主动服务，在客人没有提出要求前，就设身处地地考虑客人有什么服务上的需求。通常为客人提供的常规服务，只能满足客人的要求、达成客人的愿望，得到的结果只会让客人“满意”。而根据客人所需，提供个性化服务，则不但可以满足客人的要求，而且为客人提供的服务超过了客人的期待值，得到的结果是可以让客人感到“满意+惊喜”。

（一）金钥匙概述

“国际金钥匙组织”（UICH）是一个国际性的酒店服务专业性组织，于1929年在法国成立，距今已有80多年的历史。自1951年在瑞士召开第一届“国际金钥匙组织年会”起，年会已有50多年的历史。每一届年会的召开都得到承办地政府、旅游管理部门、社会各界的大力支持，都把它当成展示所在国旅游质量的机会，同时对承办地的旅游事业及旅游宣传起到了积极的促进作用。另外，与会者都是旅游服务能手，因此给当地旅游业技术交流带来了蓬勃生机。

1999年2月中国国家旅游局正式批准成立中国酒店金钥匙组织，划归中国旅游饭店业协会管辖。“中国金钥匙组织”是国际金钥匙组织第31个成员国团体会员，同时是中国旅游饭店业协会的一个专业委员会。

金钥匙不是一个简单的工作技能的标志，而是一项永无穷尽的事业。现在社会的加速发展，产生了一系列的要求。快节奏要求更加便利，高科技要求更加先进，成熟的消费者要求更加个性化，世界性流动要求网络化。在来来往往所形成和加大的冷漠和疏离中，人们更渴望的是人对人的服务，人对人的关心，人对人的亲切。这一切，都包容在金钥匙的日常工作中，也正是在日常的平凡工作中，形成了酒店氛围，创造了酒店文化，产生了更大的吸引力和竞争力。

小知识

“金钥匙”一词出自单词concierge，原系法语，原来是指古时酒店的守门人，负责迎来送往和掌管客房钥匙。但随着酒店业的发展，其工作范围不断扩大，在现代化国际酒店中，“金钥匙”已成为提供全方位“一条龙服务”的岗位，只要是不违反道德观和法律，任何事情“金钥匙”都尽力做到，以满足宾客的要求。见多识广、经验丰富、谦虚热情、彬彬有礼和善解人意是“金钥匙”特有的品质。他们穿着的燕尾服上别着十字形金钥匙，这是国际金钥匙组织会员的标志，它象征着“金钥匙”就如万能的金钥匙为客人解决一切难题。故“金钥匙”又被宾客视为“百事通”“万能博士”和“解决问题的专家”。

（二）酒店金钥匙成员的任职资格和素质要求

1. 酒店金钥匙成员的任职条件

（1）在酒店大堂柜台前工作的前台部或礼宾部高级职员才能被考虑接纳为金钥匙组织的会员。

（2）21岁以上，人品优良，相貌端庄。

（3）从事酒店业5年以上，其中3年必须在酒店大堂工作，为酒店客人提供服务。

（4）有两位中国酒店金钥匙组织正式会员的推荐信。

（5）一封申请人所在酒店总经理的推荐信。

（6）过去和现在从事酒店前台服务工作的证明文件。

（7）掌握一门以上的外语。

（8）参加过由“中国酒店金钥匙组织”组织的服务培训。

2．酒店金钥匙成员的素质要求

（1）思想素质要求如下：

1）拥护中国共产党和社会主义制度，热爱祖国。

2）遵守国家的法律、法规，遵守酒店的规章制度，有高度的组织纪律性。

3）敬业乐业，热爱本职工作，有高度的工作责任心。

4）有很强的顾客意识、服务意识，乐于助人。

5）忠诚于企业，忠诚于顾客，真诚待人，不弄虚作假，有良好的职业操守。

6）有协作精神和奉献精神，个人利益服从国家、集体利益。

7）谦虚、宽容、积极、进取。

（2）能力要求如下：

1）有较强的人际交往能力。

2）有良好的语言表达及沟通能力。

3）有一定的协调与组织能力。

4）有较强的随机应变能力。

5）有健康的体魄及心理。

（3）业务知识和技能要求如下：

1）熟练掌握本职工作的操作流程。

2）会说普通话和至少掌握一门外语。

3）掌握中英文打字、计算机文字处理等技能。

4）熟练掌握所在宾馆的详细信息资料，包括酒店历史、服务时间、服务设施、价格等。

5）熟悉本地区三星级以上酒店的基本情况，包括地点、主要服务设施、特色和价格水平。

6）熟悉本市主要旅游景点，包括地点、特色、开放时间和价格。

7）掌握本市高、中、低档的餐厅各5个（小城市3个），娱乐场所、酒吧5个（小城市3个），包括地点、特色、服务时间、价格水平、联系人。

8）能帮助客人安排市内旅游，掌握其线路、花费时间、价格、联系人。

9）能帮助客人修补物品，包括手表、眼镜、小电器、行李箱、鞋等，掌握这些维修处的地点、服务时间。

10）能帮助客人邮寄信件、包裹、快件，懂得邮寄事项的要求和手续。

11）熟悉本市的交通情况，掌握从本酒店到车站、机场、码头、旅游点、主要商业街的路线、路程和出租车价格。

12）能帮助外籍客人办理签证延期等事项，掌握有关单位的地点、工作时间、联系电话。

13）能帮助客人查找航班托运行李的去向，掌握相关部门的联系电话和领取行李的手续。

五、金钥匙店内日常服务

1．服务标准

热情周到为客人提供引领服务，满足客人提出的合理要求。

2．服务对象

每天开始工作前查看当天到达客人的清单，了解到店客人的情况。

（1）每天到馆的三级和三级以上的客人（旅行团体除外）。

（2）重要、常住的大公司的客人。

（3）重要的和熟悉的客人。

3．服务内容和方法

（1）礼宾迎客服务。客人到来，礼宾部“金钥匙”要代表酒店在门口迎接客人，首先向客人问好，表示欢迎，然后引导客人进入前厅办理登记手续。与此同时，礼宾部的行李员要为客人提供行李搬卸服务，门童和车辆调度员要为客人提供开拉车门、调度车辆、开拉前厅大门等礼宾服务。

（2）礼宾送别服务。客人离店退房，“金钥匙”要主动征求客人意见，询问客人行李要求，并派行李员及时为客人收拾或搬运行李。客人离店前要尽量满足客人要求，弥补服务中可能存在的不足，不使客人带着不良印象离开。同时还应热情与客人告别，欢迎客人再次光临。

（3）店内外日常委托代办。酒店“金钥匙”要全方位满足客人店内外各种委托代办服务要求，如婴儿托管服务、代修物品、代办风味餐厅订座服务等，做到有求必应。

（4）票务邮件代办。包括帮助客人代购火车票、飞机票、汽车票、轮船票，帮助客人办理各种信件、包裹、快件、电传、传真、特快专递等，确保客人特别是商务客人的需要。

（5）旅游与娱乐项目代办。包括帮助客人设计旅游路线，安排沿途景点、交通、外出期间的食宿，帮助客人预订健身房、桑拿浴、台球厅等健身设施，预订当地重要的各项比赛和大型活动的门票等。

（6）特殊商务联络服务。“金钥匙”服务主要在四星级、五星级等高档商务酒店中推广。其中，有些高档商务客人常常有一些特殊商务活动联系的服务要求。“金钥匙”应该充分利用各种关系网络和酒店强大的优势背景，帮助客人联系落实。即使有困难，也应将联系的结果告之客人。

（7）特殊性多环节服务工作。这种服务往往涉及多个单位、多个部门。“金钥匙”成员应该互相支持、互相配合完成。

（8）特殊要求的特别服务。这种服务往往涉及面很广，需要广泛的社会联系和强大的优势做后盾才有可能完成。

小知识

在国际上，一个“金钥匙”常是这样工作的：他刚送走一位意大利客人，接着又与德国客人用德语交谈，手里握着一封待处理的葡萄牙文的信件，两位美国人5分钟后来找他解决运输一辆崭新轿车的事情，商务中心正要送一份从西班牙发来的要求安排一次重要社交活动的传真件给他……

第二节 总机服务管理

当今社会，电话是人们进行信息沟通的重要工具，也是酒店客人使用频率最高的通信设施。在对客服务过程中，电话总机成为了酒店内外信息沟通联络的枢纽。总机话务员以电话为媒介，直接为客人提供各种话务服务，其服务质量的好坏直接影响客人对酒店的印象，也直接影响到酒店的整体运作。

小案例

住在纽约华尔街附近的W先生是一位证券投资商。这天，W先生为了赶上第二天早上9点开始的证券交易，委托酒店总机话务员在第二天早上8点以前叫醒他。平时，W先生总是在8点钟起床，从不委托酒店叫醒，唯独这次例外。原来他看准了行情，打算明天一开市就“吃进”美国某钢铁公司的股票，因为担心自己睡过头，错过赚钱的机会，就请酒店服务员提供“叫醒服务”。

然而，第二天W先生果真睡过了头，话务员也忘记叫醒他了，结果没有赶上这桩买卖。

事后，那只股票猛涨，数万美元就这样泡汤了。W先生气得直跺脚，并把这归咎于酒店没有履行叫醒客人的职责，一再要求酒店赔偿他的损失。

一、总机房业务范围

（1）电话转接及留言服务。

（2）长途电话服务。

（3）回答问讯和查询电话服务。

（4）“免电话打扰”服务。

（5）电话叫醒服务。

（6）紧急情况时充当临时指挥中心。

二、总机房员工岗位职责

1．总机主管

负责总机房的全面工作，保证设备设施正常运转及为客人提供优质高效的电话服务。

（1）制定总机室工作条例和话务员行为规范。

（2）制定总机室工作计划。

（3）做好话务员考勤工作。

（4）随时掌握客房状态，并据此安排和调整班次。

（5）统计每日经手的IDD（国际长途直拨电话）和DDD（国内长途直拨电话），每周将特殊电话单呈交给前厅部经理。

（6）负责酒店电话号码单的编辑和印刷，并及时提供给各部门使用，对有变化的电话号码要及时更改。

（7）每天更换、调整信息栏内容，为话务员提供有关服务信息。

（8）确保电话房清洁卫生。

（9）对话务员进行业务培训，确保员工灵活掌握话务工作程序和工作技能，培养员工的高度责任感，使员工的工作质量时刻保持最佳状态。

（10）定期对本部门员工进行评估，按制度实施奖惩。

（11）处理客人有关电话的投诉。

（12）协调总机班组与酒店其他部门之间的关系，与各部门保持良好的沟通与联系。

2．总机领班

督导话务员按规程为客人提供电话接转、寻呼等服务，确保酒店内外电话通信联络畅通。

（1）直接对总机主管负责，保证当班工作能按主管要求进行。

（2）协助主管制定各时期话务员的工作计划，提供主管所需的记录、报表、月总结。

（3）及时向主管汇报工作情况及出现的问题，并提出建议。

（4）监督当班话务员的工作。

（5）合理安排当班员工工作餐时间及班次。

（6）了解当班员工的思想状况，协调班组内部关系。

3．总机话务员

及时为客人接转电话、提供相关服务，保持话务通信畅通，使客人满意。

（1）准确地接转内外线电话，提供查询服务。

（2）提供店内寻呼、电话留言、叫醒服务。

（3）受理长途、直拨电话业务。

（4）向其他部门或岗位转达客人要求。

（5）正确使用和维护各种通信设备。

（6）维护工作区域卫生整洁。

（7）严格执行安全保密制度，保守通信机密。

小知识

总机话务员应具备的业务素质

话务员能够“机旁一坐，集中思想；铃声一响，即有应答”。

发音清晰，嗓音悦耳，音量适宜，语速适中，让客人听出“亲切”和“微笑”来。

准备电话记录簿和笔，放在电话机旁；要注意对电话等设备进行安全有效的操作。

熟练掌握本店、本市和国际国内500个以上常用的电话号码。

三、总机话务员工作流程检查

（一）总机话务岗位工作流程

（1）准时到岗，进行交接班。交接时必须向上一班人员了解清楚叫醒服务情况、电话转移情况及客人的其他特殊要求。

（2）阅读“交接班记录”并签名。

（3）了解当天天气情况。

（4）了解当天的VIP客人，熟悉他们的姓名及房号。

（5）开展正常话务工作。

（6）注意接班后的叫醒服务。

（7）进行交接班，向接班人员交接清楚VIP客人情况、通信情况及叫醒情况。

（二）总机话务岗位操作要求

1．电话转接及留言服务

（1）向来电者热情问好，然后认真聆听客人讲话再转接，并说“请稍等”，如果客人需要其他咨询、留言等服务，应对客人说：“请稍等，我帮您接通××部门。”

（2）在等候转接时，为客人播出悦耳的音乐。

（3）接转之后，如果对方无人接听，话务员应在铃响五次之后向客人说明：“对不起，电话没人接听，请问您是否需要留言？”若是需要留言，则将电话转至前厅问询处。若是给酒店管理人员的留言，则由话务员清楚地记录下来，通过寻呼或其他方式尽快将留言转达给有关人员。

2．回答咨询及查询服务

（1）如果客人查询的是常用电话号码，则话务员须以最快的速度对答，体现工作效率。因此话务员平日应将那些常用的电话号码进行熟记、背诵。

（2）如果客人查询的是非常用电话号码，则话务员必须请客人稍等，保留线路，以最有效的方式为客人查询号码，在确认号码正确无误后，再及时通知客人。如果所查询的号码比较难查，一时之间查不出来，则应请客人留下电话号码，等查清后再主动与客人联系，将号码告诉客人。

（3）如果来电是查询客人房间的电话号码，则话务员务必要注意为客人保密，不能泄露住客的房号，应先接通，然后让客人直接与来电人通话。来电时如果总台电话占线，则话务员可通过计算机为客人查询。

3．“免电话打扰”服务

（1）话务员要将所有提出免电话打扰服务要求的客人姓名、房号记录在交接班本上，并注明接到此通知的时间。

（2）话务员将这些客人房间的电话号码通过话务台锁上，并要及时准确地把这一信息通知所有的当班人员。

（3）客人取消了免打扰服务后，接到通知的话务员应立即通过话务台释放被锁住的电话号码，并在交接班本上注明取消的时间。

（4）在客人接受免打扰服务期间，若有人来电要求与客人通话联系，话务员应将客人不愿意被打扰的信息礼貌地告知来电者，并建议其留言或是等客人取消免打扰服务之后再联系。

4．电话叫醒服务

对每一个来自酒店内部客人的叫醒服务申请，话务员都要进行确认。

（1）将叫醒日期、房号、时间、话务员工号及收到申请的时间都清楚地记录在记录本上。并把信息输入计算机，检查是否正确。

（2）夜班的话务员把叫醒记录按时间顺序整理记录在交接班本上，注明相关信息并签字。

（3）当班的话务员务必在当日的最早叫醒时间之前先检查叫醒机是否工作正常，一旦发现问题，应及时通知相关部门进行处理。

（4）话务员务必在客人要求的时间准时叫醒客人，向客人亲切问好，并提醒其叫醒时间已到。

（5）在叫醒时，话务员一旦发现有异常情况，要及时通知有关部门，并准确记录在交接班本上。

5．火警电话的处理

（1）当班的话务员接到火警电话时，要保持清醒的头脑，弄清火灾发生的地点及火情。

（2）立即通知总经理及主管经理，并说明有关情况。

（3）通知工程部、保安部、医务室等有关部门及火灾区域部门管理者立即赶到火灾发生地点，在通知时要清楚地说明火情及具体地点。

四、总机话务员礼仪标准检查

话务员每天要处理成百上千个电话业务，大部分公众对酒店的第一印象往往是在与话务员的交流中形成的。由于话务工作的特殊性，总机话务员应具备相应的职业礼仪标准。

（1）话务员要按酒店规定标准着装。

（2）话务员必须在总机铃响三声之内应答电话。

（3）话务员在接听电话时须先自报家门，并注意应答电话时，保持礼貌、友善、愉快的谈话语调。

（4）话务员如遇到无法解答的问题时，须将电话转交管理人员处理，忌生硬地拒绝客人。

第三节　商务中心管理

为了满足商务客人的需要，现代酒店都设有商务中心（Business Center），为客人提供打字、复印、翻译、电子邮件及传真的收发、文件核对、抄写、会议记录及代办邮件、打印名片、会议室出租等服务。商务中心通常设在酒店大堂附近的公共区域内，并有明显的指示标记，既能方便店内外客人，又便于与总台联系。商务中心是商务客人常到之处，其服务的好坏，会直接影响到客人的商务活动和酒店（特别是商务型酒店）客人的再次光临。

一、商务中心的业务内容

商务中心作为商务客人“办公室之外的办公室”，其主要职能是为客人提供秘书性服务，为客人提供或传递各种信息。先进的服务设施和设备、齐全的服务项目，加之高素质的专业或一专多能型的服务人员，是商务中心提供高水平、高效率对客服务的基本保证，也是现代高档次酒店的重要标志之一。

商务中心应具备的设施设备及用品如下：大小面积不等的会议室、洽谈室、复印机、传真机、多功能打字机、程控直拨电话机、计算机（可宽带上网，具有查询、挂账、打字与编辑功能）、碎纸机、投影机及屏幕、录音机、录像机、电视机及其他办公用品，同时还应配备一定数量的办公桌椅、沙发，以及相关的查询资料如商务刊物、报纸、经济年鉴、企业名录大全、电话号码簿、邮政编码、地图册和词典等。

商务中心的服务项目很多，主要有：设备出租服务、传真服务、复印服务、打字服务、秘书服务、票务服务、翻译服务、名片印制、商业信息查询、长途电话、宽带上网等。

二、商务中心耗材的使用

小案例

某酒店商务中心主管发现，在最近一段时间里，纸张消耗与打印、复印等相关业务的销售额之间的比例与过去不太一样，明显感觉纸张消耗过大，于是开始查找原因。接下来的几天，他悄悄地观察商务中心职员的工作状况，他发现小李对打印机的使用极不熟练，经常出现卡纸、废纸的现象，纸张消耗是正常消耗的两倍左右。小李是上个月从其他部门调过来的职员，由于种种原因，未对他进行有针对性的培训，而且打印机的购买时间较长，已经有些老化。主管自己上个月还想申请新的打印机，结果由于工作太忙把这事忘了。想到这里，主管对于纸张消耗问题的控制办法已经胸有成竹。

商务中心办公耗材是指日常办公时用的消耗性产品，根据所依赖的设备、使用用途及耗材本身的种类等有不同的分类方法。以下是按耗材种类进行的分类：

1．硒鼓

用于激光打印机、复印机、激光一体机。每一种机器有不同的硒鼓。

2．粉仓

用于激光打印机、复印机、激光一体机。粉仓是硒鼓的一部分，它只装碳粉，没有感光组件，是鼓粉分离式打印机的粉部分。

3．墨盒和墨水

用于喷墨打印机、喷墨型传真机、一体机。墨水是墨盒中的流质部分，可以单买灌充到墨盒中。

4．碳带

主要用于传真机。

5．纸张

纸是独立于设备的消耗性介质，它也可分为很多类型：

（1）复印纸：即一般所称的普通纸。

（2）彩喷纸：专用于喷墨打印机的纸张。

（3）传真热敏纸：专用于热敏传真机，以卷来计算。

（4）高光相纸：在打印机上打印照片效果的专用纸。

（5）绘图纸：专用于绘图仪。

（6）硫酸纸：因为纸张是透明的，可用于描图或透明打印。

对每一种纸张，都有尺寸和重量两种规格：

（1）标准的尺寸有 A0、A1、A2、A3、A4、A5、B5 等。

（2）标准的重量有 70g、80g、90g、100g、110g 等。

6．刻录盘

用于计算机备份数据的介质，对于不同的刻录机，有不同的盘片，普通格式是 CD-R，DVD 格式是 DVD-R，可以重复擦写的盘片为 DVD-RW。

7．碳粉

硒鼓或粉仓中的粉，可以单买自己加粉到硒鼓或粉仓中，每一种硒鼓对应的粉可能都不相同。

8．其他耗材

其他很多耗材难以归类或专业性很强，如计数芯片、打印机传输组件、成像单元、感光鼓、刮板、定影膜等。

三、商务中心服务质量管理

（一）客人询问的处理

客人经常询问的事项如下：

（1）酒店提供的服务设施和设备。在酒店和服务指南及管理当局所发出的通知、文件及备忘录中查找。

（2）本地电话号码。在电话公司编印的电话号码簿里查找，或请电话公司的询问台提供帮助。

（3）直拨电话的收费。总机房应该根据本地电话公司的规定，打印一份直拨电话收费表，以做参考之用。

（4）天气情况。通过查看每天的报纸或气象台发布的信息可得。

（5）国际时间差。可通过国际时差表查找。

（6）长途直拨的国家代号及地区代号。通过电话公司编印的长途电话直拨指南查找。

（二）图文传真的处理

1．收到图文传真的处理

当收到发进来的图文传真时，应记录下接收的时间，发进来的图文传真号码；将接收者姓名、房间号码和总共页数清楚地记录在“图文传真备忘录”上，之后，根据酒店的收费标准填写图文传真服务收费凭单，并注明是收到的图文传真，当客人来取图文传真后，应请客人在备忘录上签收及填上收取时间和凭单号码，具体的操作步骤如下：

（1）复核及确定客人的姓名、房间号码后，致电给客人，通知客人来取图文传真，如果是深夜一般不要打扰客人。

（2）假如客人不在房间内，则应填写给客人的留言便条，处理方法同留言服务。

（3）当客人领取了图文传真并在收费凭单上签认后，除了在备忘录上作记录外应马上通知询问台取消留言，并关闭房内的留言信号灯。

2．收到没有记录的图文传真的处理

如果收到的图文传真只有接收者的姓名而没有房间号码，则商务中心应到询问处查询，假如没有该客人的入住资料和到访资料，则应执行以下程序：

（1）留下留言便条给询问处，并注明“留待到达”，以防客人在没有订房的前提下入住酒店。

（2）把图文传真装入信封，并注明接收者姓名、收到日期，以便查找。

（3）按客人姓名的顺序，放在按字母 A～Z 排列的文件夹中。

（4）每天与询问处核对，连续七天没有记录之后，将其存档，并填写“备忘录”。

（5）通知询问处，取消留言。

3．发出图文传真的处理

（1）当客人要求发图文传真时，先获取所要发送的地区、名称、图文传真号码并通知

客人有关收费，请他在“图文传真服务收费凭单”上签名确认，对于要把收费挂入房账的客人，一定要确定他是酒店住客。

（2）发出其图文传真。

（3）发完之后，将原件与传真机打印出来的报告附在一起，并交回客人。

（4）把收费凭单的头两联交给前台收银处入账，把第三联及传真机打印出来的报告复印件各自归档。

（5）在“图文传真营业报表”上作记录。

（三）秘书性服务

秘书性服务就像办公室里的工作一样，通常有翻译、打字及复印等工作，商务中心会在办公时间为客人提供以上服务，当客人要求临时租用秘书时，应提前通知酒店预订，一般而言，以上服务均由当班主管直接负责，并只在商务中心内提供。

1. 打印/复印服务

打印/复印是商务中心常见的服务项目。

（1）主动迎接客人。当客人到来时，接待员主动向客人礼貌问候，如果接待员正在忙，则向客人表示歉意，请客人稍等；如果接待员正在接听电话，则应向客人点头微笑致意，示意客人在休息处稍候。

（2）了解客人要求。首先向客人了解文稿打印/复印要求，包括排版要求、稿纸规格、打印/复印数量；然后迅速阅读原稿，对文稿中不清楚或不明白的地方，礼貌地向客人了解清楚。

（3）接受打印/复印。告知客人完成打印/复印的最快交件时间，同时向客人介绍收费标准。当不能在短时间内完成时，记录客人的姓名、房号和联系电话以便及时与客人联系。正式复印前，要调试好机器，先复印一份，得到客人认可后再按要求数量进行复印。

（4）校对稿件。打字完成后，要认真进行校对。请客人校审后，再次按客人要求进行校正，直到客人满意为止。

（5）交件收费。将打印/复印文稿进行装订，双手将文稿递给客人。对打印的原稿，要在征求客人意见后从计算机中删除，并将作废的稿件放入碎纸机中。按规定价格计算费用，办理结账手续。

（6）送别客人。礼貌地向客人致谢、告别。

2. 直拨电话服务

商务中心向酒店内外的客人提供直拨电话服务，其程序为：

（1）获取客人所要打的电话号码及目的地。

（2）向客人说明有关收费标准，并请客人预付酒店所规定的费用。

（3）通知电话接线员有关的电话号码及目的地。

（4）当客人通完电话后，致电话接线员，获取客人通话所花费的时间。

（5）填写“商务中心长途电话收费凭单”并请客人签字确认，之后从预付款中扣取费用。

（6）把头两联收费凭单交给前台收银处入账，第三联留作存档。

（7）在“商务中心长途电话营业报告表”上作记录。

3．办公室设备和会议室的租用服务

酒店通常备有小型会议室可供客人租用，此外，商务中心还向客人提供秘书及按对方要求布置会议室的服务。设备出租的服务项目有投影仪、便携式计算机等，所有以上设备的租用均按小时或按天计费。

（1）办公室设备的租用程序如下：

1）向客人获取有关租用资料，如需要什么、什么时候用、在哪里用、将会用多久等。

2）向客人说明有关收费规定。

3）根据所使用的项目及时间，先检查一下是否能够提供，之后才能与客人作最后的确认。

4）在将设备租给客人之前，必须检查一次设备，确保其无任何故障，能正常工作后，才交给客人。

5）整理“商务中心杂项服务单”，填写开始租用的时间、日期，向客人收取酒店规定的费用数额。

6）在“租用设备备忘录”上作记录。

7）当客人使用完设备后，填写“商务中心杂项收费凭单”，对所有的设备与客人作面对面的验收、检查。

8）把头两联收费凭单交给前台收银处入账，第三联留作存档。

9）完成“租用设备备忘录”的剩余栏目，并填写“商务中心杂项营业报告表”。

（2）会议室的租用程序如下：

1）了解租用信息。主动迎接客人，了解租用的相关信息，如会议室使用的时间、参加的人数、服务要求、设备要求等。

2）受理出租。主动向客人介绍会议室出租收费标准；当客人确定租用后，按要求办理预订手续。提前半小时按客人的要求准备好会议室，包括安排好坐席、文具用品、茶具、茶水、点心等；检查会议设施设备是否正常。

3）会议服务。主动引领客人到会议室，请客人入座、为客人上茶；会议中每半小时为客人续一次茶。如客人在会议中提出其他商务服务要求，则应尽量满足。

4）结账致谢。会议结束后礼貌地送走与会客人，按规定请会议负责人办理结账手续，向客人致谢并道别。

5）整理会议室。会议结束后，立即清扫会议室，整理室内物品，恢复室内原貌。

4．名片的印刷

（1）获取客人印名片的样板及特别要求和数量。

（2）通知客人印名片所需要的时间（通常为2～3天）。

（3）向客人说明有关收费规定，并填写“商务中心杂项服务收费凭单”，向客人收取所需的费用。

（4）向客人展示各种名片的印刷式样，让其进行选择。

（5）在名片印刷备忘录上作记录。

（6）填写“商务中心杂项营业报告表”。

（7）与有业务联系的名片印刷公司联系，要求对方来取样板。

（8）向名片印刷公司提出名片的印刷要求，给他样板的复印件（样板存在商务中心作记录）并要求对方在备忘录上签收。

（9）当名片送来时通知客人来取并签收。

酒店是通过当地的名片印刷公司来向客人提供该项服务的，酒店本身并不能印刷名片，因此，酒店只是从中获取服务费，向客人收取款项时，也是名片印刷公司收款。

5．笔译及口译服务

酒店向客人提供简单的普通笔译服务，如果是复杂的或专业的翻译及小语种的翻译，则通过与当地的翻译公司联系而为客人提供该服务；该项服务基本上是由当班主管直接负责；酒店的商务中心仅仅为客人提供翻译服务，如果有任何法律方面的翻译问题出现，酒店将不负任何法律责任，这一点必须在之前向客人申明；酒店可以通过翻译公司为客人提供口头翻译的服务，但客人必须至少提前一天通知酒店。

（1）笔译服务程序如下：

1）了解翻译信息。主动迎接客人，认真核实要翻译的稿件，问明客人的翻译要求和交稿时间。迅速浏览稿件，对文稿中不清楚或不明白的地方礼貌地向客人了解清楚。

2）受理翻译。向客人介绍翻译的收费标准。当客人确定受理后，记清客人的房号、姓名和联系方式，礼貌地请客人在订单上签字并支付翻译预付款。送走客人后联系翻译人员翻译文稿。

3）交稿结账。接到翻译好的文稿后通知客人取稿。办理结账手续；向客人致谢告别。

（2）口头翻译服务程序如下：

1）当客人要求口头翻译服务时，应向客人获取资料，如语言的种类、什么时候需要及需要多长时间、怎样翻译、在哪里翻译等。

2）向客人说明有关的收费标准。

3）通知与酒店有业务联系的翻译公司，看其能否在客人要求的时间日期内提供服务，之后，才与客人确认。

4）在口头翻译服务备忘录上作记录。

5）该服务完成后，填写“商务中心杂项服务收费凭单”。

6）填写“商务中心杂项营业报告表”。

预订该项服务时，应向客人说明，如果他们要取消该项服务，则应付取消手续费给翻译公司。

四、商务中心当天报表及收入的处理

1. 各种营业报表及收入的处理

每一个班次的员工必须对各种营业收入做好记录，并在下班之前，将其总数加起来，确保报表的营业总额与所有的收入相符后再把报表的第一联及现金、信用卡等交给前台收银处，并取回收据存档。有关收入的营业报表有：《电传营业报表》《图文传真营业报表》、《直拨长途电话营业报表》《杂项服务营业报表》等。

2. 当天营业总括报表

每天下班前，商务中心应整理“当天营业总括报表”，它反映了服务的项目（包括电传、图文传真、长途电话及其他）费用、服务费及总收入。整理好该报表（一式两份），待第二天早上商务中心经理阅读审查及签批后，把第一份送给前厅部经理。

五、商务中心质量管理办法

1. 做好商务中心的成本控制

商务中心为客人配备的办公设备很齐全，因而耗材种类多、用量大，如果不注意使用的控制，在成本开销上会有很大的浪费。在商务中心的管理上，对办公耗材的控制非常重要。

2. 拓展商务中心的业务范围

现在商务中心经营情况正在走下坡路，技术的日新月异和电信资费的下调大大降低了酒店商务中心的收益。越来越多的商务散客为了办公需要随身携带了便携式计算机，而且宽带也进入了各大高星级酒店的客房。现代办公对纸张的需求也越来越少，所以复印以及传真服务的需求减少，酒店商务中心的商务职能越来越弱。但信息技术发展极快，人们并非都能成为计算机专家，所以在传统商务中心业务减少的同时，出现了为商务客人提供计算机技术服务的业务。因此商务中心管理人员应该注意客人需求的变化，加快对新业务的拓展。

3. 加强员工培训，保证商务中心服务质量

商务中心接待的业务几乎都是商务客人比较重要的事务，因此保证高质量的服务是商务中心管理的重要内容之一。应定期对员工进行日常业务、服务技巧和外语培训，并定期进行考核，使商务中心的员工服务保持较高的水平。

4. 加强员工经营意识的培养，对商务中心进行推销

传统的商务中心工作是被动地在商务中心为客人提供服务，而现阶段应转变为主动为各类会议提供支持和帮助。商务中心不能只是被动地等客人上门，应该加强对员工经营意识的培养，做到全员营销，主动、热情、全面地为在酒店举办的各类会议提供技术服务和其他劳务，当好主办单位的“秘书”。

小知识

当前，随着现代科学技术的飞跃发展，高档酒店的商务中心将朝着三个方向发展：一是从以商务服务为主向以出租信息技术设备为主的方向发展；二是从以提供商务服务场所为主向以提供商务活动的技术支持和帮助为主的方向发展；三是从传统商务性服务向适应新形势的服务方式多样化方向发展。

第四节　行政楼层管理

现代高星级酒店一般都设有行政楼层（Executive Floor），也称商务楼层，这是为了接待商务客人等高消费客人，向他们提供特殊的优质服务而专门设立的楼层。该楼层提供有别于普通客房楼层的贵宾式服务，因此，被人们誉为“酒店之中的豪华酒店”。

酒店行政楼层通常隶属于前厅部。酒店的行政楼层是为满足许多对服务标准要求高，并希望有一个良好的商务活动环境的客人所特别设置的楼层。住在行政楼层的客人，不必在总台办理住宿登记手续，行政楼层拥有自己的小型总服务台，能为客人办理入住和离店手续，另有宽敞豪华的休息室可供客人会客、洽谈和阅读报纸杂志。客人还可以在此享用美味的早餐和茶点、鸡尾酒。行政楼层的客房豪华舒适，并有特设的办公台。完备的委托代办服务能为客人解决文秘、通信及交通方面的问题。因此，行政楼层集酒店的前厅接待、餐饮、客房服务于一身，为商务客人提供更为温馨的环境和各种便利，让客人享受更加优质的服务。

小知识

行政楼层被业内人士称为“酒店中的酒店”，它既是豪华酒店在档次提升时的一种自然选择，又符合了商务客人需要体现比一般经济类客人更高一级的自我重要性的心理欲求，所以尽管投资不菲、价格昂贵，仍然引得众多高消费能力的回头客纷至沓来，且有力地带动了潜在的休闲旅游市场。

香港豪华酒店业在引进行政楼层方面走在了世界前列，迄今为止，大多数酒店都已身体力行，完成了行政楼层的改造工程，并开始受益。

价格昂贵的行政楼层实行了许多特殊服务：“单独入住登记”——客人进入酒店，穿过大堂，直奔电梯，然后来到行政楼层特有的单独总台；“推迟离店时间”——离店结账时间一直延续到下午6点，完全符合商务客人的活动规律；“高度私人化服务”——在酒店例行的服务程序和规范上，增加了更多符合商务客人自身喜好的服务项目。客房设施设备的配置也相当完善和高档。

在香港凯悦丽晶酒店（俱乐部房），客人还可以每天享受自助早餐、鸡尾晚宴、下午茶、全天免费咖啡，以及每天两小时免费使用会客室等，除此以外，客人还可以拥有

24小时的管家式服务、高级秘书服务等。若是在康拉德酒店的行政楼层，除了这些服务以外，还为客人提供小型的商务中心等特殊服务。

至于行政楼层的生意到底如何，有数字为证：凯悦丽晶酒店（俱乐部房）的长年出租率为67%，奥妮酒店洲际俱乐部117间房的出租率高达85%，而康拉德酒店的行政楼层开房率也一直在70%以上。

一、行政楼层的管理及服务要求

行政楼层的管理是一套相对独立运转的接待服务系统，在行政管理上通常隶属于前厅部。但在人员素质和服务内容上，均有不同于总台的特殊要求。

（一）硬件设施要求

行政楼层的客房样式、大小与普通客房存在一定程度的差异，它所提供的日用品及行政楼层的客房室内装潢应力求高档。现代行政楼层的象征不仅是“豪华”，它还与电子技术和计算机设备紧密联系起来。

1．提供商务设备设施

提供如语音信箱、信息网络、视听设备、电话答录设备以及复印、传真、打印等设备。楼层上的商务中心服务功能要齐全，环境要好，服务时间要长。

2．提供各种先进的会议设施

入住行政楼层的客人可能有各种会议，如研讨会、讲座、培训、会谈等，因此行政楼层应设置相应的、大小不同的会议场所并配备相应的设施设备，如要求会场有各种信源接口，有同声传译系统、电子投票系统、多媒体咨询系统、声像播放系统等。

3．对客房设备设施的要求

行政楼层应尽可能为客人提供宽敞的活动空间，客房的照明应达到便于工作的足够亮度，办公桌要宽大。桌面高度要降低，以方便操作便携式计算机。

注重通过客用品、材料、色调等来增强客房的家居感。客房内家具成套化、组合化，多用木质材料，多用暖色调，多采用棉织品、手工织品和舒适的缝纫织品。“迷你吧”要发展成一个小的“购物中心”。房内的娱乐、电视和音乐选择，均可通过CD资料库或网络进行。

小知识

希尔顿酒店集团与美国睡眠基金会在1998年合作进行了一项针对商务客人旅行途中失眠情况的调查。调查表明，当商务旅行者出差旅行时，几乎48%的旅行者会失眠。调查显示了使商务旅行者夜间醒来的原因，美国商务客人将来自邻居的噪声列为阻碍睡眠的第一原因，其后依次为外部噪声、不熟悉的环境、房间温度和床垫/陌生的床。根据调查结果，希尔顿酒店集团在纽约的华尔道夫（Walodouf Astoria）酒店和新奥尔良的河畔希尔顿（Hilton Riverside）酒店增加了“Sleep-tight Room”（深睡眠房）。“深睡眠房”的特点在于，具有帮助睡眠的设施和服务，包括模拟夜间自然声的机器、特殊灯光、可调整的床垫、有益睡眠的客房小酒吧食品。

此外，客房还要讲究卫生间的布局、设置。卫生间要有宽大的洗面台、由大理石砌成的优质地面和台面、提供各种用途的更多的镜子、更良好的照明和通风等。其布局分为三个区域：第一区域是梳妆台；第二区域是封闭的沐浴室、浴缸和抽水马桶；第三区域是洗脸池，有大、小镜子，并配以明亮的灯光。

（二）服务要求

入住行政楼层的客人希望得到多样性、个性化的服务。他们喜欢专门的早餐和酒吧；他们要求提供适当的洽谈公务的场所和齐全的娱乐健身设施，如健身房、网球场、游泳池、桑拿浴、SPA（水疗美容与养生）项目等；他们还要求房间内能提供更多的文具，有保险柜、供会客用的额外的椅子等；他们对传真、电话、计算机、打字、复印、秘书等商务服务有很高的要求，酒店还应具备快捷方便的通信手段；他们对价格和付款方式往往不太在意；对叫醒服务、邮件传递服务、洗熨衣服等服务较其他客人有更多的要求。

1. 行政楼层人员的素质要求

行政楼层的工作人员在形体、形象、气质、知识、技能及外语等方面的条件要求突出，还要受过严格、系统的专业培训。他们在熟练掌握前厅预订、接待、结算等技能的同时，还应掌握商务中心、餐饮方面的服务技能和技巧，尤其要善于与宾客交往、沟通，能够圆满地处理客务关系，合作与协调的能力要强。

2. 个性化的私人管家服务

行政楼层的客人之所以优先选择行政楼层，除设施及环境的舒适以外，他们更看重的是行政楼层所提供的个性化的“私人管家”服务。

（1）对客人要一见如故。行政楼层的接待服务人员只要见过客人一次，第二次再见面时就应该能称呼客人的姓名和头衔，客人也会因此产生被重视和被照顾的心理满足感和荣誉感。

（2）对客人能体贴入微。行政楼层的接待服务人员对每一次在此下榻的客人都要作详尽的客史档案记录，记录下客人的喜好、偏好，使客人每次下榻时都会惊喜地发现自己的各种要求都早已提前被安排妥当了。所以，行政楼层的房价虽然大大高于普通客房的价格，但是却不断吸引着众多的回头客及商务客人。

（3）提供特殊服务。价格昂贵的行政楼层实行了许多特殊的服务，有“单独入住登记”——客人进入酒店，穿过大堂，直奔电梯，然后来到行政楼层特有的单独总台。在这里，客人不用按传统的方式排队办理入住手续，设有客人专用座椅，客人可边办手续边休息，酒店往往会同时为客人提供免费的酒水和饮料，以供客人在长途旅行之后消除疲倦和解渴，这里的服务员都是经过专门训练的高级职员，外语娴熟，谈吐优雅而且反应敏捷。能提供个性化服务是行政楼层客人的普遍要求，酒店根据对客人详细资料的收集，尽可能地提供有针对性的服务，达到服务的高水准。对于入住行政楼层的客人，酒店还应通过网上信息平台获取客人的兴趣和爱好，针对客人的个性需求和自身能力重新整合酒店产品，全面提升服务和管理水平，充分体现酒店与顾客共同设计产品的特色，使客人得到最大限度的满足。

小知识

威斯汀酒店发现顾客在登记入住时会期望有更多的个人接触，并喜欢参与登记注册过程，他们便发起了一项“PODS”活动。“PODS”是“提供区别服务的人们（People Offering Distinctive Service）”的缩写。“PODS”的优势是消除了心理障碍，让员工提供友好、个性化的服务。

马里奥特庭院酒店引进自我客房服务，客人通过电话向厨房点菜，菜肴准备好后客人自己到厨房去取。

希尔顿酒店集团针对商务旅客的特点，提供个性化服务，如快速入住、退房，优先订房，并提供全球速递服务，即把客人的邮件专人送到世界各地145个城市内的任何指定的地点，时间只需24～72小时。

二、行政楼层的服务内容

行政楼层设有行政楼层经理、行政楼层主管、行政楼层领班和接待员。各岗位人员在日常的接待工作中，各尽其责，力求尽最大可能满足客人的一切合理要求，向客人提供最完善的服务，真正做到宾客至上，服务第一。

（一）行政楼层的日常工作流程

（1）7:00，行政楼层接待员到前厅签到，并到信箱拿取有关邮件；与夜班交接班。

（2）7:00～7:30，打出房间状况报表，包括当日到店客人名单、在店客人名单。在客人名单上将当日预计离店客人用彩色笔标出，以便对当日离店客人做好相应服务。行政楼层当班人员按职责分工完成以下工作：

1）A组负责接待、收银、商务中心等工作。

2）B组负责早餐、送鲜花、送水果等工作。

（3）准备鲜花、水果。检查前一天夜班准备的总经理欢迎卡、行政楼层欢迎卡，根据当日到店客人名单一一核对。鲜花、水果和两个欢迎卡要在客人到店前送入预分好的房间内（该项工作要专人负责）。

（4）早餐服务时间为每天7:00～10:00。早餐后开当日例会，由主管传达酒店信息及酒店近期主要活动。

（5）为到店客人办理入住手续并呈送欢迎茶，为离店客人办理结账手续。

（6）检查客人是否需要熨衣、商务秘书，确认机票，随时主动为客人提供帮助，并告知哪些服务是免费的。A、B两组员工要根据当时的情况互相帮助，互相配合。

（7）10:00～15:00，查访并将鲜花、水果和欢迎卡送入每个预计到店客人的房间。

（8）中班于13:30报到，打报表（内容同早班），检查房间卫生及维修工作。15:30与早班交接班。B组服务员负责为下午茶和鸡尾酒提供服务，中班还要做第二天的准备工作，如打印第二天的欢迎卡、申领水果和酒水单等。

（9）夜班时，前厅、客房将代理行政楼层的服务工作。

（二）行政楼层的服务程序

1．鲜花、水果服务

（1）依据确认的抵店客人名单准备好总经理欢迎卡、行政楼层欢迎卡。

（2）将需要补充鲜花、水果的房间在住店客人名单上做好标记。

（3）将鲜花、水果、刀叉和餐巾备好，装上手推车送入客房，并按规定位置摆放好。

（4）做好记录，根据次日预抵店名单填写申请单，以备用。

提示：鲜花、水果一定要保证质量；根据客人的口味、喜好补充；补充时，要将不新鲜的花和水果撤出，更换用过的刀叉。

2．客人入住接待

（1）客人在大堂副理或宾客关系主任陪同下走出电梯来到行政楼层服务台后，行政楼层经理或主管应微笑站立迎客并自我介绍，请客人在接待台前坐下。

（2）将已准备好的登记表取出，请客人签名认可，注意检查并确认客人护照、付款方式、离店日期与时间等内容。

（3）将已准备好的欢迎信及印有客人姓名的烫金私人信封呈交给客人，并递送欢迎茶，整个服务过程不超过 5 分钟。

（4）主动介绍行政楼层设施与服务项目，包括早餐时间、下午茶时间、鸡尾酒时间、图书报刊赠阅、会议室租用服务、商务中心服务、免费熨衣服务、委托代办以及擦鞋服务等。

（5）走在客人左前方或右前方引领客人进房间；告诉客人如何使用钥匙卡，同时将欢迎卡交给客人；介绍房内设施，预祝客人居住愉快。

（6）通知礼宾部行李员，10 分钟内将行李送至客人房间。

提示：对待 VIP 客人一般实行专人跟踪服务；接待员应主动邀请新入住客人参加、接受早餐、下午茶或鸡尾酒的服务。

3．欢迎茶服务

客人登记入住时，接待员为客人提供欢迎茶。

（1）事先准备茶壶、带垫碟的茶杯、一盘干果或巧克力糖果饼干和两块热毛巾。

（2）称呼客人的姓名，表示问候并介绍自己；同时，将热毛巾和茶水送到客人面前。

（3）如果客人是回头客，应欢迎客人再次光临。

提示：泡茶、沏茶、冲茶、上茶等技能要求，均按餐饮部有关茶水服务的标准执行。

4．早餐服务

行政楼层服务人员应配合餐饮部专职人员，在开餐前 10 分钟做好全部准备工作，包括将自助餐台摆好、将食品从厨房运至餐厅、将餐桌按标准摆放、更换报纸杂志、调好电视频道、在每张餐桌上放好接待员名片等。

（1）称呼客人姓名并礼貌地招呼客人；引领客人至餐桌前，为客人拉椅子、让座；将口布打开递给客人；礼貌地询问客人是喝茶还是咖啡。

（2）礼貌地询问客人在结账处结账还是将账单送至收银台。

（3）客人用完餐离开时，应称呼客人姓名并礼貌地告别。

（4）统计早餐用餐人数，做好收尾工作；配合客房部服务员做好场地清理工作。

提示：可根据计算机提供的住店客人名单确认用餐客人姓名；餐具在客人用过后 1 分钟撤换；始终保持自助餐台整洁。

5．下午茶服务

（1）提前 10 分钟按要求准备好下午茶台，包括茶、饮料和小点心等。

（2）微笑、主动地招呼客人；引领客人至餐台前，为客人拉椅子、让座，并询问房号，请客人随意饮用。

（3）注意观察，客人杯中饮料不足 1/3 时，要及时询问、续添，将用过的杯盘及时撤走。

（4）在 17:00 下午茶结束 5 分钟前，通知客人免费服务即将结束。

（5）客人离开时应向其表示感谢，并与客人道别。

（6）填写记录表，如客人消费超过了免费时间，则将费用记在客人账户上，账单由客人签字后记入客人账户。

提示：行政楼层免费下午茶服务时间为每天 16:00～17:00。

6．退房结账服务

（1）提前一天确认客人结账日期和时间。

（2）询问客人结账相关事宜，如在何地结账、用何种付款方式、行李数量、是否代订交通工具，并及时检查酒水。

（3）将装有客人账单明细的信封交给客人；请客人在账单上签字，将第一联呈交客人。

询问客人结账方式，如果付外币，则请客人到前厅外币兑换处办理，如需刷卡，则使用刷卡机。

（4）通知行李员取行李，代订出租车。

（5）询问是否需要做“返回预订”。

（6）感谢客人入住并与之告别。

本章小结

本章详细介绍了前厅部的其他服务管理工作。通过对前厅部的礼宾、总机、商务中心和行政楼层等工作任务的学习，能较快熟悉前厅部其他各项服务工作的程序，从而加深对前厅部其他各项服务管理工作内容和要求的认识与了解，培养良好的服务及管理意识。

复习思考题

1．选择题

（1）金钥匙服务是建立在一般服务基础上的（　　）。

A．优质服务　B．常规服务
C．超值服务　D．主动服务

（2）金钥匙提供的服务结果是让客人感到（　　）。

A．满意　B．愉悦　C．惊奇　D．惊喜
E．满足

（3）客人需要的秘书性服务是由前厅部的（　　）部门提供的。

A．礼宾部　B．总机房
C．商务中心　D．宾客关系部

（4）总机房的业务范围有（　　）。

A．"免电话打扰"服务　B．电话叫醒服务
C．紧急情况时充当临时指挥中心　D．传真服务
E．翻译服务

（5）行政楼层可以为客人提供的服务有（　　）。

A．鲜花水果服务　B．入住接待服务
C．退房结账服务　D．康乐服务
E．宴会服务

2．案例题

一辆白色高级轿车向酒店驶来，驾驶人熟练而准确地将车停靠在酒店豪华大转门前的雨篷下。门厅迎宾员小勇看清车后端坐着两位健壮的男士，前排副驾驶位上坐着一位眉清目秀的女士。小勇一步上前，以优雅的姿态和职业性动作，为客人打开后门，做好护顶姿势，并注视客人，致以简短的欢迎词以示问候，动作麻利规范，一气呵成，无可挑剔。关好后门，小勇迅速走到前门，准备以同样的礼仪迎接那位女士下车，但那位女士满脸不快，这使小勇茫然不知所措。

请问这位女士不快的原因是什么？正确的迎宾程序应该是怎样的？

3．实践题

分组模拟训练为行政楼层客人提供鲜花、水果服务，欢迎茶服务，早餐服务及退房结账服务。

第五章

前厅部客户关系管理

知识目标

- 了解建立客史档案的必要性及客史档案的主要内容
- 了解大堂副理的素质要求和工作职责
- 了解 VIP 客人接待的程序和方法
- 掌握投诉处理的程序和方法

能力目标

- 能针对不同客人类型建立客史档案
- 能按照规范接待 VIP 客人
- 能正确处理宾客投诉

引导案例

小刘是北京一家五星级酒店的宾客关系主任（Guest Relation Officer，GRO），主要负责接待酒店 VIP 客人、常客及团体。

一天，小刘接到预订部的通知，常客高先生将于次日下午入住酒店。

小刘对高先生不熟悉，如何接待好这位重要的客人呢？

于是小刘通过酒店的管理软件系统进入宾客档案库，输入高先生的姓名，计算机上立即显示出高先生的详细资料，资料中包括高先生的照片扫描图像、个人身份信息、在酒店的消费记录、消费爱好、起居习惯、表扬及意见等。小刘详细地阅读了高先生的资料，发现高先生总喜欢住酒店顶楼的外景行政套房、叫醒服务的时间基本定在早上 7 点钟、每次入住后都会让服务员送冰块到房间。小刘把这些信息进行了分类并记在了心里。随后，小刘来到总台查询了次日的房态，请总台将高先生经常入住的外景行政套房锁房（即总台将房间状态由可出租房更改为已预订房，将房间为某特定的客人保留，不再销售给其他客人），并向客房部发出接待通知单。

第二天，小刘提前到总台打印出高先生的入住登记表，并到客房检查了接待准备情况。

下午5点，高先生抵达酒店。

小刘热情地迎接高先生，并直接将其引领到预留的房间。途中，小刘问高先生："高先生，您有三个月没到北京了吧？酒店的同事们都在期待您的光临！"

"我确实三个月没来北京了。咦，你是怎么知道的？"高先生觉得很惊奇。

"因为所有的同事们都很想念您，所以特别关注。"小刘回答。

"我们仍然为您安排您最喜欢的那间外景行政套房，您看可以吗？"小刘继续问。

"很好！很好！我很喜欢那间房间！"高先生一听很高兴，连连点头。

到了房间，小刘接着为高先生介绍："客房服务员为您准备了冰块，放在小酒吧的冰桶内。我通知总机明天早上7点钟为您提供叫醒服务，您看可以吗？"

"看来你们对我真是很了解啊！"高先生很满意。

"这都是我们应该做的！请您确认入住信息并在登记表上签字。这是我的电话号码，如果您有什么需要，请随时吩咐我。"

"你们的服务工作做得特别细致！我就喜欢住你们酒店，到这儿就真的像到家一样。"高先生由衷地赞赏酒店的优质服务。

思考：随着我国旅游市场的发展，酒店行业的竞争已非常激烈。要想在激烈的竞争中赢得市场，就需把握好顾客的需要，建立良好的宾客关系，做到有的放矢，以满意加惊喜的服务效果得到顾客对酒店的认可和青睐。那么，在瞬息万变的市场中应该采用哪些方法、掌握哪些信息，才能与顾客建立良好持久的关系，把服务工作做得尽善尽美呢？

第一节 客史档案管理

建立客史档案是酒店了解客人、掌握客人需求特点，从而为客人提供针对性服务的重要途径。如今，越来越多的酒店管理人员及工作人员认识到客史档案是优质服务的珍贵工具，并建立起一套客史档案管理体系。

一、建立客史档案的意义

1. 有利于了解客人的信息，以提供有针对性的"个性化"服务（Personalized service）

标准化、规范化服务是酒店服务质量保障的基础，而"个性化"服务则是酒店优质服务的灵魂。要提高服务质量，就要把握顾客的需要，提供更加富有人情味的、突破机械规范服务的针对性服务，这是酒店竞争的最高境界，是酒店服务的发展趋势。

例如，总台接待员看见一位非常疲惫的客人来入住，这时应该说："先生，您看上去很疲倦，我用最快的速度为您安排一间舒适的房间，让您美美睡上一觉！"这样的语言要比机械化的"您好，先生，欢迎光临！"更具有人情味和吸引力。

2. 建立客史档案有利于酒店搞好市场营销，争取回头客

客史档案的建立，不仅能为客人提供针对性的服务，而且有利于酒店平时做好促销工作。

3. 建立客史档案有利于提高酒店经营决策的科学性

任何一家酒店都应针对自己的目标市场，收集信息、分析信息，最大限度地满足目标市场的需求以赢得客人，获得利润，达到“双赢”的目的。客史档案的建立有助于酒店了解“谁是我们的目标客人？”“我们的客人在哪里？”“我们的客人需要什么？”“如何才能提供让客人满意的产品”等一系列问题，最终能够提高酒店经营管理决策的科学性。

二、客史档案的内容

客史档案记录的信息应包括：客人以前是否住过该酒店？若住过，什么时候住的？住过几次？客人住店期间有何爱好、习惯？喜欢哪一种类型的客房或哪一间客房？客人为什么住店？有无接待单位？是谁接待的？客人对酒店有无评价？是赞扬还是批评？客人住店期间消费情况如何？有无欠款或漏账现象？是否有不良现象而不宜再接待的记录？

具体来说，客史档案应包括以下几方面的内容：

1. 常规档案

（1）客人姓名、性别、年龄、出生日期、婚姻状况。

（2）客人通信地址、电话号码、公司名称、头衔。

2. 预订档案

（1）客人的预订方式。

（2）客人预订的时间（季节、月份、日期）。

（3）预订的种类。

（4）预订单位、联系人等。

3. 消费档案

（1）客人报价类别、所用客房、所付房价、餐费、其他消费等。

（2）客人的账号及信用程度。

4. 习惯爱好档案

（1）客人旅行的目的。

（2）客人的爱好、生活习惯、宗教信仰、禁忌等。

（3）客人住店期间的特殊要求。

5. 反馈信息档案

（1）客人住店期间的意见、建议、表扬等。

（2）客人投诉及处理结果。

三、建立客史档案

客史档案的建立必须得到酒店管理人员的重视和支持，而且要纳入有关部门和人员的岗位职责中，使之经常化、制度化、规范化。

客史档案的有关资料主要来自客人的“订房单”“住宿登记表”“账单”“投诉及处理结果”“宾客意见书”，及其他平时观察和收集的有关资料。由此可见，客史档案的建立不仅要靠前厅部的员工，而且还依赖酒店其他有关部门和人员的大力支持和密切配合。

传统的客史档案卡的建立是通过手工完成的，速度慢、工作量大、管理困难、调用不方便。随着计算机在酒店的应用、推广和普及，为客史档案卡的建立提供了极大的方便，不仅输入速度快、容量大，而且调用方便，从而极大地提高了客史档案的使用效率。

四、运用客史档案

1. 客史档案的有效运行

通常，客史档案卡由前厅部员工在客人离店后建立并存放于客史档案柜内，当该客人再次预订客房时，卡片就被取出并与其他订房资料一起存放于预订资料箱内。在客人实际抵店后，客史档案卡连同住宿登记表一起存放于住店客人卡片箱内。

2. 客史档案的整理

为了充分发挥客史档案的作用，酒店应该每年对客史档案卡进行1～2次系统的检查和整理，大多选择在淡季。检查卡片的存放是否严格按字母A～Z的顺序排列并整理、剔除过期卡片（即“死卡”）。以多久未住店为期限列为死卡，各家酒店的规定各不相同。

3. 客史档案的管理事项

（1）一张客史档案卡填满之后，必须建立一份新的卡片，应将新旧卡片装订在一起。

（2）在调用抽出所需卡片时，应将其后一张卡片直立，或者做个记号，以确保在放回时能迅速找到准确的位置，既节省时间，又不会放错。

（3）酒店应使用不同颜色的卡片来制作客史档案卡，但必须与酒店所使用的客房预订卡和客房状况卡条色彩意思统一、一致。

（4）清理出的“死卡”，必须使用碎纸机进行销毁处理。

总之，客史档案为酒店提供了珍贵的信息资料，通过对它的有效利用，不仅能使酒店服务更具有针对性和个性化，而且还为酒店进行市场调研和可行性研究提供了有效的依据。

第二节　大堂副理与宾客关系主任

当您走进明亮宽敞的酒店大堂，一张典雅、精美的桌子就会映入您的眼帘，上面摆放着鲜花和工作牌，旁边坐着一位能讲一口流利英语的、面带微笑的酒店员工，他（她）就是酒店的大堂副理。

一、大堂副理的素质要求

大堂副理的工作至关重要，所以酒店对大堂副理的要求也很高，必须具备很高的素质，其具体要求如下：

（1）形象良好，有亲和力。

（2）个性开朗，善于与人打交道，具有高超的人际沟通技巧。

（3）口齿清楚，语言得体，外语流利。

（4）见多识广，知识面宽。

（5）精通客房和前厅工作，熟悉餐饮、工程和财务知识。

（6）彬彬有礼，不卑不亢。

（7）爱岗敬业。

二、大堂副理的主要工作职责

(1)代表酒店总经理做好日常的贵宾接待或送别工作,完成总经理临时委托的各项任务。

（2）受理客人的投诉。

（3）沟通和协调酒店各有关部门的对客服务。

（4）解答客人的一切询问，并提供必要的协助和服务。

（5）协助解决客人紧急难办的各项事宜。

（6）负责检查酒店公共区域清洁卫生及各项设施设备的完好运行。

（7）定期巡视检查酒店各部门的清洁状况及设备维修保养情况。

（8）负责检查员工的着装、仪容仪表及纪律、工作状况等情况。

（9）负责维护大堂秩序，协助保安部门处理异常事件和突发事件。

（10）负责检查 VIP 房及迎送 VIP 客人的接待服务工作。

（11）协助管理、指导和监督其下属人员的工作，并做好交接工作。

（12）出席酒店的有关例会，对加强管理、改进服务、增加创收等方面提出建议。

（13）确保酒店重大活动的正常接待。

三、宾客关系主任

宾客关系主任（Guest Relation Officer，GRO）是一些中、高星级酒店设立的专门从事建立和维护良好宾客关系的岗位。宾客关系主任直接向大堂副理或酒店值班经理（Duty Manager）负责。

其主要职责如下：

（1）协助大堂副理执行和完成大堂副理的所有工作。

（2）协助大堂副理欢迎 VIP 客人以及安排团体会议临时性的特别要求。

（3）欢迎并带领 VIP 客人入住客房。

（4）负责带领有关客人参观酒店。

（5）处理客人投诉。

（6）征求客人意见，做好记录，可作为酒店日报或周报的内容。

（7）留意、巡查酒店公共场所的秩序。

（8）与酒店其他部门进行合作沟通，发展酒店与客人的良好关系。

（9）在大堂副理缺勤时，行使大堂副理的职权。

（10）完成大堂副理指派的其他任务。

第三节 VIP 客人管理

VIP 客人（Very Important Person，重要客人）因身份特殊，酒店应给予特别的关照。通常酒店将以下客人列入 VIP 客人：对酒店业务发展有很大帮助或可能给酒店带来很好收益者；知名度高的政界、文体界、艺术界等名流；同系统的机构负责人或高级职员；酒店业同行单位的负责人或高级职员等。

一、酒店 VIP 客人分类

1. A 类 VIP

（1）党和国家领导人。

（2）外国总统、元首、首相、总理或议长等。

2. B 类 VIP

（1）我国及外国的各部部长。

（2）世界著名大公司的董事长、总经理等。

（3）各省、自治区、直辖市主要负责人。

3. C 类 VIP

（1）各市、县的党政负责人。

（2）各省、自治区、直辖市旅游部门的主要官员。

（3）文化艺术、新闻、体育等各界负责人或著名人士。

（4）酒店业同行单位的负责人或高级职员。

（5）国内外著名公司、企业的负责人。

（6）与酒店有协作关系企业的负责人。

（7）酒店总经理按重要客人规格接待的客人。

二、VIP 客人的接待程序

1. VIP 客人抵店前的准备工作

（1）熟悉 VIP 客人的姓名、职务、风俗习惯及抵店时间。

（2）在 VIP 客人到达前检查 VIP 客人的钥匙信封的准备情况。

（3）检查 VIP 房的准备情况，确保 VIP 房处于最佳状况。

（4）在 VIP 客人到达前一小时，检查鲜花、水果及欢迎信的准备情况，督促接待员（前厅、客房等）提前半小时到位，提醒总经理提前 10 分钟到位，确保一切接待工作准确无误。

2. VIP 客人抵店时的接待工作

（1）VIP 客人进入大堂时，应使用准确的客人职务或客人姓名来称呼和迎接客人。

（2）引领 VIP 客人进入预分的客房时，先查看客人的有效证件，并请客人在入住登记表上签字，确保入住登记表打印内容准确无误。

（3）向 VIP 客人介绍客房特色以及酒店内的设施设备。

（4）向 VIP 客人征求意见，随时提供特殊的服务。

（5）接待完 VIP 客人后，应及时将入住登记表交给前厅，并准确无误地输入计算机。

（6）做好 VIP 客人的接待记录，必要时及时向总经理汇报 VIP 客人的抵店和接待情况。

（7）协助预订处建立 VIP 客人档案，准确记录 VIP 客人的姓名、职务、抵店时间、离店时间、首次或多次住店的特殊要求等信息，作为以后订房和服务的参考资料。

第四节　投诉及特殊情况处理

一、投诉处理

酒店应向客人提供针对性、个性化的优质服务，但由于客人需求的差异性、酒店服务的复杂性，客人的投诉是不可避免的。对于酒店而言，问题不在于客人是否投诉，而在于应怎样减少投诉，要找到原因，然后解决。

（一）投诉产生的原因

就前厅部及客房部而言，投诉（Complaint）的产生通常有以下几方面的原因：

1．设施设备出现故障

如空调失灵、灯不亮、电梯夹伤客人、卫生间水龙头损坏等。设施设备出现故障，服务态度再好也无法弥补。尽管大多数酒店经常会保养、检查、维修设施设备，但这只能相对减少酒店设施设备的隐患，而不可能杜绝设备故障的发生。处理此类投诉时，应立即通知工程部派人员实地察看，视具体情况采取相应措施，同时，还应在问题解决后再次与客人联系，以示对客人的尊重。

2．服务态度不佳

如冷冰冰的接待方式、粗暴的语言、戏弄的行为、过分的热情及不负责任的答复等。减少此类投诉的有效方法是增加服务人员的服务意识，加强有关处理对客关系的培训。

3．服务质量和管理质量不佳

如排重房间、叫醒过时、行李无人搬运、住客在房间受到骚扰、财物在店内丢失、服务不一视同仁等。减少此类投诉的方法是强化服务人员的服务技能和提高酒店的管理水平。

4．对酒店相关政策规定不满

此类投诉主要涉及酒店的政策规定，其实，酒店并没什么过错，其投诉主要是因为客人对酒店有关政策规定不了解或误解造成的。处理此类投诉时，应向客人耐心解释，并热情帮助客人解决问题。

5．异常事件

如无法购得车票、机票，城市停电、停水，恶劣天气等，其实这些问题是酒店无法控制的。对待这类投诉，应在力所能及的范围内加以解决，若实在无法解决，应尽早向客人解释，取得客人谅解。

为了减少上述投诉的发生，维护酒店的声誉及保持应有的服务水准，酒店管理人员应充分了解、分析和研究客人的需求，确定最易导致客人投诉的环节，并将其详细列出，主动征求客人的意见和建议。

（二）对投诉的正确认识

投诉是酒店管理者和顾客之间沟通的桥梁。对客人的投诉应该正确认识。投诉是坏事，也是好事，它可能会使被投诉的对象感到不愉快，甚至受罚。但投诉又是一个信号，显现酒店服务和管理中存在的问题。因此，管理层对于客人的投诉必须给予足够的重视。

具体而言，对酒店来说，客人投诉的意义表现在以下几个方面：

（1）可以帮助酒店管理者发现酒店服务与管理中存在的问题与不足。酒店的问题是客观存在的，但管理者不一定能发现。而客人不一样，他们是酒店产品的直接消费者，对酒店服务中存在的问题有切身的体会和感受，因此他们最容易发现问题，找到不足。

（2）为酒店提供了一个改善宾客关系的机会，能够将“不满意”的客人转变为“满意”的客人，从而有利于酒店的市场营销。据有关研究表明，“使一位客人满意，就可招揽 8 位客人上门，如因产品质量不好，惹恼了一位客人，则会导致 25 位客人从此不再登门”，因此，酒店要力求使每一位客人都满意。通过客人的投诉，酒店了解到客人的“不满意”，从而为酒店提供了一次极好的机会，使其能够将“不满意”的客人转变为“满意”的客人，消除客人对酒店的不良印象，减少负面宣传。

（3）有利于酒店改善服务质量，提高管理水平。酒店可通过客人的投诉不断地发现问题，解决问题，进而改善服务质量，提高管理水平。

（三）处理客人投诉的技巧和原则

1. 处理客人投诉的技巧

（1）尽快到现场。客人向大堂副理等酒店员工投诉时，该员工应在客人靠近时起立，请客人坐下，自己则尽量站立弯腰，倾听客人投诉。客人若在客房内或其他营业场所提出投诉，则相关人员应尽快赶到现场，以示酒店对客人的尊重、对投诉的重视和解决问题的诚意。

（2）保持平静和自信。投诉虽然难处理，但通过学习和积累经验，绝大多数投诉还是可以圆满解决的。员工遇到投诉应平静，应同情客人的处境、理解客人的心情，要换位思考：“假如我是客人，我会怎么样？”而且要坚信自己能圆满地解决客人的问题。

（3）控制自己的说话音量和动作。处理投诉的员工是代表的酒店，因此，应控制自己讲话的音量和动作，使之保持正常并符合酒店的规范；应积极引导客人，使客人的讲话音量和形象也尽量保持在正常状态。

（4）微笑并道歉。投诉处理者应微笑着接待投诉客人，使其感到愉悦，还应适时地恰如其分地向客人道歉。

（5）聆听并记录。处理投诉的员工应仔细聆听投诉，并快速记录要点。

(6) 单独处理。尽量单独与客人一起处理投诉，并顾及客人面子，尽量给客人提供“台阶”。处理投诉的最佳地点不是在大堂副理的办公桌前，因为周围可能有许多围观者，客人有时难以下台阶，会为了面子硬撑到底。而在大堂吧、办公室等处，请客人边喝茶边谈，情形就会截然不同。与客人交谈时也应该尽量避免隔桌相望，而应该坐在一起，因为客人与酒店从长远来讲有着共同的利益，而不是敌对的双方。

2. 处理客人投诉的基本原则

(1) 真心诚意帮助客人解决问题。前厅部服务人员应设法理解投诉客人当时的心情，同情其所面临的困境，并给予应有的帮助，接待好客人。

(2) 不与客人争辩。当客人怒气冲冲、情绪激动地前来投诉时，前厅部服务人员更应注意礼貌，耐心听取客人意见，然后对其表示歉意等，绝不可争强好胜，与客人发生争执，而应设法将“对”让给客人。

(3) 维护酒店应有的利益。前厅部服务人员受理投诉时，要认真听取客人意见并表示同情，同时注意不要损害酒店的利益，不可随意推卸责任，或者当客人的面贬低酒店其他部门或服务人员。应当清楚：除了客人物品因酒店原因遗失或损坏应给予相应的赔偿外，退款或减少收费等措施不是处理投诉的最佳方法。对于大多数的投诉，酒店应在了解情况后，再诚恳道歉并给予恰当处理。

(四) 宾客投诉管理

1. 建立及实施首问负责制

首问负责制不仅仅是酒店的一种服务形式。通过这种形式可以折射出酒店为客人服务的真实内涵。

(1) 首问负责制的主要内容。所谓首问负责制，就是指凡是酒店在岗的员工，第一个接受客人咨询或要求的人，即是解决客人咨询问题和提出要求的首位责任人。按照首问负责制的要求，应该做到以下几点：①属于本人职责范围内的问题，要立即给客人的询问以满意的回答，给客人需要解决的问题以妥善的解决；②虽然属于个人职责范围内的问题，但因客人的原因不能马上解决的，一定要耐心向客人解释，并认真处理、及时反馈，尽早为客人解决问题；③属于本人职责范围之外的问题和要求，不能简单拒绝或推诿，要帮助客人问清或积极帮助客人联系相关部门给予解决。另外，首问负责制不仅局限于对客人面对面的服务，当客人打电话来咨询或提出要求时，也应如此。首问负责制还要求做好超前服务以及客人离店的延伸服务等。

(2) 首问负责制运行中的环节有：

1) 注重培训，使每一位员工特别是一线员工全面了解酒店不同岗位的服务内容和规范，以及各岗位之间相互衔接的方法。这是实行首问负责制的基础。

2) 将首问负责制作为员工日常工作量化考核的一项内容并与奖惩挂钩，使首问负责制管理更加科学化、规范化、长效化。

3) 建立检查监督机制。酒店管理人员既是首问负责制的执行者，也是首问负责制的检查监督者。而部门与部门之间的实际情况，则由质量检查监督部门负责督查，将每日检查情况及时反馈给总经理办公室，以便对各部门的工作作评定及指导。

2. 提倡管理人员现场管理

酒店服务工作最大的特点是高频率地与客人接触。在与客人的接触中，既要有不同的层次，又要有相应的水准和规格。通过与客人的接触，认识客人、了解客人，以提供有针对性的"个性化服务"，最终赢得客人的认可，并使之成为忠诚顾客。

（1）管理人员现场管理更利于处理投诉。与普通员工相比，管理人员拥有更多的有利条件。由于他们经验丰富，往往会使客人倍感重视，因而容易赢得客人的信任，从而推动矛盾的解决。

（2）管理人员现场管理容易获得更多的信息，掌握第一手资料，从而为科学、合理地改进工作方法打下坚实的基础。

二、特殊情况处理

（一）为住店客人过生日的程序

1. 做好准备工作

（1）申报签字，如有客人过生日，则由前厅部填写客人生日申报表，然后交大堂副理签字。

（2）将经签字的一式两份的申报表，一份送回前厅部留存，另一份由前厅部送交餐饮部准备生日蛋糕。

（3）通知柜台服务员，以备随时祝贺客人生日快乐。

（4）从办公室领取生日贺卡，请总经理签字，准备送入住客房间。

2. 祝贺客人生日快乐

（1）与住客取得联系，在合适的时间持生日贺卡上楼，由送餐服务员送上蛋糕，同时祝贺客人生日快乐。

（2）借此机会可与客人做短暂交谈，并征求客人意见。

（3）将上述工作详细记录在记录本上。

（二）处理紧急事件的程序

1. 住客生病或受伤

（1）先以电话询问病情，后根据病情和客人要求决定请医生来或是去医院治疗。严禁随便拿药给客人服用。

（2）如住客确实病情严重或有特殊情况，可联系医院请求医生出诊。注意：在请医生出诊前，应事先打电话提供病人的详细情况；若情况紧急，可拨打120，请急救中心出诊；若客人行走不便，可使用轮椅或担架。

（3）与医院联系后，应协助客人订好出租车，并告知驾驶人医院的确切位置；若无出租车，则可联系酒店车队。客人若需要住院治疗，则应将客人病情及病房号做好记录，如有可能通知其当地的亲友。

（4）客人住院期间若欲保留其客房，则通知前厅部；若无需保留，则帮助其整理行李并寄存在行李房（一定要征得客人同意）。

（5）对于患传染病的住客，应劝其离店，并对客房及其物品彻底消毒，同时对楼道及相关区域做消毒处理。

（6）客人往往会向酒店要一些药物，此时应婉转告诉客人，酒店无法提供；若属小擦伤，则可使用大堂副理处药箱中的创可贴、纱布等。

2. 偷盗

（1）发生任何偷盗现象，应首先报酒店保安部。

（2）通知保安人员赶赴现场。若发生在客房内，则同时通知客房部主管（或经理）前往。

（3）请保安部通知监控室注意酒店相关区域是否有可疑人物出现。

（4）查询客人被盗物品及是否曾有客来访的有关资料，并做记录，由客人决定是否向公安机关报案。外籍客人需报市公安局外管处，国内客人报当地派出所，也可报公安局。如客人有物品遗失，则无论酒店有无责任赔偿，均应酌情给予关照。

（5）若住客在店外被盗，则在征得客人同意后，可协助客人向事发地区公安机关报案。

小知识

有一首歌曾经唱响中华大地，其中有一句歌词“请把我的歌带回你的家，请把你的微笑留下”，这句话也适合酒店行业。笑的种类很多，酒店服务中提倡的是微笑，酒店员工要经常保持笑容，微笑也是一种风度。没有微笑的服务，会使宾至如归变成一句空话。微笑是通向世界的护照，是打动客人心弦的最美好的语言。有一位酒店人力资源主管曾经说过：“要是一个女孩经常发出可爱的微笑，那么，她就是小学文化我也乐意聘用，要是一位哲学博士，老是摆个扑克牌样的面孔，就是免费来我们酒店当服务员，我也不要。”微笑不是个人的事，它关系到酒店的形象，关系到是否能与客人建立良好关系。

号称美国旅馆之王的希尔顿，是世界著名的酒店经营者，一手缔造了希尔顿酒店王国。1919～1976年，57年时间美国希尔顿旅馆从一家扩展到70家，遍布世界各大城市，成为全球最大规模的旅馆之一。90多年来，希尔顿旅馆生意如此之好，财富增加得如此之快，其成功的秘诀之一就在于希尔顿非常重视客户关系，强调微笑服务的作用。其创始人希尔顿先生问下属最多的一句话是：“今天你对客人微笑了没有？”这句话成为酒店管理中的名言。

使客人感受到尊重，感受到关心，感受到重视，用客人喜欢的方式接待他们，与客人建立良好的关系，同时提供友善、舒适又准确的服务是国际酒店的追求，它需要全体员工持续不断地努力和不断地加强训练才能达成。

喜欢微笑的员工才能与客人建立良好关系，真正将“微笑服务”传递给客人。

本章小结

本章介绍前厅部客户关系管理的内容及方法。强调建立客史档案的意义、介绍了客史档案的内容及客史档案管理的方法；对大堂副理及宾客关系主任的工作内容及工作方法进行了说明；对VIP客户管理和宾客投诉管理的方法进行了阐述。通过学习了解酒店客户关系管理的重要性，掌握客户管理的基本内容和方法，能够采取有效措施，与宾客建立良好关系。

复习思考题

1. 选择题

（1）酒店通常将同行单位的负责人或高级职员列为（　　）。

A. A类VIP　　B. B类VIP　　C. C类VIP　　D. D类VIP

（2）下列说法正确的是（　　）。

A. 应主动给生病的客人拿药吃

B. 酒店发生偷盗事件，应立即向公安机关报告

C. 如果不能解决客人提出的咨询或提出的要求，应请客人找相关责任人解决

D. 通常情况下，宾客关系主任直接向大堂副理或酒店值班经理负责

（3）客史档案通常包括（　　）等几种类型。

A. 常规档案　　B. 预订档案　　C. 消费档案　　D. 习惯爱好档案

E. 反馈信息档案

（4）客人投诉的主要原因有（　　）等。

A. 设施设备出现故障　　B. 服务态度不佳

C. 服务质量和管理质量不佳　　D. 对酒店相关政策规定不满

E. 异常事件

（5）处理客人投诉时，下列做法正确的有（　　）。

A. 请客人找相关责任人处理　　B. 耐心听取客人意见

C. 尽力维护客人和酒店双方的利益　　D. 不可推卸责任

E. 真心诚意帮助客人解决问题

2. 案例题

一位客人在办理结账退房手续时提出房间太吵，影响了他休息，希望酒店就此给予房价优惠。

请问大堂副理应该如何处理？

3. 实践题

（1）到酒店实地考察，学习客史档案建立、管理和使用的方法。

（2）模拟练习处理客人投诉的程序。

第六章 前厅部收益管理与信息技术应用

知识目标

- 了解收益管理的含义及收益管理的产生和发展历程
- 了解影响酒店收益管理决策的因素
- 了解酒店管理软件的组成部分
- 了解计算机应用对于酒店管理的作用

能力目标

- 能利用收益管理原则将市场细分、客房定价、超额预订、顾客停留时间控制等方法结合起来增加酒店收益
- 掌握收益管理常用的方法
- 体会管理软件对酒店发展的重大意义
- 能运用有效方法进行信息传递及沟通

引导案例

酒店为防止客人 No-show（客人订房后应到而未到的情况）给客房出租带来不利影响，常常在订房已满的情况下，再适当增加订房数量，即超额预订（Overbooking）。超额预订可以有效地减少客房的“虚耗”（客房虚耗是指本来有需求，但却没卖出去的产品），增加酒店的收益。但超额预订同时也有一定的风险，一旦预订的客人全部抵店，酒店又无房可卖将面临尴尬的局面。因而，超额预订的幅度过大，会使已经预订的客人无房可住，容易引起纠纷，降低酒店信誉；幅度过小，又会出现虚耗，酒店也将蒙受损失。采用何种幅度的超额预订才最合适？

思考：酒店的客房数量及客房类型在一定时期内是相对固定的。这意味着客房出租率和平均房价水平决定了一定时期内酒店的客房收入水平。如何通过不同的房价策略及不同的销售政策配置，使客房在最恰当的时机以最有利的价格销售出去，从而获得酒店最佳收益呢？

第一节　酒店收益管理

酒店要实现利润增长，主要通过两条途径：一是加强内部的管理质量，降低成本提高运营效率；二是运用面向企业外部的收益管理来增加收入以获取利润。

收益管理（Revenue Management）是指将合适的产品在最佳的时机，以最有利的价格销售给合适的顾客，从而获得最大限度的收益。酒店收益管理是通过对客房出租率及房价的管理，来实现酒店收益最大化的管理方法。其作用过程可描述为：将酒店过去的记录、现在的信息与政策支持、程序支持及统计模型相结合，提高酒店日常经营工作的能力，并增加销售额，提高服务水平。日常经营工作包括：制定有效的客房定价体系、限制特定夜晚或特定房的预订数量、增加或减少折扣房数量、向批发商和团体客人提供折扣、向客人提供适合的客房、对预订员及销售员进行培训等。因此，收益管理是信息技术、预测技术、统计技术、管理理论和商业经验的结合，它的目标是最大限度地提高客房的销售收入和最大限度地提高酒店的收益。

一、收益管理的基本内容

收益管理将超额预订、停留时间控制、容量控制、市场细分和定价等部分与统计学分析相结合来拓展市场，增加收益。收益管理的实施涉及以下几方面最基本的内容：

（一）预订管理

1. 超额预订（Overbooking）

对于酒店而言，如果事先预订的客人在抵达之前突然取消了预订，或者比预订的时间晚几天抵达，甚至根本就没有到，出现以上任何一种情况都会减少酒店的收入。事实上，这样的情况每天都在酒店中发生着。要降低顾客这种不确定性给酒店带来的损失，可以从以下几个方面入手：

（1）核对预订。有些客人提前很长时间就预订了客房，在入住前这段时间内，会有一些客人因为种种原因而无法按期抵达或者取消了预订。然而不是所有的客人都会将变更主动通知酒店。所以酒店应在客人抵达之前就主动与客人进行核对。一旦客人变更就迅速作出调整，并通知相关部门将客房重新销售。

（2）增加保证预订。预收保证金或要求信用卡担保，可以有效防止酒店收益受损。

（3）实行超额预订。超额预定是指在订房已满的情况下，再适当增加一些订房数量和人数，以弥补因订房人不到或临时取消订房而可能出现的客房闲置所造成的损失。

如果超额预订的幅度把握不好，有时会使已经订房的客人到店后无房可住。出现这种情况，会引起客人很大的不满，不仅容易出现纠纷，还会影响酒店的声誉。所以，酒店应积极采取补救措施，妥善安排好客人住宿，以消除客人的不满，挽回不良影响，维护酒店声誉。

如果因超额预订而不能使顾客入住，按照国际惯例，酒店应该做到以下几点：

1）诚恳地向客人解释原因，并赔礼道歉。如有需要，还应由高级管理者亲自出面致歉。

2）立即联系一家档次相当、风格特色相近的酒店，酒店免费派车专人陪同客人前往。

3）征求客人意见，看其是否愿意次日搬回酒店。如果愿意，则及时、准确地为其订房。

4）免费提供1～2次长途电话费或传真费等，以便客人能将临时改变住宿地址的消息通知有关方面。

5）支付客人在其他酒店住宿期间的第一夜房费。

6）通知本酒店总台、总机、商务中心等岗位，注意是否有客人的传真、信件、电话、留言等，若有，则应及时准确地传递给客人。

7）次日排房时，优先考虑此类客人的用房安排，同时做好客人搬回本酒店的接待工作，如大堂副理在大厅迎候，陪同客人办理入住手续，房内放总经理亲笔签名的致歉信、鲜花、水果等。

8）事后由前厅部管理人员向提供援助的酒店表示感谢。

9）详细做好客史档案记录。

所以，超额预订过度也会导致酒店利益蒙受损失。这就要求预订处做好资料的收集积累工作，认真分析客人情况，总结经验。同时，本酒店与本地区酒店同行要加强协作，建立业务联系，一旦出现超额预订过度情况，能及时为客人在别的酒店安排好住宿。

2. 停留时间控制（Duration Control）

停留多日的顾客为酒店带来的收益明显高于仅停留一天的顾客。因此，为提高酒店收益，酒店在接受预订时往往要求知道最短停留时间。这意味着在收益管理中，即使有现成的房间可以提供，只停留一天的预订要求也可能被拒绝。

减少顾客之间的更换时间，意味着在同一或者更短的时间内可以有更多的顾客享受服务。虽然减少更换时间一般不被认为是收益管理的工具之一，但是它可以有效地提高每一单位产品的收益。例如，一间走客房如果及时清扫则马上就有可能再次出租；如果清扫不及时就有可能浪费销售的机会，减少酒店的收益。在旺季时这一点尤为重要。

3. 容量控制

容量控制是指如何更好地把现有客房资源合理分配，达到收益最大化的目标。

许多酒店都尽早尽可能多地将客房预订出去，并引以为豪。实际上这样的做法使酒店失去了很多潜在的收益，因为晚预订的顾客的房价高于早预订的顾客的房价；临时抵达酒店入住的散客的房价高于提前预订的顾客的房价。如果把所有的客房都以较低的价格预订出去，则既减少了酒店的收益，也无法满足未预订客人的需求。因而酒店需要预测预订客人和未预订客人不同的需求，根据预测结果决定将多少客房通过预订销售、多少客房留给未预订的客人。

另外，尽量限制折扣房的数量并缩短享受折扣的客人的停留时间也是容量控制的内容之一。这样做的目的是将那些不打折就无法售出的客房销售出去的同时，使其余客房维持较高的价格。这一措施的关键在于需求预测是否准确，管理人员不能只考虑今后某一天的销售量，而应该认真分析这一天的销售量对今后某一段时间的影响。

（二）客房定价

定价是收益管理最为重要的手段之一。以市场为依据定价而不是传统的以成本加利润为依据定价。为了达到收益最大化的目的，收益管理要求在了解客人不同需要和消费方式的基础上，对不同类型的客人进行细分，然后对不同类型的客人执行不同的房费标准。酒店不仅需要对客人进行细分，而且要采取一些方法防止客人从一种消费标准降低到另一种消费标准。

1．客房价格构成

作为商品的客房价格是由客房的成本和利润所构成的。客房成本又由工程投资、客房资产、物料资产、客房人员工资、保险费、财务费用、修缮费、经营费用、各种税费构成；经营利润又由所得税和客房净利润组成。

2．影响房价的因素

酒店制定房价时，要受到很多因素的影响。可以把影响房价的因素分为两大类：一类是外部影响因素；另一类是内部影响因素。

（1）外部影响因素如下：

1）社会政治、经济形势影响。

2）季节性影响。

3）供求关系影响。

4）竞争对手价格影响。

5）行业组织的价格约束。

6）客人消费心理认同。

（2）内部影响因素如下：

1）定价目标。

2）酒店地理位置。

3）经营成本及建筑成本回收。

4）酒店服务质量。

5）酒店的档次。

3．房价的种类

对酒店而言，客房要分级定等，制定不同的价格，以吸引对房价有不同需求的顾客。一般来说，酒店的房价结构是由酒店的建筑设施决定的，如客房面积、设施设备、楼层、方位等，或因旺季与淡季的季节差异、酒店的经营需要和接待对象的不同等因素而有所变化。因此，房价显示了酒店及住店客人的特征，建立合适的房价体系对酒店的经营及盈利极其重要。按房价的性质来划分，可分为四种基本类型。

（1）公布房价。公布房价，是在酒店价目表（Tariff）上公布的各种类型客房的现行价格，也称标准价、门市价或散客价。

大部分酒店一年中的公布房价都是一样的，但旅游胜地的酒店却按季节实行两种价格制度。公布房价中通常不包括税金（Tax）和服务费（Service Charge）。

（2）特别房价。特别房价，即优惠价，是指酒店免费或以优惠价格向客人提供客房。

1）免费房价。免费客房（Complimentary）是为了促进客房销售，建立良好的公众关系，酒店为某些特殊客人提供的免费房。这些特殊客人主要包括：社会知名人士、酒店同行、旅行代理商、会议主办人员等。对于15人以上的旅游团体，酒店可为一名导游或领队提供免费客房。

2）团体价（Group Rate）。酒店为团体客人提供的优惠价，其目的在于吸引大批客人，从而售出大量客房。

3）家庭租用价（Family Plan Rate）。酒店为携带小孩的父母所提供的优惠价，如给未满6岁的儿童免费提供婴儿小床或对12岁以下的儿童免收加床费等，以刺激家庭旅游消费者。

4）淡季价（Low Season Rate）。酒店在经营淡季，为刺激需求，提高客房利用率而为客人提供的优惠价。通常，在标准价的基础上下浮一定的百分比。

5）全包价（Package Plan Rate）。酒店对住店客人提供的一揽子包价，除房费外，还可以包括餐费、游览费、交通费、游乐费等项目的费用，可方便客人做好预算。

6）折扣价（Discount Rate）。酒店向常客或长住客或其他有身份的客人提供的优惠价。

7）商务价（Commercial Rate）。酒店与客源输送单位签订房价合约，酒店按合约的规定给予来自签约单位的客人优惠价格，以求双方长期合作。该优惠价主要视其提供的客源量或在酒店的消费额的多少而确定。

8）合同价（Contract Rate）。合同价也称批发价，是酒店给予中间商的优惠价。根据中间商的批发量和付款条件，酒店给予不同的数量折扣和付款条件折扣。

（3）追加房价。追加房价是在公布房价的基础上，根据客人的实际住宿情况，另外加收的房费。

1）白天租用价。客人退房离店超过了规定时间，酒店应向客人收取白天租用价（Day Use Rate）。许多酒店规定客人在中午12点以后、下午6点以前退房，加收半天房费；下午6点后退房，加收一天房费。

2）深夜房费。客人在深夜或第二天凌晨抵店，酒店将向客人加收一天或半天深夜房费。

3）保留房价。住客因短期外出旅行或公干，但继续保留所住客房，或保证预订客人因特殊情况未及时抵店，如飞机晚点等，酒店对其预约予以保留。对上述两种情况，酒店通常需要客人支付为其保留的房费，即保留房价（Hold Room Charge），但一般不再加收服务费。

4）加床费。加床费（Rate for Extra Bed）是指酒店对需要在房内临时加床的客人所收取的额外的费用。

（4）其他房价。主要有：

1）旺季价。酒店在营业旺季，为最大限度地提高经济效益而将房价在标准价的基础上，上浮一定的比例，即为旺季价（High Season Rate）。但需要注意的是不得违反当地政府有关价格调整的规定。

2）房间差价。酒店将面积、设施设备相同的房间因楼层、位置、朝向、景观的不同而制定不同价格的做法，称为房间差价。

3）双开房价格。一间客房内住宿客人的数量影响着客房价格。客房价格通常是以住客人数为基础推算的。然而，对于一间标准间而言，一位客人和两位客人住宿的价格差别不大。因为，这间客房的固定成本是大致相同的，可变成本相差不大。客房内人数越多，费用的增加往往越小。根据酒店管理经验，双人占用的房价应该比单人占用的房价至少高出 1/3，如某房单人占用 400 元，那么双人占用则为 600 元。这种定价方法也得到了国外酒店业的公认。

4）房间升级。房间升级（Up-grade）是指当客人所订的低档客房租完时，酒店把高一级的房间租给客人而只收原订的房费。实行房间升级的酒店，通常都执行房间差价。

4．客房定价方法

（1）单一房价。这种定价方法是对所有的非团体及非协议单位顾客实行单一房价，这种单一房价可以根据季节和一周中的不同时间来进行房价调整。采用这种定价方法方便进行管理，也容易使客人理解，并且不需要复杂的收益管理系统。但是，这种定价策略不能根据市场需求的变化作出相应的反应，也不能根据顾客的承受能力和愿意接受的房价水平作出相应的调整。

（2）根据客房的类型定价。这种定价策略是根据客房的不同类型和标准而进行定价。这种方法在酒店中最为常见。采用这种方法定价容易被客人理解，因为客人能感觉到房价虽然不同，但客房的标准也不同。酒店能够在同一天内实行不同的房价，这样也能够获得更多的收入。但是这种定价方法的缺点也很明显，它显然不适用于那些只有一种类型客房的酒店。如果酒店的目标市场是那些不愿意住太高规格的客人，那么这种定价方法就不合理。而且采用这种定价方法将增加销售人员、预订人员和总台人员的工作难度。

（3）差异定价策略。这种定价策略是根据顾客不同的需求和价格弹性向顾客执行不同的价格标准。酒店根据合理的原则和限制条件制定不同的房价划分标准。顾客根据自己的需求、消费方式及愿意接受的价格水平而选择合适的房间。这种划分标准一方面使那些对价格比较敏感的顾客可以享受低价，另一方面可以让那些愿意付全价的顾客挑选自己满意的房间。

二、实施收益管理的方法

1．组织保证

设立专门负责收益管理的机构，并由高层管理人员负责。

酒店各个部门之间能否协调一致直接关系到收益管理的成败。例如，销售部门预测到下一时期市场需求旺盛，根据收益管理的原则要减少和限制低价客房的预订，然而预订部门为了完成预订任务，并不按照销售部门的要求做，最终导致酒店失去了很多潜在的收入。

因此，将所有与收益管理有关的部门，如销售部、预订处、前厅部等由同一机构或高一级经理负责管理和协调就显得十分必要。

2. 以“收益第一”的目标修正业绩评估方法

坚持“收益第一”的酒店不仅以销售的客房数量和客房收入来评估销售人员的业绩，而且根据销售的淡旺季及市场需求的实际情况，以跨部门的综合评估标准取代传统的业绩评估法，给予销售人员不同的得分，并减少部门之间的冲突，使管理层和员工之间的行为都朝着一个目标——收益最大化。

3. 实施员工培训

有了组织机构的保证和适宜的业绩评估方法，如果员工不能正确地理解收益最大化的管理方法，不能很好地执行酒店的意图，则收益管理的最后效果仍得不到保证。培训工作主要包括两个方面：首先是关于收益管理策略及方法的培训，使员工清楚什么是收益管理、为什么要实行收益管理、实施收益管理要遵循哪些原则；其次是收益管理系统软件使用的培训，普通员工需要熟练掌握操作方法，同时还要把自己培养成既精通收益管理系统又熟悉收益管理理论的专业人士。

第二节 前厅部计算机技术与管理软件

一、前厅部计算机管理系统的主要功能

酒店计算机管理系统是软件公司根据酒店的实际情况和要求度身定做的。其功能非常强大，可以覆盖到酒店管理的各个环节。酒店管理信息系统包括客房预订、销售、前台管理、财务管理等模块。其中最基本、最主要的是前台管理模块。前厅部计算机系统（见图6-1）主要从客人的预订、登记、排房、入账、客史档案等，一直到结账，进行自动管理，使酒店各有关部门随时掌握房间使用状况以及管理所需要的各种信息（见图6-2）。

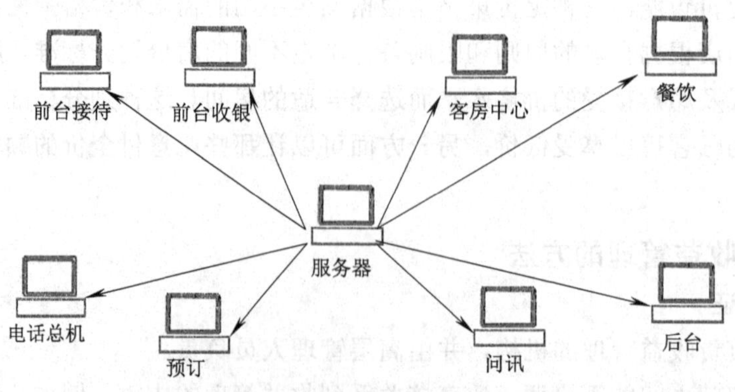

图6-1 前厅部计算机管理系统示意图

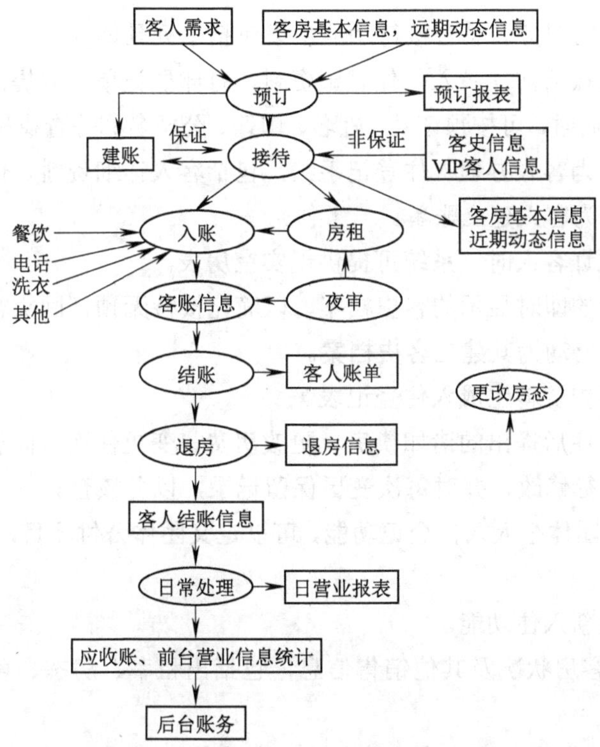

图 6-2 前厅部管理模块信息流向示意图

1. 客房预订模块

利用计算机进行预订业务操作是指应用管理信息系统中的预订功能模块，接受和处理客人的订房信息，并对客房预订状况实施有效控制。计算机处理预订信息的功能通常体现在以下方面：

（1）受理在系统设定期限内任意一天的预订。

（2）利用房号提前为客人排房。

（3）设有超额预订的信息提示，同时也接受强制超额预订。

（4）每项预订记录都可通过姓名、账号（预订号）、抵离店日期、公司名称等方式查询。

（5）设置预订单特殊要求（VIP 房、留言）功能。

（6）接受新输入的预订信息，自动建立一个不重复的账号，提供给客人作为预订号。

（7）设有专门处理团体订房的功能，可为团体客人建立总账单。

（8）自动将预订状况按国籍、抵店日期、订房方式等进行分类统计。

（9）可更改或取消预订记录，并对更改和取消进行存档记录。

（10）设有客房协议价格提示。

（11）调用客史档案生成预订。

2. 总台接待模块

总台接待员利用计算机为客人办理入住登记手续，可以尽量缩短客人滞留总台的时间，为客人提供快捷高效的服务。总台接待功能主要包括下列具体内容：

（1）在预订客人抵店前，录入入住登记资料，打印登记单，并提前排房。

（2）预订客人抵店时，可按预订号、姓名、国籍、公司名称等查找相关资料，进行接待。

（3）在计算机中为客人办理入住登记手续，包括客人详细资料、住宿时间、房号，输入或更改房价，自动为客人建立账单。

（4）在接待无预订客人时，系统可提供现实空房表。

（5）设有可调用的即时显示的客史档案，以简化接待无预订回头客的手续；而对初次到店的客人，则可以自动为其建立客史档案。

（6）预订单、客史资料生成入住登记表。

（7）对于客人入住后提出的诸如换房、更改房费、变更住宿时间和付款方式等要求，可以随时在系统中进行修改，并对每次变更保留记录，以备核查。

（8）设有专门的团体客人入住登记功能，可以定义团体公付项目，将团体结账按公付、自付分类处理。

（9）离店客人重新入住功能。

（10）随时显示客房状况及其他销售信息，包括出租率、房态、可售房、住店人数、当日预抵离房数等。

（11）对于当日预期离店而尚未离店的客人的客房，设有专门提示，并可自动在设立的离店时间（一般为 12:00）将这些房号打印出来。

（12）按客人姓名，系统可自动调出回头客信息及历次住店统计信息，以确定房价优惠。

3．问讯模块

该模块主要对住客信息及历史资料进行查询。根据前厅部管理要求及对客服务的需要，系统中的问讯功能应做到快捷、准确和高效，同时应具有多种方式的查询途径。问讯员应能够随时快速地从计算机中查询每位住店客人或已预订客人的资料。问讯功能主要通过姓氏、日期、客人占用情况、客人账单、公司名称、团体查询等内容来提供相关信息。

（1）按各种条件查询、打印现住及离店的散客或团体客人信息。

（2）按各种条件查询、打印房态信息、可用房信息（房数、房号及类别、指定日期内某类房住房率）。

（3）可按多种条件查询，包括房号、姓名、旅行社、团名、地区等。

（4）可查本日抵离店客人、明日应到客人、今日应离店客人、明日应离店客人等情况。

（5）可查 VIP 客人、历史客人信息。

（6）客房占用情况查询。

（7）一个月按客源、按房间类型预测分析。

总台计算机问讯系统极大地提高了查询速度，减轻了问讯员的工作量，使问讯员不必再从传统的问讯架上查找信息，从而使总台问讯工作的质量得到了保证和提高。

4．客房状况控制模块

客房是酒店的主要产品，要充分发挥客房的效益，建立有效的客房状况控制系统是非常必要的。通过计算机可以快速、准确地掌握客房的使用情况，使前厅部与客房部之间的信息沟通更快、更准确。另外也能使服务员及时掌握客房状况，做好销售工作，更好地为客人服务，提高客房出租率。管理信息系统中的房态控制功能是客房管理和总台接待工作能否成功的关键，其功能主要包括以下方面：

（1）显示可售房状况，随时实时动态查询可用房情况。

（2）反映和更改每一间客房的状况（包括空房、待修房、住客房、预订房等），并有维修房、非出租房提示，客人信息、现住或预订状态、VIP 客人标志、长包房标志等。

（3）提供客房占用情况报告。

（4）反映客房维修情况。

（5）按楼层、房间类型、房态显示的客房表。

5．客账管理模块

客账管理工作是一项保证酒店经济利益和保证客人住店期间各种消费数据准确可靠的工作。以往进行手工操作时，收银员不但要处理许多账单，按房号分拣、记录、计算，而且容易出现由于工作不仔细而产生的各种差错，特别是在客人结账离店时速度较慢，常常令客人感到不耐烦。运用计算机系统则可以随时直接将每位客人的消费情况，以各种方式记入各自的客账，并自动累积和显示客人当前的消费状况。这样既节省了时间，减轻了收银员的工作量，又避免了重复记账和出现遗漏现象。客人在离店结账时只需在计算机中输入客人的房号或姓名，客人的账单就会自动打印出来。

客账管理功能主要包括以下方面：

（1）自动为客人建立账单，能为每间客房至少建立一个账单。

（2）酒店各营业点消费额自动转账。

（3）显示客账细目和各分类账细目。

（4）打印出客人账单并制作标准结算账单。

（5）夜间审核自动化并打印相关报告。

（6）制作账目汇总表。

（7）自动加收房费提醒。可根据客人的结账时间自动提醒加收半天房费及一天房费，并根据实际情况进行加收。

（8）消费追记。可根据查房及其他收费点的传单在结账时追记客人的消费。

（9）支持多种方式结账。如现金、支票、信用卡，及记账、全免和部分免费等。

（10）转账处理。一个客人替另几个客人付账，可以提前设置这个客人的转账关系，在产生客人账目时系统自动把账转到付账客人账户中。

（11）系统数据检查。对客人状态、房态、账目进行一次性检查，方便酒店的各个部门对当日账务进行查询。

运用计算机系统进行客账管理能够节省人力和时间。计算机能担负起全部的客账储存工作并发布各类核账报告。由于有了计算机客账管理功能，接待员在为客人办理入住登记时，只要把向客人提供的服务项目（如客房、长途电话等）记录到计算机中，它就能自动地将收入列入营业报告和审计报告中，并打印出来。不过，计算机虽然可以进行账务管理，提高服务效率，但并不能完全代替人工劳动。要确保客账无差错，必须建立完善的操作程序和制度。

6. 建档模块

当客人首次入住酒店，接待员把客人的各种资料输入计算机后，计算机中的建档功能就会自动地为客人建立客史档案。以后随着客人的消费和不断光顾，计算机会不断记录客人在店时的各种有用信息（如客人的特殊要求、消费金额、住宿次数与时间、信用情况、酒店曾给予的优惠等），作为酒店今后为客人提供针对性服务的参考。酒店可以根据客史档案，一方面给不同的客人、不同的单位以不同的优惠政策，另一方面可以对那些不守信用的客人予以适当处理。

建档功能主要有下列内容：

（1）接受预订时，可按客人姓名查询有无客史，以往客史在做新预订时可直接调用。

（2）对计算机客史进行修改和输入新的说明。

（3）清除客人的客史。

（4）按客人姓名自动累积各自的资料。

（5）打印客史细目。

（6）修改客人住店细目表。

（7）即时打印任意客人的客史记录。

（8）总台接待员为客人办理入住手续时，有客史提示栏目。

7. 经营统计模块

计算机在前厅部的运用，给管理和服务工作带来了极大的方便，能随时显示当前及未来客房经营情况，向管理者提供每日的营业额、平均房价、抵达酒店的客人情况等信息。管理者还可通过计算机直接获取营业日报（客房营业日报、前台收入日报、前台收款日报、宾客账务日报、消费营业日报、消费收款日报、综合营业日报、综合收款日报）、客情预测、价格分析报告等必要的辅助决策分析资料，使管理者能迅速掌握可靠的信息资料，改善经营管理。

8. 网络销售与预订

由于计算机系统的应用，管理者得以从以往繁重的文字、数据工作中解脱出来。同样，由于计算机在前厅部服务过程中的应用，使前厅部节省了大量人力，许多员工可从大量的、重复的、烦琐的事务性工作中解脱出来，而将更多的精力与时间投入到对客服务中去。当然，计算机只是一种工具，它绝不可能代替服务人员的全部劳动。计算机效能的发挥要靠员工正确的使用及输入准确的信息，这也是前厅部运用计算机进行管理的基础。

第三节　前厅部信息沟通

一、前厅部常用报表

1. 表格制作

前厅部的表格通常是由前厅部经理负责制作的。表格必须符合酒店运转系统的要求，前厅部经理只有在明确了组织机构、职责范围后，才能制作出符合酒店经营管理思想和管理制度，体现管理特色的表格，也才有可能做好各类表格的衔接和配套工作。在制作表格时要明确目的、表格项目、分发对象以及印刷方式。对于已制作好的并已投入使用的表格，前厅部管理人员每年至少应进行一次审查，广泛征求一线使用者的意见，开展修订工作。

前厅部通常制作的报表主要有：

（1）当天取消预订表（Cancellation List）。此表用以统计当天取消预订客人的情况，以便预订员据此修订预订控制记录，并为掌握超额预订比例提供依据。此表一式三联，分送预订处、接待处和前厅部经理（见表 6-1）。

表 6-1　当天取消预订表

CANCELLATION　LIST

日期
DATE

姓名 Name	离店日期 Dep.Date	房间类型 Accm.	房价 Rate	取消原因 Reason of Cancellation
总计 Total	客房数 Rooms		人数 PAX	

（2）当天未到客人报表（No-show List）。“未到客人”是指没有正式取消预订，而在预订入住日未能抵店的客人。该表也是酒店掌握超额预订比例的依据之一。此表一式三联，分送预订处、接待处和前厅部经理（见表 6-2）。

表 6-2 当天未到客人报表

NO SHOW LIST

日期
DATE

姓名 Name	离店日期 Dep.Date	房间类型 Accm.	房价 Rate	备注 Remarks
总计 Total	客房数 Rooms		人数 PAX	

（3）提前退房表（Unexpected Departure）。由于种种原因，有些住店客人可能会要求提前退房。那就要制作“提前退房表”（见表 6-3），目的是及时修订预订控制记录，也是酒店确定超额预订数的重要参数。

表 6-3 提前退房表

UNEXPECTED DEPARTURE

日期：
DATE

房号 Room No.	姓名 Name	原定退房日期 Period	人数 PAX	备注 Remarks
总数： Total______		房间数： Rooms______		人数： PAX______

（4）延期退房表（Extension List）。此表反映住店客人推迟离店日期的情况。如可以满足客人延期退房要求，则要制作“延期退房表”（见表 6-4），并通知预订处修改预订记录。

表 6-4　延期退房表

EXTENSION LIST

日期：
DATE

房号 Room No.	姓名 Name	离店日期 Dep.Date	人数 PAX	备注 Remarks

总数：Total__________　房间数：Rooms__________　人数：PAX__________

（5）房租折扣及免费表（Discount ＆ Complimentary List）。制作此表时，要在备注栏里注明优惠或免费原因（见表 6-5）。

表 6-5　房租折扣及免费表

DISCOUNT ＆ COMPLIMENTARY LIST

日期：
DATE

房号 Room No.	姓名 Name	离店日期 Dept.Date	房间类型 Type of Room	房费 Rate	折扣 Discount	实收 Actual	备注 Remarks

（6）次日离店客人名单（Expected Departure List）。制作此表有助于有效控制房态，做好退房结账准备工作，防止客人逃账（见表 6-6）。

表 6-6　次日离店客人名单

EXPECTED DEPARTURE LIST

日期：
DATE

房号 Room No.	姓名 Name	离店日期 Dep.Date	人数 PAX	备注 Remarks

（续）

房号 Room No.	姓名 Name	离店日期 Dep.Date	人数 PAX	备注 Remarks

总数：Total____________ 房间数：Rooms____________ 人数：PAX____________

（7）今日住店 VIP 客人报告（Today's VIP Stay – over Report）。制作此表的目的在于让有关部门及管理者对 VIP 客人住店、离店情况做到心中有数，以便做好相应的迎、送等接待工作（见表 6-7）。

表 6-7　今日住店 VIP 客人报告
TODAY'S VIP STAY-OVER REPORT

日期：
DATE

姓名 NAME	职位/公司（单位） POSITION/COMPANY/TITLE	抵店日期 ARRIVAL DATE	离店日期 DEPARTURE DATE	房号 ROOM NO.

接待员 CLERK____________ 审查人 SUPERVISOR____________

（8）客房营业日报表（Rooms Revenue Daily Report）（见表 6-8）。

表 6-8　酒店客房营业日报表
XXX HOTEL ROOMS REVENUE DAILY REPORT

房间情况 ROOM INVENTORY	当日 TODAY	当期累计 P.T.D	当月预算 MONTHLY BUDGET
总房数 TOTAL ROOMS INVENTORY			
维修房 OUT OF ORDER			
自用房 HOUSE USE			
免费房 COMPLIMENTARY			
可售房 SELLABLE ROOMS			
房间统计 ROOM STATISTICS	**当日 TODAY**	**当期累计 P.T.D**	**当月预算 MONTHLY BUDGET**
住房率 TOTAL OCCUPID			
出租率% OF OCCUPANCY			
住客数 NO.OF GUESTS			
双开率% DBL.OCC.			
客房收入 TOTAL ROOM REV.			
平均房价 AVE. RATE：PER. ROOM			

（续）

抵店及离店 ARRIVALS & DEPARTURES	当日 TODAY	当期累计 P.T.D	
实际到店间数 ACTURL ARRIVALS			明日预计抵店： IC ARR. TOMORROW
步入散客 WALK-IN			
当日预订 SAME DAY RESV.			
应到未到 NUMBER OF NO-SHOW			
当日取消 SAME DAY CANCELLATIONS			
实际退房 TOTAL DEPARTURES			
延住 EXTENSIONS			
提前退房 UNEXPECTED DEP.			
回头客 REPEAT GUESTS			
当日促销房 SAME DAY UPSELLING			
当日升级房 SAME DAY UPGRADE			
人均消费 AVE. RATE：PER. GUEST			
三日预测 THREE DAYS FORECAST	当日 TODAY	明日 TOMORROW	后日 THE DAY AFTER
已预订房数 RESERVATION ON BOOK			
住房数 OCC. ROOMS			
住客数 TOTAL OF GUESTS			

SUBMITTED BY：
制表人：

（9）客房销售报告（Room Sales Recapitulation）。此表能综合反映客房利用情况、客房收入情况以及客房预订情况。其主要项目有：昨日占用客房数，今日抵店人数，今日离店人数，今日占用客房数，故障房数，酒店自用房数，可出租客房总数，散客用房数，长住客用房数，团体用房数，空房总数，客房出租率，房间双开率，团体、散客及长住客的客房收入，预订房间总数，取消及更改预订房数，未预订抵店人数等。此表不仅能反映当天的上述统计数字，而且还有当月以及上年度同期的统计数字，以便管理者进行纵向比较，掌握动态变化，发现现存问题，采取相应对策。

2．客情预测表传递

客情预测表是反映未来一段时间内预订客人基本信息的表格。为做好接待服务工作，前厅部客房预订处应在客人抵店前，将有关预订信息和指令以客情预测表的形式传送至酒店各相关部门，以便提前做好充分的准备。

按照时间划分，客情预测表及其传递一般要经过以下三个阶段：

（1）近期预测。近期预测一般是指半月或一月以上的预测。通常只统计预订客人数量、每天所需房间、VIP 客人或团体会议客人等内容，并传递给有关部门，以便各部门管理人员据此做好近期计划和设备物资准备（尤其是季节性物资或紧缺物资），防止客人到店后措手不及，影响服务质量。

（2）一周预测。前厅部预订处应提前一周将未来每天的客人人数、用房类型、团体会议客人、VIP 客人等信息统计并制作“一周客情预测表”（见表 6-9），一式多份，分送酒店总经理、餐饮部、客房部、财务部、工程部等，以做好接待准备。

表 6-9 一周客情预测表

项目 / 预测数 / 时间	特级套房		甲级住房			标准客房			用餐			备注
	团体客人	重要客人	团体	散客	重要客人	团体	散客	重要客人	早餐	午餐	晚餐宴会	
一												
二												
三												
四												
五												
六												
七												
合计人数												
合计房数												

预测预订总数　　　　预测房租收入

制表人

年　月　日

（3）翌日抵店客人预测。翌日抵店客人预测比近期预测和一周预测内容更详细，包括客人姓名、用房类型、优惠条件、接待规格等，并提前通知相关部门，如制作“VIP 客人接待通知单”（见表 6-10）、“鲜花、水果篮通知单”“团体接待通知单”（见图 6-3）等。

在客人抵店当天，前厅部接待员将有关变更或补充的接待细节通知有关部门，以便做好接待服务。

表 6-10 VIP 客人接待通知单

姓名 Name	
职务 Designation	
公司 Company	
到店日期 Arrival Date	时间 Time
离店日期 Departure Date	时间 Time
访问目的 Purpose of Visit	
到店接待 Arrival Reception 1. 董事长 M.D.　总经理 G.M.　副总经理 DGM　会见 to meet 2. 摄影师 Photographer 3. 其他要求 Other requirement 4. 礼节 VIP amenities	
离店 Departure	
要求部门 Originating Dept	日期 Date
备注 Remarks	

团体接待通知单

姓名______　国籍________　人数__________

旅行社______________

抵达日期__________

离开日期__________

单人______房租______双人______房租________

三人______房租______套房______房租________

三餐

早餐______________________________

午餐______________________________

晚餐______________________________

备注______________________________

____

____

送往

总台　旅行社　餐饮部　客房部

图 6-3　团体接待通知单

二、前厅部信息的沟通

酒店的对客服务是整体性的，要靠酒店每一部门、每一环节以及每一位服务人员的共同努力才能令客人满意。而作为酒店“神经中枢”的前厅部，其内外沟通就显得格外重要。

（一）沟通协调的目的

前厅部是酒店的“神经中枢”，是信息的集散点，是客人与酒店管理部门之间联系的纽带。因此，前厅部管理人员更应了解自己肩负的责任，明确团结协作的重要性。他们不仅应该精通本部门的运转过程，还要了解其他部门的工作。同时，还必须掌握有效的沟通技巧，这样才有可能搞好前厅部与其他部门的信息沟通。

信息沟通的目的体现在以下五个方面：

（1）对方理解。自己要争取被别人理解，不要造成别人的误解。

（2）理解对方。作为服务人员要理解客人，理解自己的上司和同事。

（3）得到对方认可。自己所做的事和所说的话力争得到对方的认同。

（4）获取有关信息。前厅部是信息中心，争取获得相关信息，这样有利于开展工作。

（5）采取行动，共同努力，完成任务。酒店的每一位成员要团结一心，共同努力，这样才能圆满完成工作。

（二）沟通协调的原则

沟通协调的原则可概括为：

（1）实事求是。任何沟通协调工作都应从实际出发，实事求是，把协调工作控制在政策规定的范围内，否则，就会出现偏差。

（2）顾全大局。要从酒店总体目标与全局利益出发，不能有个人主义。

（3）调动积极性。通过沟通协调解决问题，挖掘潜力，调动酒店所有员工的积极性。

（三）沟通协调的方法

在一些规模较小的酒店里，往往是经理以口头形式下达命令，还可以亲自检查执行情况。但在大中型酒店内，大量的信息是靠书面形式传递的。其沟通方法多种多样，可根据实际情况灵活运用，以确保对客服务质量。

1．报表（Statistic report）、**工作报告**（Report）**和备忘录**（Memorandum）

前厅部的沟通多采用此类方法。其中，报表包括各种营业统计报表、营业情况分析、管理报告等。工作报告包括按组织机构管理层次逐级呈交的月度工作报告。备忘录则是酒店上下级之间、部门间沟通协调的一种有效工具，可包括工作指示、请示、汇报、建议和要求等。

2．工作日志、特别记事簿（Log book）

工作日志、特别记事簿是对客服务的备忘录，各班组间的联系纽带。其主要用来记录本班组工作中发生的重大问题，尚未处理完的需下一班组继续处理的事宜或对客服务等。

3．会议（Meeting）

举行各种类型的内部会议是协调联系，及时传递指令、信息的有效方法，如由酒店总经理或驻店经理召集的各类指令会、协调会，还有各部门举行的班前、班后的各项例会等。

（四）计算机系统

随着计算机在酒店管理中的普遍运用，该系统已成为酒店沟通、协调和信息处理的一种先进、重要手段。前厅部常用的计算机软件包括预订系统、客房管理系统、财务系统和综合管理系统。

（五）沟通协调的程序

（1）明确沟通的目的。

（2）选择沟通的对象和时机。即 5W（“Who”掌握与谁沟通协调、“When”什么时候沟通协调、“Where 在哪里进行沟通协调”、What“沟通协调什么”、Why“为什么要进行沟通协调”）。

（3）选择正确的沟通途径。即“How”认真思考怎样进行沟通、协调效果最佳。

（4）进行评估总结。沟通协调后的效果如何，应进行总结。

（六）前厅部的内部与部际沟通

前厅部每天的正常运转和有效的对客服务取决于其良好的、通畅的内部与部际沟通。

1．前厅部的内部沟通

前厅部班组较多，职能任务各不相同，要做好接待工作，要求各班组在各司其职的过程中，听从前厅部经理的统一指挥，并按有关工作制度和流程的要求做好班组间的协调工作。其内部沟通协调是指前厅部所属的客房预订、入住接待、问讯、大厅服务、总台收银、电话总机、商务中心等各环节的相互沟通协调。它们应按照本身对客服务的操作程序正常运行，还应密切配合，共同承担对客服务的任务，以免因工作脱节而造成客人无人应接或无人服务的现象发生。

同时，有效的内部沟通协调也有助于前厅部更好地发挥销售客房这一首要功能，尤其表现在总台几大环节的沟通协调上，如图 6-4 所示。

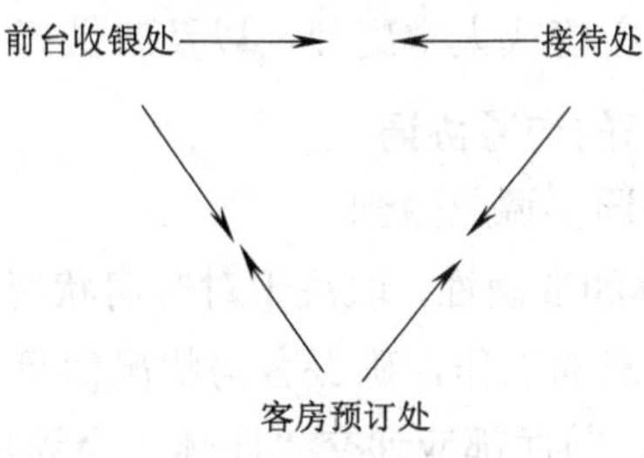

图 6-4　前厅部的内部沟通

（1）接待处与预订处的沟通协调应做到：

1）预订处要及时把有关客人的订房要求及个人资料移交接待处，接待处把预订没到的客人情况返回预订处，以便预订处进一步查找有关资料而作出处理。

2）对预订客人抵店当天的订房变更或订房取消信息，预订处应及时通知接待处。

3）接待处应向预订处提供有关客房销售情况，以便预订处修改预订总表，确保客房预订信息的准确性。

（2）接待处与收银处的沟通协调应做到：

1）接待处应及时将已经办理入住登记手续客人的账单交给收银处，以便收银处建账和累计客账。

2）换房时，房价变更，接待处应迅速通知收银处。

3）客人结账离店后，收银处立即通知接待处更改房态。

4）双方在夜间都应认真细致地核账，以免漏账、错账，确保正确显示当日营业状况。

（3）预订处与行李处的沟通协调应做到：

1）通常，预订处要在晚上把预计翌日抵店的 VIP 客人资料及有关接待要求，以报表形式填写清楚，交由行李处分别派送至总经理室、销售部、公关部、餐饮部、客房部、工程部、保安部、前厅部的接待处、问讯处、大堂副理、总机等有关部门。

2）预订处要把翌日抵店的团体名称、人数、航班、抵店时间等有关资料详细列表交行李处。

3）酒店礼宾处代表到机场、车站询问处查询团体所乘航班的到达时间，回报预订处。

（4）接待处与行李处的沟通协调应做到：

1）行李员在大堂门口欢迎客人的到来，协助客人照看行李，引导客人到接待处。

2）客人正在办理入住登记手续时，行李员应站立在客人身后等待。

3）离店客人如有行李服务要求，则接待处应通知行李处按客人指定的时间，到房间提供行李服务。

4）酒店礼宾处代表上班签到后，到接待处、预订处领取有关资料，将当天特别指定要接的客人姓名、人数、所乘车次（航班）、对应的到达时间、所要求接的车型及其他具体要求登记在交班簿上。

5）对于没有接到的 VIP 客人或特别指定的客人，酒店礼宾处代表回店后应到接待处查对客人是否已到达，并报告主管或大堂副理，以及时做好补救工作。

2．前厅部与酒店其他部门的沟通协调

（1）前厅部与客房部的沟通协调应做到：

1）前厅部的排房工作效率和准确性，取决于对客房状况的有效控制。前厅部必须注意做好与客房部核对客房状况信息的工作，确保客房状况信息显示的准确性。

2）团体/会议客人抵店前，前厅部应递交“团体、会议用房分配表”，以预留好客房。

前厅部应递交“一周客情预测表”“VIP 客人接待通知单”“在店 VIP 客人、团体表”“翌日抵店客人名单”“预期离店客人名单”等，以书面形式将客情信息通报客房部（或客房中心）。

3）前厅部应递交“特殊要求通知单”“客房、房价变更通知单”，以通知客人对客房的要求以及客人用房的变动情况。

4）前厅部应递交有关客房状况的报告，以协调好客房销售（前厅部职责）与客房管理（客房部职责）之间的关系。

5）客房部应及时将走客房内所发现的客人遗留物品情况以及客房异常情况通知总台。

6）住店客人通过总机或总台要求酒店提供叫醒服务时，总机或总台应做好记录，保证在客人指定时间提供该项服务，当发现电话被搁置或铃响多遍无人接听时，应及时通知客房部，由客房部派人前往察看。

7）住客带着行李到总台结账时，总台要及时通知客房部查房。

8）客房部应安排楼层服务员协助前厅部行李员运送抵店的团体行李（尤其是住客不在客房时）。

9）住店客人不论有什么要求或问题，都会想到打电话到总台或总机，总台接到客人要求提供送餐服务等属于客房部工作范围的电话后，应向客人稍作解释，及时转接电话或告知客房部当值人员有关客人的服务要求。

10）前厅部与客房部应互相进行质量监督以及交叉培训。如果大堂区域的清洁卫生由客房部承担，则前厅部与客房部应根据前厅部的业务特点，制定合理的清洁工作计划，前厅部经理协同监督大堂清洁卫生的质量。

（2）前厅部与销售部的沟通协调。酒店销售部主要负责团体/会议客人的客房销售；而前厅部主要负责零星散客、当天的客房销售。

1）前厅部在客房销售工作上与销售部密切配合，双方进行来年客房销售预测前的磋商，前厅部要参与制定客房的销售策略。

2）当销售部接到国内外客户（如旅行社、公司等）的订房要求时，应先与前厅部的预订处联系，了解能否按客户的要求来安排订房。

3）销售部将已获准的各种预订合同副本递交前厅部预订处。

4）销售部将团体、会议客人的预订资料及用房变动情况资料及时递交预订处。

5）总台应给销售部递交“一周客情预测表”“翌日抵店客人一览表”“VIP 客人、团体、会议一览表”等。

6）总台应向销售部了解团体、会议活动的日程安排情况等，以便解答客人的询问及提供所需的服务。

7）接待 VIP 客人时，前厅部、销售部及公关部要协调做好接待工作。

（3）前厅部与餐饮部的沟通协调应做到：

1）前厅部应向餐饮部递送客情预报。每天以书面形式通报客情信息，并每周递送“客情预报表”，以便餐饮部了解未来几天中宾客的大致人数，做好食品的采购计划。

2）通常 VIP 客人会在酒店进餐，团体客人也会附带有团体进餐的要求，前厅部应及时把有关信息传递到餐饮部，以做好接待的准备工作。将订房客人用餐的特殊要求及房内鲜花、水果篮布置的要求，以书面形式通知餐饮部，做好准备工作。

3）前厅部人员应掌握餐饮部各营业点的服务项目、服务特色及最新收费标准等，协助餐饮部进行促销。

（4）前厅部与财务部的沟通协调应做到：

1）总台递交已抵店散客的账单、登记表及压印好的信用卡签购单。

2）总台应递交已抵店团体客人的主账单。

3）递送“客房、房租变更通知单”“长途电话收费单”“预期离店客人名单”“在店客人名单”等客情信息资料以及邮票售卖记录，交财务部审查。就信用限额、预付款、超时房费收取、已结账客人挂拨长途电话的再次收费等进行有效协调。

（5）前厅部与总经理室的沟通应做到：

1）定期向总经理室呈报“客情预报表”以及“VIP 客人接待规格审批表”和“VIP 客人接待通知单”。

2）每天以书面形式通报有关客情信息以及酒店免费、折扣、定金、预付款、客房信用政策的呈报与批准。

3）向总经理室转交有关邮件及留言等。

4）前厅部应了解总经理的值班安排及去向，以提供传呼寻人服务。

（6）前厅部与其他部门的沟通协调主要有：

1）向工程部递送“维修通知单”。

2）与工程部、保安部沟通协调客房钥匙遗失后的处理事宜。

3）了解其他各部门经理的值班安排及去向。

4）出现突发事件时的沟通协调。

5）与人事部、培训部沟通协调，开展前厅部新员工录用和上岗前的培训工作。

3. 信息沟通的主要障碍及纠正方法

前厅部与其他部门之间能否进行有效的沟通，不仅反映了管理者是否了解沟通的方法，也反映了管理者对团队协作精神是否有足够的认识。因此，要时刻提防和避免阻碍信息沟通的障碍。

（1）阻碍信息沟通的障碍主要有：

1）以自我为中心，互相拆台。

2）彼此缺乏尊重与体谅。

3）缺少团队意识和合作精神。

4）感情、意气用事，对人不对事。

（2）纠正方法如下：

1）在酒店开展行之有效的在职培训，了解沟通协调的重要性，掌握沟通的方法，树立酒店整体经营管理意识。

2）注意日常沟通检查和信息反馈情况等。

3）提高服务人员的服务意识和综合素质。

4）开展有益的集体活动，增进部际间的相互了解，消除误区和隔阂，加强团结协作。

三、前厅部的文件档案管理

文件档案管理是前厅部管理工作的重要组成部分，可以使前厅部的管理工作按照轻重缓急，有条不紊地进行。为此，前厅部必须建立健全文件档案管理制度。

（一）文件档案管理的原则

1. 专人负责

该管理工作可由前厅部经理亲自负责，也可由责任心强、细心、有一定工作经验的前厅部文员负责。

2. 有章可循

前厅部经理应明文规定文件档案管理的制度，主要包括：

（1）确定哪些文件、表格必须存档。

（2）存放的排列顺序方法：按字母顺序还是日期顺序排列；或先按日期，后按字母。

（3）存放的具体时间。

（4）销毁时的批准程序及其方法。

（二）文件档案管理的步骤

1. 文件档案分类

按照文件档案的特性，可将其分为以下三类：

（1）待处理类：即尚未处理、正待处理的文件、表格。例如，已填写好的客房预订单、客人订房的等候名单、需答复的文件以及待签字的传真、电报等。

（2）临时类：即短期内需要经过处理，然后再经过整理、归类的文件和表格。例如，客人的预订资料、报价信函、住店客人的住宿登记表等。

（3）永久存放类：即需要长期保存、供查阅用的文件和表格。例如，各类合同的副本、客史档案、已抵店客人的预订资料、婉拒预订的致歉信以及使用过的各种表格等。

2．文件档案归类存放

对于不同类型的文件档案，应采用不同的方法，存放在不同的地方，以方便取用。

（1）待处理类：首先应按轻重缓急将文件表格分成急办和日常事务两类，然后分别置于文件夹中。

（2）临时类：首先将其分类整理好，然后存放在档案柜的专用抽屉内。

1）预订资料。分近期和远期两种、近期预订资料先按抵店日期（1～31 日），后按抵店客人的姓名字母顺序（A～Z）存放；远期预订资料，则先按抵店月份（1～12 月），后按抵店客人的姓名字母顺序（A～Z）存放。

2）报价信函。一般按字母顺序存放。

3）住店客人的住宿登记表。一般按姓名字母顺序存放。

（3）永久存放类：既可以存放在贴有标签的活页夹内，又可以存放在专用的柜子内，也可以打包，在包外标明名称后，存放在专门的房间里。针对重要资料，应存放在特别安全的地方，以防止出现意外造成损失。存放顺序如下：

1）预订资料。先按已抵店、取消、未抵店、团体归类，再按抵店日期，最后按字母顺序存放。

2）已使用的表格。按日期顺序存放。

3）客史档案及各类合同副本。按字母顺序存放。

3．制作索引

将要归类存放的文档整理好，由专人在文档的右上角注明索引字码，以方便查找。此外，还应建立一个文档索引本，里面应标明文档的类型、内容、存放地点、起止日期以及销毁时间等。

本章小结

本章介绍了收益管理的概念、基本内容、实施方法以及酒店计算机技术与管理软件运用。酒店前厅部的重要任务是销售。在考虑可能影响收入的众多因素的同时，收益管理的重点是最大限度地扩大客房的收益。充分应用计算机手段来提高酒店的经营管理水平，提高收益，是酒店在激烈竞争中立于不败之地的有效途径。

复习思考题

1．选择题

（1）酒店提供的价格既包括房费，又包括餐费、游览费、交通费、游乐费等项目的一揽子费用，以方便客人做好预算。这种价格形式被称作（　　）。

A. Group Rate　　B. Family Plan Rate
C. Low Season Rate　　D. Package Plan Rate

（2）关于收益管理不正确的描述是（　　）。

A. 收益管理的主要目的是实现酒店利润增长
B. 收益管理最主要的途径是加强内部的管理质量，降低成本提高运营效率
C. 收益管理是通过对客房出租率及房价的管理，来实现酒店收益最大化的管理方法
D. 收益管理的基本内容包括预订管理和客房定价

（3）影响客房定价的内部因素主要有（　　）。

A. 酒店的地理位置　　B. 社会政治、经济形势影响
C. 供求关系影响　　D. 经营成本及建筑成本回收
E. 竞争对手价格影响

（4）酒店在处理因超额预订而不能使顾客入住的情况时，下列做法中正确的有（　　）。

A. 诚恳地向客人解释原因，并赔礼道歉
B. 联系档次相当、风格特色相近的酒店，并免费派车由专人陪同客人前往
C. 向客人推荐更高等级的房间，以提高房租收入
D. 征求客人意见，看其是否愿意次日搬回酒店
E. 支付客人在其他酒店住宿期间的第一夜房费

（5）前厅部计算机系统主要包括（　　）等几个操作模块。

A. 客房预订模块　　B. 总台接待模块
C. 问讯模块　　D. 客房状况控制模块
E. 经营统计模块　　F. 客账管理模块

2．讨论题

酒店以对客房收益产生影响为唯一理由来决定接受还是拒绝某项团体预订的做法对吗？为什么？

3．实践题

（1）到酒店参观计算机技术运用情况，并阐述计算机技术运用对前厅部的管理有何意义？

（2）到酒店了解前厅部与其他部门之间的交流方式与程序。

第七章

走进酒店的主体——客房部

知识目标

- 了解客房部的组织结构设置
- 理解客房部各岗位的工作职责
- 了解客房类型与设备

能力目标

- 能计算客房部的劳动定员
- 能撰写客房部员工岗位说明
- 掌握宾客心理特征

引导案例

夜明珠酒店位于A市的市中心，拥有350间客房。去年，该酒店进行了翻修改造，并由新的酒店管理集团接管，最近被评为四星级酒店。现在酒店在客房家具、固定设施、设备质量，以及酒店内部的餐饮服务水平、设施便利程度、总体为客人提供的舒适环境等方面都达到了应有的标准。在20世纪90年代，夜明珠酒店曾经辉煌一时，凭借较好的地理位置和源源不断的客源，财务状况良好。不过近几年随着新酒店的崛起，分散了原有的客源，最主要的是酒店内部人员老化，管理水平还停留在计划经济阶段，繁冗的组织结构养成了企业里拖沓、推诿的不良作风，劳动效能低下。新任的客房部经理对自己的工作感到压力很大。她注意到自己手下现有员工人数高于行业平均水平，这势必造成酒店管理费用的上升。她当然不希望用激烈的手段裁减员工，但她必须采取行动重新为客房部设置岗位，形成高效的组织机构，提高员工的服务水平，为客人提供符合四星级酒店标准的客房产品，绝不能降低对酒店客人的服务质量。

思考："说得容易做起来难"，作为新领导，该怎样改变现有的繁冗的组织结构和拖沓的工作状态，带领手下的员工振作起来，高效地工作呢？

第一节　客房部组织结构与工作职责

很多酒店管理专业的学生都不愿意去客房部工作。他们都认为客房部是酒店中费力不讨好的部门。清洁客房的工作是一份毫无新意的纯体力劳动。这说明了一个现代酒店管理所面临的一个令人尴尬的情况。尽管大家都知道酒店的客房至关重要，它既是酒店劳动力最密集的中心，也是酒店最大的成本中心，更是酒店赖以生存的利润中心。但是大部分管理层、员工和客人既没有真正了解也不尊重客房部工作。其实，宾客来到酒店，购买的最多、最主要的产品就是客房。客房部的销售收入一般要占到酒店全部营业收入的 40%～60%；客房几乎占酒店 60%～70%的建筑面积，是宾客在酒店停留时间最长的场所；客房部还要对酒店楼层、公共部分设施设备进行日常维修保养工作等。可以说，客房部的服务与管理水平，会直接影响到客房出租率乃至酒店的声誉。

一、客房部组织结构设置的要求

建立科学、合理的客房部组织结构是保证客房部开展各项工作的基本条件。客房部组织结构的设置应根据组织结构统一、高效、精简的原则及其工作特点，遵循组织管理的基本原理，建立一个统一指挥、专职分工、层次分明、沟通性能良好的有机体。目前，随着酒店管理理念的转变，扁平化和小型化成为了客房部组织结构设置的新趋势。

1．扁平化

扁平化是相对于过去传统的自上而下垂直高耸的组织结构来说的。这种组织结构形式改变了原来层级组织结构中的企业上下级组织和领导者之间的纵向联系方式、平级各单位之间的横向联系方式以及组织体与外部各方面的联系方式等。扁平化组织结构的优点是能够提高管理效率，减少管理失误，降低管理费用，扩大管理幅度。由于酒店客房部的工作技术含量并不是很高，加之管理人员及基层员工的素质也在逐步提高，各级管理人员的管理幅度可以加大，客房部的组织结构设置完全可以做到扁平化。

2．小型化

长期以来，有很多企业一直在追求组织规模，因为规模决定级别，级别决定待遇。时至今日，面对日趋复杂多变的信息时代，压缩企业规模，划小核算单位，已经成为现代企业的一种竞争手段。随着传统观念的逐渐破除，企业的组织结构将会逐步走向小型化。资产运营、委托生产、业务外包等正在被越来越多的酒店所接受。在目前的酒店客房部经营中，客房服务外包正在成为很多酒店的选择。酒店用工制度的改革为建立小型化组织提供了人事保证。固定工人数普遍在锐减，合同工、季节工、计时工、计件工等在增多，减人增效内涵发展已经成为众多企业的选择。

二、客房部的组织结构形态

客房部的组织结构形态因酒店自身的具体情况不同而各有不同，没有固定的模式和统一的标准。酒店在设置客房部组织结构时，要考虑到酒店的性质、档次、规模、客源结构和层次、服务模式、员工素质等因素。根据酒店规模或建筑投资费用，一般可将酒店划分为小型酒店和大中型酒店。客房部组织结构形态也可大致分为以下两种：

（1）大中型酒店的客房部组织结构。大中型酒店的客房部组织结构如图 7-1 所示。

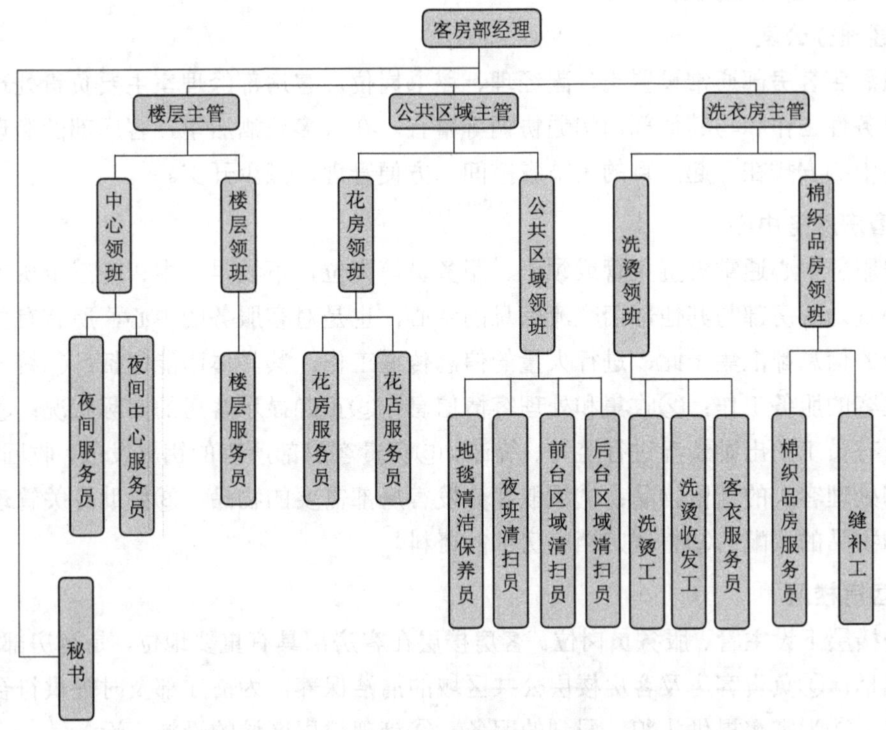

图 7-1　大中型酒店客房部组织结构

（2）小型酒店的客房部组织结构。小型酒店的客房部组织结构如图 7-2 所示。

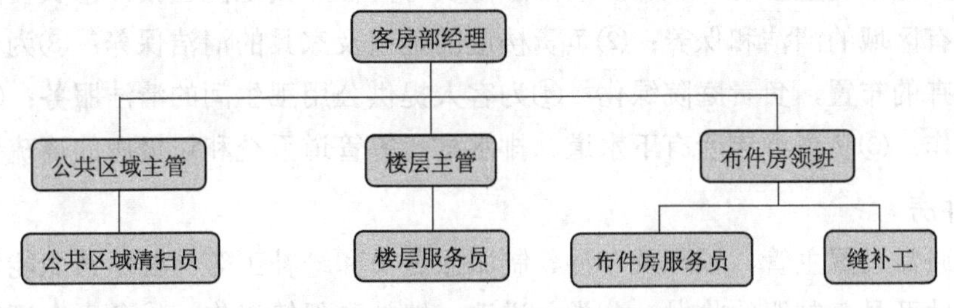

图 7-2　小型酒店客房部组织结构

组织结构反映部门及部门内各岗位的基本职责，在设计客房部组织结构时，需要着重考虑以下问题：

1）客房部的清洁范围。大多数酒店，把厨房以外所有区域的清洁工作都划归客房部，这些区域包括酒店前厅、公共洗手间、餐厅、宴会厅、会议室、楼梯、走廊、建筑物外部玻璃和墙壁、花园、停车场以及酒店周围环境、员工电梯和通道、更衣室、员工食堂、员工休息娱乐室、员工宿舍等。

2）选择服务的模式。客房服务通常有两种模式：一是客房服务中心模式；二是楼层服务台模式。前者侧重于服务效率和统一调控，后者注重面对面的服务。从当今酒店业的发展趋势来看，客房服务中心的模式被越来越多的酒店所采用。

三、客房部下属职能

1．经理办公室

大型酒店客房部通常设置正、副经理、秘书岗位。客房部经理室主要负责处理客房部的日常事务性工作和与其他部门沟通协调等事宜。在大多数酒店里，客房部的经理室都与客房服务中心安排在一起，目的是节省空间、方便管理、减少开支。

2．客房服务中心

客房服务中心通常设置主管或领班、服务员等岗位，下设早、中、晚三个班次。客房服务中心既是客房部与其他部门交流信息的中心，也是对客服务的中心，所有有关对客服务及管理的信息都汇集于此，进行大量的信息传递工作。其具体职能包括：①统一安排、调控对住客的服务工作；②收集和处理客情信息；③正确显示客房的实际状况；④负责对客房部所有员工的出勤情况进行监督、统计；⑤负责客房部所有的钥匙发放、收回及管理；⑥保管和处理客人的遗留物品；⑦领取和分发客房部需要的物品；⑧协助有关管理人员进行人力和物品的调配；⑨整理归档客房部的资料。

3．客房楼层

客房楼层下设主管、服务员岗位。客房楼层在客房部具有重要地位，是客房部的主体。其职能包括：①负责客房及客房楼层公共区域的清洁保养，为前厅部及时提供符合酒店标准的客房；②为宾客提供礼貌、周到的服务；③管理楼层区域的设施、设备。

4．公共区域

公共区域通常设置主管、领班及清洁服务员等岗位。其职能包括：①负责除楼层和厨房以外的所有区域的清洁和保养；②负责楼层的地毯及家具的清洁保养；③为全店提供绿色植物及花卉的布置，负责庭院绿化；④为客人提供公用卫生间的清洁服务；⑤负责酒店卫生防疫工作；⑥负责酒店所有下水道、排水排污等管道系统和垃圾房的清疏整理工作。

5．布件房

布件房通常设置主管、领班及布件、制服服务员和缝补工等岗位。其职能包括：①负责全酒店布件及员工制服的收发、分类、送洗、缝补和保管工作；②负责全酒店布件的定期盘点，并负责布件及制服的补充，以确保布件和制服达到酒店定额标准，满足各部门的营运需要；③负责布件和制服的报废工作，对于报废的布件和制服，可以根据情况进行改制，以达到充分利用。

6．洗衣房

洗衣房通常设置主管、领班及客衣组、湿洗组、熨衣组等岗位。其职能包括：①负责全酒店布件及员工制服及其他工作织品的洗涤、熨烫；②为住店客人提供洗衣服务，也可为社会提供布件洗涤及洗衣服务。

四、员工配备与工作安排

1．客房部劳动定额

不同规模的酒店会根据自己的实际情况设立相应的组织机构并配备成员。一般来讲，客房清扫标准是一名客房服务员 8 小时内所能清扫的客房数量，根据房型不同在 14～18 间为宜。合理的客房部劳动定额，应该选用适合客房部经营及岗位工作特点的劳动定额方法。由于客房部工作随机性小、容易量化，业界普遍采用的是技术测定法。该方法主要通过研究员工的实际操作动作的技术及过程，记录完成工作的时间，再结合员工休息时间的分配，从而确定出员工的劳动定额。劳动定额的计算公式为

$$劳动定额=\frac{规定时间-(准备作业时间+结束时间)}{(基本作业时间+随机服务时间)\times(1+休息系数)}$$

以客房清洁员为例，其中，基本作业时间是员工打扫一间客房所用时间，规定时间是员工一个工作日的时间，准备作业时间是其为打扫客房而准备布件、洗涤用品、吸尘器等的时间，结束时间是其将清洁用具用品放回的时间。

2．客房部劳动定员

确定客房部各岗位工作标准及工作量后，还需为各岗位配备适当的员工。业界最常采用的是比例定员法。如客房部服务员的配备，可以根据确定的劳动定额，即每位员工负责几间客房，再根据酒店的客房总数，按比例确定应配备的客房服务员数。客房部经理需要注意的一个问题是，此过程中要考虑到员工的班次、出勤率以及酒店客房出租率等因素。此外，客房部经理还需与酒店人力资源部进行必要的协调，从而制定有弹性的劳动定员。

例如，夜明珠酒店有 350 间客房，每名客房服务员每天的工作量是清扫 18 间客房。如果客房全部出租，将需要约 20 名客房服务员。如果每楼层领班带领 5 名客房服务员工作，那么就需要 4 个领班。另外，每个这样的小组都需要一名客房助理来处理走廊和其他公共区域的卫生，并为客房服务员提供一定的支援。最后，洗衣房需要 5 名员工进行日常工作，而且员工不可能一周工作 7 天，他们每周工作 5 天。下面的公式可以满足全部客房清扫、洗衣房工作和员工轮休的要求。在酒店客房出租率为 100%的情况下，客房部所需员工数的计算公式为

$$客房部所有员工数=正式员工数\times 7\div 5$$

在夜明珠酒店中，全部工作的员工数是 35 人（(20+4+1）×7÷5)，即每名正式员工一周工作 5 天，另外的 10 名员工将按客房服务员和洗衣房员工的组织方式，组成两个代班小组。这两个代班小组在每周正式的客房服务员和洗衣房员工休息的两天里，替换他们工作。同时，代班小组的员工每周有两天休息时间。客房部的工作以小组为单位进行分配，可以大大简化员工工作时间的安排。如果酒店的客房出租率在某段时间内达到或超过 85%，则客房部所有的工作岗位都有 100%的员工在工作。如果酒店的客房出租率低于 85%，那么就不需要客房部所有的员工都上岗，所出现的工作空缺可以通过整个客房部的工作协调加以解决。

五、客房部工作职责

在客房部的日常管理工作中，除了各种管理职能的运用外，客房部经理还须明确整个

部门的工作职责，将客房部的经营目标和计划落实到每个岗位的工作中。众所周知，客房部工作不但涉及客房的服务管理，还涉及酒店公共区域的卫生管理、工服、布件管理等。工作任务繁重，职责重大。

1．客房部岗位工作说明

在客房部组织设计时，客房部经理确定本部门岗位数量及类别的同时，还应明确每个岗位的工作说明。岗位工作说明可以让应聘者清楚自己能不能胜任这项工作；让在岗员工了解自己该做哪些工作，是员工正确开展工作的指南。

一般来说，岗位工作说明应包括以下几项内容：

（1）职务名称。明确客房部各个岗位的职务。

（2）上级主管人员。明确该岗位员工应直接对谁负责。

（3）工作职责。陈述员工必须完成的任务及应尽的职责。

（4）任职条件。列出员工从事该岗位工作应具备的能力等。

2．客房部岗位工作说明示例

鉴于不同酒店客房部岗位的工作说明会有所差异，下面给出客房服务员与客房部经理岗位工作说明的示例。以期提供些许参考。

（1）客房服务员岗位工作说明。客房服务员是客房部典型的一线员工，其工作直接关系到酒店客房服务质量的好坏。表 7-1 是国内一家五星级酒店的客房服务员岗位工作说明，详细列出了客房服务员每天必须要完成的工作，并写明了向谁负责、检查人员及检查部门等。其中，员工每天应完成的任务叙述清晰，不但便于员工做好岗位工作，还方便对员工工作的检查。

表 7-1 客房服务员岗位工作说明

序号	工作内容	相关规定	相关表格	工作时间	责任人	检查人	检查部门
1	保养电镀件、卷纸架、清灯罩、清灰网	客房部关于周期计划卫生的规定	计划卫生落实表	每天	员工	主管	质检部
2	刷马桶水箱、马桶上方合页盖、底座、卫生间墙面、面盆下墙面、地漏、面盆塞、浴缸塞	客房部关于周期计划卫生的规定	计划卫生落实表	每天	员工	主管	质检部
3	清理冰箱内外卫生、吧柜下大理石，刷冰桶、调酒杯、洋酒架	客房部关于周期计划卫生的规定	计划卫生落实表	每天	员工	主管	质检部
4	清洁水壶、彻底洗擦窗槽	客房部关于周期计划卫生的规定	计划卫生落实表	每天	员工	主管	质检部
5	彻底吸尘（衣橱内渣子、电视柜后、床头柜、行李柜下、床底）、擦边缘地脚线、电源开关	客房部关于周期计划卫生的规定	计划卫生落实表	每天	员工	主管	质检部
6	擦玻璃、彻底清理抽屉（电视机遥控器盒、垃圾桶内外）	客房部关于周期计划卫生的规定	计划卫生落实表	每天	员工	主管	质检部
7	整理衣橱内衣架、衣架杆、鞋筐、布件筐，保养家具（除黑迹）	客房部关于周期计划卫生的规定	计划卫生落实表	每天	员工	主管	质检部

资料来源：中国青岛海景花园大酒店。

（2）客房部经理岗位工作说明。客房部经理是客房部的重要岗位，关系到客房部的服务管理水平及风格。表 7-2 是国内一家五星级酒店的客房部经理岗位工作说明。其中陈述了客房部经理每周必须完成的任务，包括部门内部的质量检查、员工业务培训等。对客房部经理应承担的工作内容规定得比较详细。

表 7-2　客房部经理岗位工作说明

序号	周期	工作内容	相关规定	相关表格	责任人	监督部门
1	周一	部门内部大质检，分配人员，对各楼座进行全面检查，当日汇总，反馈给班组	关于部门组织全面大质检的规定	大质检表	经理	质检部
		1. 部门组织的员工业务培训 2. 对主管一周工作进行评估	关于部门经理对主管评估考核的规定	业务培训计划、经理对主管评估表	助理	培训部
2	周二	1. 企业文化学习：根据酒店下发的文件或根据部门结合工作上报的文件进行学习 2. 案例分析：部门全体员工参与分析暗访中出现的问题，并找出原因及解决的措施	关于按时召开部门内部案例分析会的规定	企业文化学习计划	经理	企划部
3	周三	1. 部门业务培训 2. 对内部大质检问题进行复查，将大质检表上交质检部	关于酒店大质检的规定	大质检表	助理	培训、质检部
4	周四	部门内部组织暗访：暗访员工对访客的阻拦、大厅上茶的及时性、楼层开门等	关于部门组织暗查的规定	暗查暗访表	经理	稽查部
5	周五	部门主管企业文化理念考试，并对成绩进行张贴	关于职能部门加大企业文化、应知应会检查力度的规定	企业文化成绩表	助理	企划部
6	周六	夜间对各楼层进行夜查，总结本周工作进行通报	酒店规定	内部通报	助理	稽查部
7	周日	部门员工业务培训及考试，上交部门暗查报告	关于职能部门加大企业文化、应知应会检查力度的规定	培训计划	助理	培训、企管部

资料来源：中国青岛海景花园大酒店。

第二节　客房产品设计

客房设计具有完整、丰富、系统的内容，是酒店经营管理经验的结晶。同时，随着科技的进步，人们生活水平的提高，客人对酒店有着新的需求。客房的设计越来越趋于人性化和个性化，已经延伸为客房文化的一部分。个性鲜明的客房能为宾客带来新鲜难忘的情感体验，提高宾客的满意度。

一、客房区域规划

客房是酒店主体和存在的基础，是客人休息、工作或会客的场所，客房的区域规划要突出安全、经济、方便、舒适的特点。

（1）客房层应主要位于塔楼里，布局呈立体垂直排列，保证相同功能空间位于一个立面上。

（2）客房层由客房区、交通枢纽、服务区等构成，客房区在走廊两侧布局，门错开排列以增加私密性。交通枢纽居中，明确、简洁，并和客房有噪声分区。服务区主要有楼层服务台、清洁工具间、储藏室、机房及员工卫生间等相应设施，客人流线与服务流线要分开。

（3）客房类型结构应根据客源需求有一个合理的比例。

（4）客房单元应具有安全舒适性，内部空间主要有睡眠空间、书写阅读空间、起居空间、储藏空间和盥洗空间。通过家具、灯光、设备、色彩、艺术品来营造客房环境氛围。

二、客房类型与客房设备

1. 客房类型

酒店客房一般有单人房、双人房和套房三种类型。有些酒店还设有三人房和可以灵活使用的多功能房。

（1）单人房。单人房一般是一间面积为 16～20m^2 的房间，内有卫生间和其他附属设备。房内设一张单人床或大床。这样的房间适合商务旅行的单人住用。

（2）双人房。房内设两张单人床或一张双人床，这样的房间适合住两位客人或夫妻同住，适合旅游团体住用。

（3）三人房。房间内有三张单人床。这种房间在一些低档酒店较为常见。

（4）套房。由两间或两间以上的房间（内有卫生间和其他附属设施）组成。套房又有普通套房、豪华套房、复式套房和总统套房几种类型。

1）普通套房。一般是连通的两个房间。一间是会客室，一间是卧室。卧室内设两张单人床或一张双人床。这样的房间适合夫妻或旅游团体住用。

2）豪华套房。与普通套房相似，只是面积比普通套房更大，房间的设施比普通套房更先进。

3）复式套房。由楼上、楼下两层组成，楼上为卧室，面积较小，设有两张单人床或一张双人床。楼下设有卫生间和会客室，室内有活动沙发，同时可以拉开当床。

4）总统套房。由 7～8 间房组成的套房。两个卧室分开，男女卫生间分开，设有客厅、书房、会议室、随员室、警卫室、餐厅厨房设施，走廊设有小酒吧。有的还有室内花园。一些高档酒店均设有“总统套房”，其用意在于提高酒店的档次和知名度。这类房间除用于接待国内外政要外，也对普通人开放。

（5）多功能房。这是一种根据需要专门设计的房间。将相邻的房间通过连通门，转换为单人房、双人房、套房等，以满足宾客不同的需要。多功能房的每个房间都有卫生间。有的由两个对门的房组成；有的由中间有门有锁的隔着的两个房间组成；也有的由相邻的各有卫生间的三个房间组成。

2. 客房设备

酒店客房通常分为五个功能区域，即睡眠空间、盥洗空间、起居空间、书写空间和储存空间，每个空间由不同的设施设备组成，具体如表 7-3 所示。

表 7-3 客房五大功能区域

功能区域	设备
睡眠空间	床、床头柜、床头灯
盥洗空间	浴缸、淋浴器、淋浴帘、毛巾架、马桶、电话机、洗脸盆、镜子、电源插座
起居空间	茶几、座椅、落地灯
书写空间	写字台、椅子、台灯、电视机、电冰箱、梳妆镜、电话机
储存空间	壁橱、行李架

三、客房设计与装修的一般原则

客房是酒店的服务根本，也是酒店收入的主要来源，所以客房的设计与装修极为重要。客房设计具有完整、丰富、系统和细致的内容，这已是世界上很多优秀酒店几十年经营管理经验得出的结论。但是酒店客房的设计与装修也不是越豪华越好，客房的设计与装修风格，受多种因素的制约。

1. 客房设计与装修的影响因素

（1）酒店经营定位。酒店定位是影响酒店设计与装修的首要因素。在客房设计与装修之初需要考虑的就是要建造的是一个什么类型的酒店，酒店服务的是什么客人，也就是要符合酒店的市场定位。酒店定位的内容主要包括酒店的类型、规模、档次和它的目标客户是谁等方面。例如，旅游度假型酒店，在客房设计上应针对旅游者的需要，为其提供品质优质的休息场所和借以消除疲劳的现代生活场所。商务酒店在客房设计与装修上一般应具有良好的通信条件，以满足客人的商务需要。

小案例

世界唯一一座七星级酒店

知道全世界最贵的酒店在哪里吗？答案只有一个：在迪拜。迪拜的 Burj Al-Arab 酒店（burj 音译泊瓷，又称阿拉伯塔）。阿拉伯塔酒店的豪华程度令人叹为观止，评论家们都不知道该给它定为几星：是五星，六星，还是七星（因为酒店设备实在太过高级，远远超过五星的标准，只好破例称它为七星级）？

酒店建在海滨的一个人工岛上，是一个帆船形的塔状建筑，一共有 56 层，321m 高，由英国设计师阿特金斯（W.S.Atkins）设计。到过这里，你才能真正体会到什么叫做金碧辉煌。客房面积从 170m^2 到 780m^2 不等，最低房价也要 900 美元，最高的总统套房则要 18 000 美元。

阿拉伯塔酒店内部更是极尽奢华之能事，触目皆金，连门把、厕所的水管，甚至是一张便条纸，都“爬”满黄金。虽然是镀金，但要所有细节都优雅不俗地以金装饰，则是对设计师的品位与功力的考验。以最普通的豪华套房为例，办公桌上有东芝便携式计算机，随时可以上网，墙上挂的画则全是真迹。而金碧辉煌的酒店套房，则让人感受到阿拉伯油王的生活一样的奢华。总统套房在第 25 层，家具是镀金的，设有一个电影院，两间卧室，两间起居室，一个餐厅，出入有专用电梯。而最大面积的皇家套房，更有780m²之大。而且全部是落地玻璃窗，随时可以面对着一望无际的阿拉伯海。

最令人吃惊的是一进房间，居然有一个管家等着跟你解释房内各项高科技设施如何使用，因为酒店豪华尊贵的服务宗旨就是务必让房客有阿拉伯石油大王的感觉，在狠狠地让人感到吃惊之余，也让人感叹金钱的力量。

（2）酒店的经营与管理。酒店客房的设计与装修必须考虑酒店的经营与管理，设计应满足管理者提高效率、减少消耗的要求。在酒店客房设计中，经营者要向设计人员提供一个功能表，设法使他们明白酒店客房的经营活动和日常工作是如何进行的。只有这样，设计人员才能在设计中充分考虑到客房实际管理的需要，为管理者设计出有效率和经济实用的客房。

（3）消费者的要求。顾客就是“上帝”。满足客人的需求无疑更是酒店客房设计需要下工夫解决的问题。首先要仔细研究客人的喜好，他们的兴趣会引导一切。对客人兴趣的研究要深入、具体。例如，他们对材质的感觉、对颜色的偏好，他们实际的需要，这些都构成了客人的需求。客人对酒店的印象和感受是影响客人能否再次光临酒店的重要因素。在不少名声在外、效益良好的酒店里，客人能感到一种温馨、放松、舒适和备受欢迎的氛围。这一点极其重要，因为所有的人在来酒店之前，心里都会对酒店怀有一种潜在的期待，渴望酒店能够具备温馨、安全的环境，进而渴望这个酒店能给他留下深刻的印象，最好有点惊喜。酒店的客房设计与装修要能迎合客人的这种心理需求，这样才会产生好的回报。

考虑到上述影响酒店客房设计的几个主要因素之后，优秀的酒店设计就具有了先决条件。在酒店客房设计与装修过程中，为保证客人及酒店的利益，客房设计应遵循一定的原则，如此方能成就完美的客房设计。

2．客房设计与装修的原则

（1）安全性原则。安全是客人最低层次的需求。要保障客人的安全，首先要保证设施设备的安全性，如科学安全的装修设计、完善的消防设施、有效的防盗装置、规范的设备安装等。目前，我国的一些酒店主要存在以下问题：①地面、通道高低交错但无明显标志；②消防通道关闭或堵塞，紧急安全疏散指示标志安装不规范或失灵；③客房卫生间冷热水龙头和客房冷热空调开关接反，卫生间浴缸无防滑垫；④餐饮、客房等营业部门缺少足够的消毒设施设备等。

（2）健康性原则。首先，从设计源头上把好关，在设计中坚持以人为本，考虑建筑物的采光、通风功能，不单纯地为美化而美化。其次是在材料选购中，坚持采购环保材料，哪怕是提高采购成本，也要坚持材料的质量。

（3）实用性。客房的设计与布置还要注意实用性，要恰到好处地利用空间，既要方便客人的生活起居，又要方便服务员的清洁操作。要选择价廉物美、便于清洁和保护的室内用品和设备。

（4）美观性。客房的装饰布置是一门艺术，在注重实用的基础上，也要强调和谐美观。

客房的装饰，家具的摆设，室内颜色的搭配，窗帘、壁画、灯光之间的调节都要和谐，使整个客房成为一个统一、美观的整体。

（5）舒适性。客房是客人休息的场所，客房的设计一定要体现出舒适性。提高客房的舒适度主要包括设备设施的位置、装修材质的选择、设备设施的功能、房间灯光的设计以及室内温度的控制和隔声效果等方面。

1）设备设施的位置。设备设施的位置设计要合理，体现“以人为本”的设计原则。许多酒店在客房设计时没有注意到这一问题，给客人带来了不便。例如，客房卫生间内的卷纸架，经常被安装在客人身后的墙壁上，似乎在考验客人的转身灵活度；电源插座经常被装在写字台的下面，让客人只能钻进写字台下为自己的手机充电等。

2）装修材质的选择。建筑和装饰的材质的选择要充分考虑环保和便于保养等问题，利于员工保养和客人使用。例如，要选用环保涂料，避免房间产生呛人的气味。

3）设备设施的功能。在硬件的功能设计方面要有新意，充分考虑顾客实际的使用需要。例如，电话线的长度应足够长，避免让客人只能坐在床边打电话；设计时要考虑便于残疾人、老人、孩子、女士的个性需要等。

4）房间灯光的设计。灯具的照明度应满足客人实际使用的需要。现在许多酒店在客房设计时出于节约能源的考虑，将客房内的灯具变成了漂亮的装饰，其最基本的功能却无法达到要求，尤其是床前灯。另外，灯光的控制也需要进一步改进，更加方便客人的使用。现在已经有一些酒店专门设计了足以进行阅读的床头灯光，并取消原来使用不便的床头控制板，使用大按键开关控制灯光；在卫生间内也进行了分区灯光设计，使室内各区域照明适度，让灯光增强客房的舒适度。

光线设计的另一个方面是要求窗帘方便开闭，具有良好的密闭遮光作用。例如，在客房窗户上安装遮光窗帘，保证客人在室外阳光强烈时，也能有一个舒适的睡眠环境。

5）室内温度的控制。客房内的温度控制直接关系到客人的舒适度，因为顾客对客房的空调效果的好坏都非常关注，要求温度、湿度适宜。客房温度各区域包括卫生间都应保持一致，不闷、不燥、不冷、不潮、无异味。客房温度可以自行控制是大多数客人的期望，良好的温控设施可以让客人根据自己的需要调整室内温度达到最舒适的感觉。

6）隔声效果。客房舒适度的重要标准之一是客房噪声消除程度。隔声效果良好的酒店要求客房内听不到隔壁房间及走廊的自然谈话和脚步声、窗外及墙外的噪声，以及送风、送气等设备的明显噪声。这就要求窗户具有相当的密闭性，要求墙和门有良好的隔声效果。消除噪声是客房管理的基本要求，但现在又是酒店管理中一个较为突出的薄弱环节。当你住进一家酒店以后，往往会发现你根本没法安安静静地在这间客房里待着，因为噪声不断。客房噪声的来源主要有三个：一是来自窗外的噪声；二是来自楼道的噪声；三是来自空调的噪声。另外，少数酒店的娱乐区域与客房区域过于接近，也会产生噪声，这就要求娱乐区域在设计时就必须将隔声问题重点考虑，以免影响其他区域的正常运营。

以上是客房设计装修的一般原则，在实际的设计过程中还需要通过材质、色彩和造型的组合运用，满足这些要求，在设计时充分考虑酒店的地域性、文化性，注重时尚与创新。

第三节 宾客消费心理与客房服务

随着我国对外开放和市场经济的发展，特别是酒店业竞争的加剧，“宾客至上”观念已得到了我国酒店业的普遍认同。所谓“宾客至上”，实际上就是把客人放在首位，把满足客人的需要作为酒店服务活动的出发点，把追求客人的满意当做服务活动的宗旨。这关键在于“读懂”客人，充分理解客人的心理特点，提供令客人舒心的服务。

一、宾客的心理特征

1. 优越感

市场经济是消费者经济，是买方市场。在酒店与客人这对矛盾中，客人必然是矛盾的主导方面，具有天然的优越感。所以，客人在入住酒店时，往往具有领导的某种特征，表现为居高临下，发号施令，习惯于使唤别人。第一，必须尊重、关注客人，要主动向客人打招呼，主动礼让。第二，要表现出服从、乐于被客人“使唤”。始终记住这样一个信条：再忙也不能怠慢你的客人，忽视客人等于忽视自己的收入、忽视企业的利润。第三，必须尽力“表演”，要用心服务，注重细节，追求完美，达到最佳的效果。第四，必须注重策略。“领导”也会犯错误，对此，聪明的“下属”一般都会采取委婉和含蓄的方法帮助“领导”自己改正错误。所以，对待客人的无理要求或无端指责，在客房服务中同样要注意艺术，采取引导和感化的方法，让客人自己作出更改的决策，使他感受到正确使用权力的快乐。

2. 情绪的“自由化”

客人不是一种工作角色，他是一位有着“自由化”情绪的人。为此，酒店对客人必须懂得宽容和设身处地为客人着想，提供人性化的服务。首先，酒店必须充分理解客人的需求。客人的需求是多种多样、瞬息万变的，具有多样性、多变性、突发性的特点。而且，不同的客人又有不同的需求层次，这就要求酒店从业人员既要掌握客人共性的、基本的需求，又要分析研究不同客人的个性和特殊需求。只有充分预见和准确把握客人的需求，才有可能提供全面、到家的服务，才能使客人有好的情绪。其次，酒店必须充分理解客人的心态。由于其行为举止不受各种职业规范制约，客人会显得特别放松而比较情绪化，当然，人性的某些弱点也相对突出起来。再次，酒店必须充分理解客人的误会与过错。由于文化、知识等方面的差异以及身体、情绪、利益等方面的原因，客人会对酒店规则或服务不甚理解而拒绝合作，或采取过激的行为，酒店应向客人作出真诚、耐心的解释。对于客人的过错，只要客人并不是有意挑衅，或损害其他客人的利益和酒店的形象，或侵犯员工的人权、侮辱员工的人格，酒店均应给予足够的宽容和谅解，作出必要的礼让与化解。

3．享受心理

客人到酒店是来享受的，这是客人最基本的心理。作为消费者，客人有的追求“物有所值”。处于优越地位的宾客，在与酒店的关系中强化了自我保护意识和权利意识。在消费过程中一般都要求自身的权益得到全面的、不折不扣的保障。酒店客房服务，不能心存任何侥幸心理提供“打折服务”。首先，酒店必须向客人提供标准化的服务。要做到：凡是客人看到的必须是整洁美观的；凡是提供给客人使用的必须是安全有效的；凡是酒店员工对待客人必须是亲切礼貌的。使客人在整洁美观的环境中感受到亲切礼貌的态度，享受到安全有效的服务。其次，酒店必须向客人提供差异化的服务。在服务时应避免千篇一律，要针对不同客人的多样化和多变性的需求和特点，投其所好，随机应变，提供具有个性化的服务，满足客人的个性化需求。再次，酒店要努力为客人提供超常化服务，即给客人以出乎意料或从未体验过的服务。

4．受到尊敬的心理需要

马斯洛的需要层次理论表明了人有受尊重的需要。现在客人住酒店已不再只是满足睡眠的需要，受尊敬的需要越来越突出。作为酒店的客人，尤其如此。几乎所有的客人都喜欢表现自己，显得自己很高明，而且希望被特别关注，给以特殊待遇。对此，客房服务必须给客人搭建一个“舞台”，给客人提供充分表现自己的机会，让客人在酒店多一份优越和自豪。首先，酒店客房必须给客人营造一种高雅的环境气氛和浓厚的服务氛围，让客人有一种高贵的感觉，以显示其身份和地位。为此，酒店客房必须努力做到设计合理、装修精致、布置典雅、房间整洁、秩序井然、服务亲切。其次，客房服务员工必须懂得欣赏和适度恭维客人的艺术，要善于发现客人的闪光点。再次，酒店员工必须对客人像对待自己的朋友一样关注，真正体现一种真诚的人文关怀精神，营造出一种“特别的爱”的“高尚”境界，为每位客人献上一份特别的关爱，让客人体会到“我是最重要”的感觉。

小知识

酒店管家，英文称“butler”。源于英国早期贵族家庭中的管家服务，开始属于家政服务领域。在欧洲，人们用这样一句话来描述管家：“他们虽然不是贵族的后裔，却是贵族的老师。”英式管家服务的对象主要是具有高消费能力的顶端客人，如社会名流、亿万富翁、政界高官以及贵族等。而管家对服务的要求一定要比主人的需要高，只有这样才能保证为主人提供卓越的服务。目前，管家服务已成为体现国际顶级酒店个性化、高品位服务的标志，近些年在国内的高级酒店中也日渐兴起。

“白金五星级”是我国 2003 版《旅游饭店星级的划分与评定》标准中设立的新的星级酒店等级。如获得“白金五星级”酒店，须符合七个必备条件。其中就包括有位置合理、功能齐全、品味高雅、装饰华丽的行政楼层专用服务区，至少对行政楼层提供 24 小时管家式服务。

五星级酒店内的贴身管家，在酒店中实际上是一个更专业化、私人化的高档次服务。

它把酒店中传统的各分步服务集中到一位高素质的服务人员的身上，由他专门为客人提供个性化服务。贴身管家服务对服务人员的综合素质要求很高。服务人员不但要具备良好的服务意识和对酒店各部门的综合知识，还需要拥有丰富的生活经验以及卓越的沟通能力、协调能力、亲和力、给客人以信任感等，以满足客人的各种需求。除此之外，管家本身还应具有尊贵庄严的气质。

另外，贴身管家需要有较丰富的礼仪知识。例如，与客人说话时距离最好保持在一臂半的距离；敲客人的房门时，每次按门铃的间隔控制在 7 秒左右，或心中从 1 默数到 10；走路不能东张西望，一旦眼睛余光扫到周围有客人，应停下脚步，为客人让路先行；给客人递笔时，应握住笔的前端，使客人接到的是笔的后部，方便客人使用；递送报纸时，将报纸斜靠在手臂上露出每张报纸的报头，让客人一目了然。不过酒店的贴身管家式服务并不是有一位管家 24 小时站在客人身边，而是当顾客需要服务时，管家可以确保顾客得到及时、优质的协助。以客人的角度去为客人做最贴心的设想，甚至要在客人说出口之前就已经为客人准备好。当房客需要个人空间时，管家会默默退出，以客为尊。

二、客房服务员的必备素质

高质量的服务是由高质量的人提供的，所以要达到客房服务的质量标准，就必须有高素质的客房服务人员。客房服务人员的素质要求主要体现在以下几个方面：

1．品行端正，具有良好的职业道德

客房部的员工，尤其是楼层服务员会经常出入客人的房间，有机会接触到客人的行李物品，其中当然也包括一些贵重的钱物。如果没有良好的道德品质，见钱眼开，利用工作之便顺手牵羊拿走客人的物品，就会给酒店的形象与名誉带来不可估量的损失。

2．工作态度踏实认真，能吃苦耐劳

客房部的主要工作就是清洁卫生，如客房卫生、公共卫生、洗涤衣服和布件等，因此，在客房部工作的员工必须不怕脏，任劳任怨，具有吃苦的精神。

3．具备较强的卫生意识和服务意识

既然客房部的主要工作是搞清洁卫生，那么，为了做好这项工作，服务员就必须具有强烈的卫生意识、服务意识，不然就无法将客房部的工作做好，为客人提供满意的服务。

小案例

喝厕所水

现年 53 岁的日本政治家野田圣子，曾是日本内阁中最年轻，也是唯一的女性阁员。然而她的事业的起点却是从喝厕所水开始的。

野田圣子的第一份工作是在日本的帝国酒店当一名白领丽人，在受训期间负责清洁厕所的工作，每天都要把马桶擦得光洁如新才算合格。可是自出生以来，她从来没有做过如此粗重的工作，因此第一天伸手触及马桶的一刻，几乎呕吐，甚至在上班不到一个

月时便开始讨厌这项工作。有一天，一名与野田圣子一起工作的前辈在擦完马桶后居然伸手盛了满满一杯厕所水，并在她面前一饮而尽，理由是向她证明经他清理过的马桶干净得可以饮用。

此时的野田圣子才发现自己的工作态度有问题，根本没资格在社会上肩负起任何责任，于是对自己说："就算一生都要洗厕所，也要做个洗厕所最出色的人。"结果在训练课的最后一天，当她擦完马桶后，也毅然喝下一杯厕所水，并且这次经历成为她日后做人、处事的精神力量的源泉。

4．掌握基本的设施和设备维修保养知识

酒店客房内一般都有很多的设备设施，如各种各样的灯具、空调、地毯、窗帘、音响、电视机、写字台等，虽然这些设备按照酒店的规定都应该由酒店的工程人员专门负责，但平时的保养工作则应该由客房部负责。客房部的服务员必须利用每天在客房进行清洁工作的机会，做好对这些设备设施的保养工作。而且，一些小的维修项目，如换熔丝、换电源插座、换灯泡等，一般也都是由客房部来负责。由此可见，客房部的服务员要具备一定的设备设施方面的维修常识。

5．具备一定的外语水平

在接待外国客人时，服务员要能用适当的中介语言为客人提供服务。否则，一旦碰到来自国外的客人而客房部的员工却不能用中介语言为其提供服务，甚至还闹出一些笑话，就会影响服务质量，同时严重影响酒店在客人心目中的形象。

本章小结

客房部是酒店的重要经营部门，客房收入也是酒店收入的重要来源。客房部的组织结构总体向着小型化、扁平化的方向发展。不同规模的酒店设置相应的组织结构，制定合理的劳动定额和定员，保持客房部组织结构的平衡。众所周知，客房部工作不但涉及客房的服务管理，还涉及酒店部分公共区域的卫生管理、工服宴会织物管理等。工作任务繁重，职责重大。随着科技的进步，客人对酒店有着新的需求。个性鲜明的客房能为宾客带来新鲜难忘的情感体验，客房服务员"读懂"客人，充分理解客人的心理特点，能提高宾客的满意度。

复习思考题

1．选择题

（1）客房部扁平化的管理趋势是指（　　）。

A. 自上而下垂直的组织结构　　B. 管理层次减少，平行排列的组织结构

C. 上下级明确的纵向组织　　D. 金字塔式的组织结构

（2）客房部的销售收入一般要占到酒店全部营业收入的（　　）。

A. 40%～50%　　B. 50%～60%

C. 40%～60%　　D. 60%～70%

（3）客房既是酒店劳动力最密集的中心，也是酒店最大的（　　）中心。

A. 成本　　B. 收益　　C. 利润　　D. 资本

（4）建立（　　）的客房部组织结构是保证客房部开展各项工作的基本条件。

A. 卫生　　B. 科学　　C. 合理　　D. 密集

E. 集中

2. 案例题

一家有 45 间客房的小型酒店地处杭州西湖边上。常年以来虽然不愁客源，但因为酒店年久失修，设施陈旧，价位不高。酒店总体的经济效益一般。新任的总经理看到酒店难能可贵的地理位置和游客们不断变化的入住需求，希望通过对酒店的升级改造，全面提升酒店档次。他想为酒店赋予某种主题，并围绕这种主题建设具有全方位差异性的酒店氛围和经营体系，从而营造出一种无法模仿和复制的独特魅力与个性特征，实现提升酒店产品质量和品位的目的。

请提出你的想法，协助总经理作出可行性方案。

3. 实践题

上网浏览，总结当今酒店客房装修设计的新趋势。

第八章 客房部清洁服务与管理

知识目标

- 了解客房清洁整理的原则及种类
- 理解客房的计划卫生
- 掌握客房卫生检查制度与标准
- 理解公共区域清洁卫生管理

能力目标

- 掌握客房清洁整理操作流程
- 掌握公共区域清洁整理业务

引导案例

一位上了年纪的外宾来到某酒店大堂，走到大堂经理面前，告诉大堂经理，他在该酒店住了一个星期，今天将要离店回国。他表示，在住酒店期间，无论他走到哪里，都受到了服务员无微不至的照顾。酒店的设备虽然一般，但服务很好，服务人员在举止、礼貌和服务等方面都表现出较高的素质，给他留下了深刻的影响。因此，他在离店前特地找到大堂经理，表达对酒店和服务人员的感激之情。

这时，外宾拿出了一张意见卡，这是客房内的“宾客意见卡”，外宾打开意见卡，大堂经理看到客人在上面满意栏上都画了勾，并在空白处写下了对酒店的赞美之词。这位外宾对大堂经理说：“在这一个星期中，我对贵酒店的各方面都很满意，但是在我将要离开并且在意见卡上表达了满意和感激之情后，就是这张意见卡给我留下了一点点遗憾，希望贵酒店在管理上能做得更细一点。”

大堂经理从外宾手中接过意见卡一看就明白了。客房内的“宾客意见卡”是折成三角形放在写字台上的，由于长时间没有打开过，在三角形的空间内积有灰尘。外宾打开意见卡写完后，抬起手一看，这些灰尘蹭到了手上和衣服袖口上。就是这一点灰尘，在这位对酒店评价很高的外国老人心中留下了遗憾。

思考：意见卡上有一点灰尘，从表面来看不是什么大问题，擦干净也很简单。但就是这一点点灰尘，为什么使客人对整个酒店的良好印象打了折扣？无论是负责清扫客房的客房服务员，还是负责查房的主管怎么都忽略了这个细节？

客房清洁卫生是客人对酒店的基本要求，也是客人选择是否投宿某酒店的重要因素之一。客房部的首要任务就是负责客房及酒店公共区域的清洁与保养。因此，客房部必须加强对客房及酒店公共区域清洁保养工作的管理。

第一节　客房清洁工作管理

客房清洁工作管理的组织工作是在客房区域设立楼层主管，下设领班和客房服务员。管理人员根据客房出租率的高低制定排班表，客房服务员每天根据劳动定额清扫，整理客房卫生。经过主管、领班的质量检查与控制，保证客房清洁工作质量。

一、客房清洁整理的原则

客房清洁整理的基本原则主要有：

1．从上到下

在擦洗卫生间和用抹布擦拭物品的灰尘时，应采取从上到下的方法进行。

2．从里到外

地毯吸尘和擦拭卫生间地面时，应采取从里到外的方法进行。

3．环形整理

在擦拭和检查卫生间、卧室的设备用品的路线上，应按照从左到右或从右到左，亦即按顺时针或逆时针的路线进行，以避免遗漏死角，并节省体力。

4．干湿分开

擦拭不同的家具、设备及物品的抹布，应严格区别使用。例如，房间的灯具、电视机屏幕、床头板等只能使用干抹布，以避免污染墙纸和发生危险。

5．先卧室后卫生间

即住客房应先做卧室然后再做卫生间的清洁卫生，这是因为住客房的客人有可能回来，甚至带来亲友或访客。先将客房的卧室整理好，客人归来即有了安身之处，卧室外观也整洁，客人当着访客的面也不尴尬。对服务员来说，这时留下来做卫生间也不会有干扰之嫌。清扫走客房则可先做卫生间后做卧室。一方面可以让弹簧床垫和毛毯等透气，达到保养目的；另一方面也无须担忧会有客人突然闯进来。

6．注意墙角

墙角往往是蜘蛛结网和尘土积存之处，也是客人重视的地方，需要留意打扫。

二、客房卫生清扫的种类

客房房态不同，其清扫整理的程度也不同。客房卫生清扫主要有以下四种：

1. 简单清扫

简单清扫又称小整理。主要适用于空房，即暂时没有住人，但可随时出租的客房。这是因为此类客房在前一客人离店时已经彻底清扫整理过，只是暂时未能出租。因此，客房服务员只需每天擦拭灰尘，检查家具、设备用品和卫生间，隔几天吸一次地毯，做些小整理即可达到出租要求。

2. 一般清扫

一般清扫又称中整理。主要适用于住客房，即客人已租用，但尚未离店的客房。这种客房必须每天按清扫的程序和标准，做比较全面的清扫整理，撤换客人用过的各种毛巾，补充各种用品等。其每天的客房卫生质量、室内环境必须达到整洁卫生、美观、舒适、无尘无灰，看不见客人使用过的痕迹，保证客人消费要求。

3. 重点清扫

重点清扫又称大整理。主要适用于走客房，即客人刚刚退房离店的客房。这种客房必须按清扫程序和标准进行全面重点清扫，撤换客人使用过的各种布件、用品，按酒店要求全面清扫整理客房，检查设备，补充各种用品，使经过清扫整理的客房焕然一新，以便客房可马上出租。

4. 彻底清扫

彻底清扫又称强化整理。主要适用于 VIP 客人将要入住的客房和长住客人刚刚退房离店的客房。前者是因为客人特别重要，对卫生的要求高，入住前必须彻底整理。后者是因为客人住店时间长，平时可能有清扫整理不彻底的地方，所以客人退房后要进行彻底清扫整理。彻底清扫的客房要对地毯进行除污，认真擦拭客房的里里外外，翻转床垫，卫生间地面要除污、打蜡、抛光等。经过彻底清扫整理的客房必须做到“十无”“六净”，从而保证客人的需要。在出租率不高的时候，客房部管理人员也会安排封闭部分楼层，逐间客房进行彻底清扫，包括清洗窗帘等。

三、客房清洁卫生质量标准

客房清洁卫生质量标准，一般包括两个方面：一是感官标准，也称视觉标准，即客人和员工凭视觉、嗅觉等感觉器官可以感受到的标准；二是生化标准，即防止生物、化学及放射性物质污染的标准，此项标准往往由专业卫生防疫人员来做定期或临时抽样测试与检验。

1. 感官标准

客房卫生的感官标准，可以归纳为“十无”和“六净”。

(1)“十无”：①天花板墙角无蜘蛛网；②地面干净无杂物；③楼面边角无虫害；④玻璃灯具明亮无积尘；⑤布件洁白无破损；⑥杯具消毒无印痕；⑦铜器、银器光亮无锈污；

⑧家具设备整洁无残损；⑨墙纸洁净无污迹；⑩卫生间洁净无异味。

（2）“六净”：①四壁净；②地面净；③家具净；④床上净；⑤卫生洁具净；⑥物品净。

也就是说，各类客房清扫整理后，卫生应做到：①眼能看到的地方无污迹；②手能摸到的地方无灰尘；③各种设备与用品无病毒；④客房区域空气新鲜无异味；⑤客房室内卫生达到“十无”“六净”。

2．生化标准

客房的清洁卫生质量光用感官标准来衡量是不够的，还必须用生化标准来衡量。客房清洁卫生的生化标准包括：

（1）茶具和卫生间洗涤消毒标准。具体包括：

1）茶具：细菌总数不得超过 5 个/cm^2。

2）脸盆、浴缸：细菌总数不得超过 500 个/cm^2。

3）卫生间不得查出大肠杆菌群。

（2）空气卫生质量标准。具体包括：

1）一氧化碳含量不得超过 10mg/m^3。

2）二氧化碳含量不得超过 0.07%。

3）细菌总数不得超过 2 000 个/m^3。

4）可吸入颗粒物不得超过 0.15mg/m^3。

5）氧气含量应不低于 21%。

（3）微小气候质量标准。具体包括：

1）夏天：室内温度为 22～24℃，相对湿度为 50%，风速为 0.1～0.15m/s。

2）冬天：室内温度为 20～22℃，相对湿度为 40%，风速不得大于 0.25m/s。

3）其他季节：室内温度为 21～23℃，相对湿度为 45%，风速为 0.15～0.2m/s。

（4）环境噪声允许值。客房内噪声允许值不得超过 45dB。客房附近基本无噪声源。

（5）采光照明质量标准。客房室内照明度为 50～100Lux；楼道、楼梯照明度不得低于 25Lux。

（6）饮用水标准。主要包括：客房饮用水要求水质透明、无色、无异味和异物，不含病原微生物和寄生虫卵；水中细菌总数不超过 110 个/mL，大肠杆菌群不超过 5 个/mL；经加氯消毒完全接触 30 分钟后，游离余氯不超过 0.2mg/L。

四、客房清洁整理的操作流程

保持清洁与卫生是酒店客房最基本的要求，也是客房管理的首要任务。要对客房进行快速而有效的清洁，必须遵循一定的操作流程。这一操作流程分为准备、清洁整理、结束三个阶段。

（一）客房清扫前的准备工作

为了保证客房清洁整理的质量，提高工作效率，必须做好客房清扫前的各项准备工作。

准备工作主要有：

（1）更衣、参加每日例会。客房服务员来到酒店后，首先换上工作服，并按规定着装；佩戴好工牌，整理仪表仪容；将私人物品存放在自己的更衣柜内。参加工作例会，听取工作安排。值班经理或主管要给每位服务员分配具体的任务，下发“客房服务员清扫日报表”（见表 8-1）。此表由客房服务中心文员提前填好，上面注明服务员的姓名、当班楼层、负责打扫客房的房号、已知的客房状态、特殊要求和当日的其他工作任务等。

表 8-1　客房服务员清扫日报表

房号	客房状态	清扫时间		客房设备状况	补充用品																			今日计划卫生	备注
		入	出		香皂	卫生纸	浴帽	洗发液	护发素	牙具	梳子	剃须刀	指甲刀	保险袋	卫生袋	圆珠笔	铅笔	拖鞋	购物袋	火柴	针线包	擦鞋纸	洗衣袋		
01																									
02																									
03																									
04																									
05																									
06																									
07																									
08																									
09																									
10																									
11																									
12																									

“客房服务员清扫日报表”是客房部进行管理的最基本报表，它不仅是客房服务员工作量的反映，也是客房部实施成本管理的重要依据。因此，要求客房服务员应当认真对待，仔细填写。需要说明的是，此表应在服务员打扫完每一间客房后随时填写。

（2）领取房间钥匙。客房服务员听取工作任务后，要领取房间钥匙。房间钥匙由客房服务中心统一收发保管。领取工作钥匙时，必须履行签字手续，填写“工作钥匙收发登记表”（见表 8-2）。服务员领取钥匙后，必须随身携带，然后尽快到达自己的工作岗位并立即进入工作状态。

表 8-2　工作钥匙收发登记表

钥匙名称（号码）	领取时间				领用人签名	发放人签名	归还时间				归还人签名	接收人签名
	月	日	时	分			月	日	时	分		

（3）准备好工作车和清洁用具。工作车是客房服务员打扫客房的必备用品，通常酒店的每个楼层都有工作车。准备工作车就是将其内外擦拭整理干净，将干净的垃圾袋和布件

袋挂在挂钩上，把各类布件、客用品按规定的标准整齐地摆放在车上，最后备齐各种清洁工具和清洁剂。

（4）决定清扫顺序。当一切准备就绪后，服务员还不能立即清扫房间，在清扫房间之前，还应先决定清扫顺序。合理的清扫顺序不仅能使服务员节省体力和清扫时间，还有助于提高客房利用率和服务质量。清扫顺序主要根据酒店的淡旺季、房态及客人需要等因素来决定。

由于各家酒店所处地域及客源情况不同，其清洁整理的顺序安排也不尽相同，但其基本顺序如表 8-3 所示。

表 8-3　客房清扫顺序表

淡　季	旺　季
1. 前台或领班指示尽快清扫的客房	1. 空房
2. 挂有“请即打扫”牌的客房	2. 前台或领班指示尽快清扫的客房
3. 走客房	3. 走客房
4. VIP 客房	4. 挂有“请即打扫”牌的客房
5. 住客房	5. VIP 客房
6. 空房	6. 住客房

（5）停放工作车。当一切准备就绪后，服务员应将准备好的工作车推到将要打扫的房间门口，开口朝门。一般应将工作车停放在挡住房门 1/3 处的墙边。这样一方面便于观察和取放工作车上的物品，另一方面也可以使自己或客人出入方便。

（二）客房清洁整理

客房的清洁整理又称做房。为使清洁整理工作能有条不紊地进行，避免不必要的体力消耗和意外事故的发生，客房服务员应根据不同状态的房间，严格按照做房的程序和方法进行清扫，使之达到酒店规定的质量标准。

1. 走客房的清扫

（1）走客房清扫的基本要求如下：

1）客房服务员接到通知后，应尽快对走客房进行彻底清扫，以保证客房的正常出租。

2）进入房间后，应检查房内是否有客人丢失的物品，房间的设备和家具有无损坏或丢失。如有，应立即报告领班，进行登记。

3）撤换茶具，并严格洗涤消毒。

4）对卫生间各个部位进行严格洗涤消毒。

5）客房清扫合格后，立即通知前台或客房中心，以便前台及时出租。

（2）走客房卧室清扫程序“十字诀”：

1）开：开门、开灯、开空调、开窗帘、开玻璃窗。

2）清：清理烟灰缸、纸篓和垃圾。

3）撤：撤出用过的茶水具、玻璃杯、脏布件。如果有客人用过的餐具也要一并撤去。

4）做：按中式或西式的标准和要求做床。

5）擦：擦拭家具、设备及用品，从上到下，环形擦拭灰尘。

6）查：查看家具用品有无损坏，配备物品有无短缺，是否有客人遗留物品，要边擦拭边检查。

7）添：添补房间客用品、宣传品和经洗涤消毒的茶水具（此项工作后应进行卫生间的清扫整理）。

8）吸：由里向外进行地毯吸尘，同时对清扫完毕的卫生间地面吸尘。

9）关（观）：观察房间清洁整理后的整理效果；关玻璃窗、关窗帘、关空调、关灯、关门。

10）登：在客房服务员清扫日报表上做好登记。

（3）走客房卫生间清扫程序“十字诀”：

1）开：开灯，开换气扇。

2）冲：放水冲马桶，滴入清洁剂。

3）收：收走客人用过的毛巾、洗涤用品和垃圾。

4）洗：清洁浴缸、墙面、面盆和抽水马桶。

5）擦：擦干卫生间所有设备和墙面。

6）消：对卫生间各个部位进行消毒。

7）添：添补卫生间的棉织品和消耗品。

8）刷：刷洗卫生间地面。

9）吸：用吸尘器对地面吸尘。

10）关（观）：观察和检查卫生间，工作无误后即关灯并将门虚掩。将待修项目记下来上报。

小知识

客房清洁剂的种类与使用范围

1. 酸性清洁剂

一般用于卫生间的清洁和一些顽固污渍的清洁。主要有：

（1）盐酸（pH=1）用于清除基建时留下的污垢，效果明显。

（2）硫酸钠（pH=5）能与尿碱起中和反应，可用于卫生间马桶的清洁，但要注意剂量且不能经常使用。

（3）草酸（pH=2）用途与盐酸、硫酸钠类似，只是清洁效果更强。

以上三种酸性清洁剂使用前必须加以稀释，不可将浓缩液直接倒在被清洁物表面。

（4）马桶清洁剂（1≤pH≤5）呈酸性，但含有抗酸剂，有特殊的洗涤、除臭和杀菌效果。主要用于卫生间马桶、洗手盆等清洁。使用时同样需要按说明书要求稀释。

（5）消毒剂（5<pH<9）主要呈酸性。人们日常生活中比较熟悉的 84 消毒液即为此

类。可作为卫生间的消毒剂，也可用于消毒杯具，但务必用水漂净。

2．中性清洁剂

配方温和，日常清洁中被广泛使用，其缺点是很难去除积聚严重的污垢。

（1）多功能清洁剂（6≤pH≤8）性质温和，适合于大多数物体的表面清洁。使用时一般不需要漂洗，不会在物体表面留下痕迹。其缺点是清洁效果不如专项清洁剂，且不含消毒功效。

（2）地毯清洁剂是专门用于洗涤地毯的中性清洁剂。因含泡沫稳定剂的剂量有区别，分为高泡和低泡两种类型。高泡地毯清洁剂用于干洗地毯；低泡地毯清洁剂一般用于湿洗地毯，使用时用温水稀释，去污效果更佳。

3．碱性清洁剂

对于清除油脂类和酸性污垢效果较好。

（1）玻璃清洁剂（7≤pH≤10）用于清洗玻璃、镜面、瓷片及电镀物品表面的尘埃及污垢。擦拭后玻璃表面具有抗尘埃、污垢再积的特点。

（2）家具蜡（8≤pH≤9）形态有乳液、喷雾型、膏状等几种，具有清洁和上光的双重功能，具有防静电、防霉的作用。

（3）起蜡水（10<pH<14）主要用于需要再次打蜡的大理石、木质地面。起蜡水碱性强，可将陈蜡及脏污浮起达到去蜡效果。使用时需反复漂清地面后才能再次上蜡。

2．住客房的清扫

住客房清洁整理的程序与走客房大致相同，但要注意以下几点：

（1）进客房前要先敲门或按门铃。房内无人方可直接进入。房间内若有人应答，则应主动征求客人意见，得到允许后方可进房。

（2）如果客人暂不同意清理客房，则将房号和客人要求的清扫时间登记在工作表上。

（3）不准翻看或挪动客人的文件、杂志、书报等，以上物品做稍加整理即可。

（4）除放在纸篓里的东西外，即使是放在地上的物品也只能替客人做简单的整理，千万不要自行处理，更不允许随意丢弃。

（5）客人放在床上或搭在椅子上的衣服，如不整齐，可挂到衣柜里。睡衣、内衣可叠好放在床上。女客住的房间更需小心，不要轻易动其衣物。

（6）擦抹壁柜时，只搞大面卫生即可，注意不要将客人的衣物搞乱、搞脏。

（7）擦拭行李架时，一般不挪动客人行李，只擦去浮尘即可。

（8）女性用的化妆品，可稍加整理，但不要挪动位置。即使化妆品用完了，也不得将空瓶或纸盒扔掉。

（9）要特别留意不要随意触摸客人的照相机、便携式计算机和钱包等贵重物品。

（10）清洗电热水壶，以免产生水垢。

（11）房间有客人时，不触碰空调，保持客人原本设定的温度。

（12）房间整理完毕，客人在房间时，要向客人表示谢意，然后退后一步，再转身离开房间，轻轻将房门关上。

3．空房的整理

空房的整理虽然较为简单，但必须每天进行，以保持其良好的状况。空房清扫的要求和方法如下：

（1）每天进房开窗、开空调，通风换气。

（2）用干抹布除去家具、设备及物品上的浮尘。

（3）每天将浴缸和脸盆的冷热水及马桶的水放流 1～2 分钟。

（4）如果房间连续几天为空房，则要用吸尘器吸尘一次。

（5）检查房间有无异常情况，检查浴室内“五巾”是否因干燥而失去弹性和柔软度，必要时，要在客人入住前更换。

4．夜床的整理

夜床的整理，即“夜床服务”或“做夜床”“开夜床”，或称“晚间服务”。

（1）夜床服务的意义。夜床服务的内容包括做夜床、房间整理、卫生间整理三项任务，是一种高雅而亲切的对客服务形式。其意义主要有以下三点：

1）做夜床以便客人休息。

2）整理干净环境，使客人感到舒适温馨。

3）表示对客人的欢迎和礼遇规格。

（2）夜床服务操作程序。夜床服务通常在晚上 18:00 以后开始，也可在客人到餐厅用晚餐时进行，或者按服务台的要求进行。

1）客房晚间整理的程序及要求如下：

① 备：准备好工作车、所需客房物品、卫生清洁用品等。

② 敲：进客房要敲门（或按门铃）。

③ 开：进房间后，打开照明灯。

④ 补：补充开水和部分客房用品，如茶叶等。

⑤ 做：做夜床。具体操作方法是：将床罩掀起，叠好后放在规定的位置。然后将靠近床头一边的毛毯连同盖单（第二条床单）一起向外掀起，折成 45° 角，以方便客人就寝。标准间住一人时，一般开靠近卫生间的床位（内床），或按客人习惯开床。但不要同时开两张床。标准间住二人时，则同时从床内侧掀起 45° 角（对角开床）；房间如果是双人床，住的宾客是夫妇，则从床头柜两侧开床。

⑥ 换：更换用过的茶具、烟灰缸等。

⑦ 倒：倒室内垃圾。

⑧ 擦：擦拭室内的家具、用具等设备、设施。

⑨ 查：检查电视机、照明灯等功能是否正常，空调温度是否适中。

2）卫生间晚间整理程序及要求如下：

① 擦：进入卫生间，打开灯、换气扇，冲马桶。按要求擦洗卫生间三大设备。

② 换：整理台面及各种用品，更换用过的卫生间用品。

③ 放：将防滑垫或地巾平放于浴缸的正前方，浴帘拉至浴缸的中间部位，底边放置在浴缸内，以便客人使用。

④ 关：退出房间前，环视室内。如果房间无宾客，除保留地灯（床头灯、门灯）外，其他灯具全部关掉，将房门关上锁好。若宾客在房间，则离开时，先向宾客表示谢意，然后退出房间，将门轻轻关上。

⑤ 填：填写晚间整理记录。

5．小整理服务

小整理服务是对住客房而言的，就是在住客外出后，客房服务员对其房间进行简单的整理。其目的就是要使客人进房后有一种清新舒适的感觉，使客房始终处于干净整洁的状态。各酒店应根据自己的经营方针和房价的高低等，决定是否需要提供小整理服务。一般至少应对 VIP 房和高档房间提供这项服务。

（三）结束阶段

将所有客房清扫完毕后，客房服务员还应做好以下几项工作：

（1）整理工作车。主要有：

1）将客房收出的垃圾倒掉。

2）将撤下的脏布件清点登记，送交洗衣房。

3）将剩余空房补充用品放回工作间。

4）将清洁工具清洗干净并放于干燥处晾晒。

5）将工作车擦洗干净。

（2）补充填写工作日报表，签字后交领班。如有客人遗留物品，则应做好登记，并交有关人员保管。

（3）清洁吸尘器。

（四）客房清扫相关规定

客人一旦租用某间客房，该客房即为客人的私人空间。为此，客房部应制定相关规定，禁止客房员工随意进入客人房间。客房部员工因清扫客房卫生而必须进某间客房时，应遵守如下规定：

（1）例行的客房清扫工作一般应在客人不在房间时进行。客人在房间时，必须征得客人同意后方可进行，以不干扰客人的活动为准。

（2）进房前注意房间挂的牌子。凡是门外把手上挂有“请勿打扰”（Don’t Disturb）牌子以及侧面的墙上亮有“请勿打扰”指示灯的，不要敲门进房。

（3）养成进房前先敲门通报的习惯。用中指第二指节叩门三下，不要用手拍门，以免干扰客人的休息和起居。

（4）敲门时应报明身份且目视门窥镜，便于客人观察门外情况。

（5）当室内无动静时才可用钥匙将房门打开。将房门打开一条缝隙（以看不到房内情况为宜）时重报自己的身份，注意音量适中，如知道客人姓名，应以姓氏称呼。

（6）在房间清扫过程中，必须保持房门打开，工作车在挡住房门 1/3 处靠墙停放。这样既便于观察工作车上的物品，又不致使客人出入房间遇到障碍。

（7）讲究职业道德，尊重客人生活习惯。不得将客用布件作为清洁擦洗的用具，不得使用或接听住客房内的电话，不得在客房内休息，不能让闲杂人员进入客房。如果客人中途回房，应礼貌查验客人的住宿凭证，核实其身份。完成工作后应立即离开客房，不得在客房内滞留。

（8）应尽可能使用有利于环保的清洁剂和清洁用品，在保证客房卫生质量的前提下，尽量节约水、电及其他资源。将客房垃圾分类，回收可利用的垃圾，清洁保养以保养为首，尽量减少清洁剂对物品的损伤。

五、客房的计划卫生

客房的计划卫生是指在搞好日常的清洁工作基础上，有计划地定期对日常清洁工作中难以完成、需要加强的部位进行全面彻底的清洁保养，以进一步保证客房的清洁保养质量。计划卫生也就是定期或周期性的清洁保养工作。

1. 计划卫生的意义

（1）在不增加服务员日常劳动强度的情况下保证客房的清洁卫生质量。客房服务员每天的整理清扫工作，一般工作量都比较大，所以不可能对他所负责的房间或区域的每一个角落、每一个部位进行彻底的清洁保养。为了坚持清洁卫生的质量标准，使客人对房间卫生满意，客房部通过定期对清洁卫生死角或容易忽视部位进行彻底的清扫整理，来保证客房内外环境的卫生质量。

（2）维持客房设施设备的良好状态。不论是客房楼层还是公共区域，有些家具、设备不需要每天都进行清扫整理，但又必须定期进行清洁保养，如定期对地毯的彻底清洗等，以维持客房设施设备的良好状态，保证客房的正常运转。

2. 计划卫生的种类

客房计划卫生一般分为以下两类：

（1）除日常的清扫整理外，规定每天对某一部位或区域进行彻底的大扫除。例如，客房服务员负责 15 间客房的清扫，每天彻底大扫除一间，则 15 天即可完成他负责的所有客房的彻底清扫。也可以采用每天对几个房间的某一部位进行彻底清扫的办法。例如，对日常清扫不到的地方通过计划日程，每天或隔天彻底清扫一部分，经过若干天后，也可以完成全部房间的大扫除。

（2）季节性大扫除或年度性大扫除。这种大扫除只能在淡季进行。清扫的内容不仅包括家具，还包括设备和床上用品。客房部应和前厅部、工程部取得联系，对某一楼层实行封房，以便维修人员利用此时对设备进行定期的检查和维修保养。

3. 计划卫生的管理

计划卫生涉及范围广，一般又以高空作业居多，因此客房部必须加强对计划卫生的管理。

（1）做好计划卫生的安排和检查记录。具体要求如下：

1）将客房的周期性清洁卫生计划表贴在楼层工作间的告示栏内或门背后。楼层领班还可在服务员做房报告表上每天写上计划卫生的项目，以便督促服务员完成当天的计划卫生任务。

2）服务员每完成一个项目或房间后即填上完成的日期和本人的签名。

3）领班等根据此表予以检查，以保证质量。

4）客房服务中心根据各楼层计划卫生的完成情况绘制柱形图，显示各楼层状况，以引起各楼层和客房部管理人员的重视。

（2）注意安全。客房的计划卫生中，有不少是需要高空作业的项目，如通风口、玻璃窗、天花板等。因此，清扫天花板、墙角、通风口、窗帘或其他高处物体，要用梯子或凳子。要处处注意安全，防止事故发生。

（3）准备好清洁工具和清洁剂。要做好客房的计划卫生，就要重视清洁工具及清洁剂的准备工作。否则不仅会浪费清洁剂和降低工作效率，而且往往达不到预期的清洁、保养效果，甚至带来额外的麻烦。例如，给木质地板上蜡，本应用油性蜡，如误用水性地面蜡，不仅不美观，还会给木质地板造成损害。因此，根据计划卫生的内容，选择适合的清洁工具和清洁剂是搞好计划卫生的重要一环。

六、客房卫生检查制度与标准

客房清洁标准的制定，使客房的清扫工作有了明确的标准和规范。制定一系列科学的操作程序与标准，并严格按照服务规程制定的标准和要求来进行管理和检查，是客房质量控制的关键所在。

（一）制定一系列严格的客房清洁整理操作标准

建立一套严格而科学的客房清洁整理操作标准是客房清洁卫生管理的有效途径，它不仅便于服务员熟练掌握复杂而烦琐的日常工作程序，提高工作效率，还能使管理者在实际管理时有章可循，进而有效地节约管理成本与人力成本，保证客房清洁卫生。

客房部制定有关客房清洁卫生标准时，要以本酒店的经营方针和市场行情为依据，力求使所制定的标准符合酒店的实际情况，符合科学管理的要求，并具有可操作性。

客房清洁卫生的质量标准主要包括：

（1）客房清扫整理的次数。一般来说，客房清扫整理的次数适当的多，表示服务规格较高。但是，清扫整理的次数与此项工作所投入的费用是成正比的。因此，确定客房清扫整理的次数，要综合考虑各种因素，不能顾此失彼，因小失大。

目前，我国一些酒店采用的是二进房制（即白天的大清扫和晚间的夜床服务），如果客人需要整理房间，客房部也会尽量满足其要求。

（2）布置规格。布置规格是指客房的布置要求。客房内所配置的设备和用品在品种、数量、规格、质量以及摆放的位置和形式等方面都应有统一的要求，做到规格一致，标准统一。许多酒店都用表格和图片的形式来规定和解释这一标准，使标准容易被员工理解和执行。

（3）工作定额。客房的清洁保养工作通常实行定额管理，即规定各类客房的清扫整理工作的时间消耗指标或者规定客房服务员所承担客房清扫整理的工作量。实行定额管理，有利于提高工作效率，保持良好的工作状态，保证应有的质量标准。在制定客房清扫整理工作的定额标准时，需考虑：工作职责的要求、客房整洁的标准、每层楼的客房数、工作区域的状况、住店客人的特点、员工的熟练程度、工作器具的配备等因素。同时，定额标准制定出来后，还要根据情况的变化作适当的调整。

（4）操作程序和标准。操作程序是经验的总结，是人们在长期的工作实践中总结出来的一套操作标准。按操作程序操作，能够使工作有条不紊，避免时间和体力上的浪费，增加操作的安全性。同时，也便于管理人员对工作过程的检查和控制。客房清扫整理工作的操作程序主要包括各项具体工作的操作步骤、标准做法、要求和注意要点等内容。

（5）整洁状况。整洁的标准一般包括两个方面：生化标准和视觉标准。前者往往由卫生防疫人员来做定期或临时抽样测试与检验，后者则由酒店自己来把握。尽管客人与员工、员工与员工的视觉标准都不尽一致，但客房卫生的基本标准应该是：①眼睛看到的地方无污迹；②手摸到的地方无灰尘；③设备用品无破损、无病毒；④空气清新无异味。

（二）客房逐级检查制度

检查客房即查房。客房卫生的逐级检查制度，主要是指对客房清洁卫生质量实行服务员自查、领班全面检查和管理人员抽查的逐级检查制度。它是客房清洁卫生管理的重要措施，也是确保客房产品质量的关键。

1. 查房的方式

（1）服务员自查。客房服务员每清扫整理完一间客房后，都应对客房的清洁卫生状况、物品的布置和设备的完好等做自我检查，自查以后再报上级督导人员检查。服务员自查应在客房清扫程序中加以规定。它的好处有：①加强员工的责任心；②提高客房的合格率；③减轻领班查房的工作量；④增进工作环境的和谐与协调。

（2）领班检查。通常领班要对所管辖区域的客房进行全面检查，以确保客房的质量。领班查房是服务员自查之后的第一道关，往往也是最后一道关，是客房清洁卫生质量控制的关键。因为领班负责可售房的报告，总台据此就可以将该客房向客人出租。所以，领班的责任重大，须由工作责任心强、业务熟练的员工来担任。

领班查房的作用有：

1）拾遗补漏。由于疲惫、繁忙、方法等多种原因，再勤勉的服务员也难免会有疏漏，领班通过检查可以发现并加以补充和纠正，犹如加上了双保险，保证客房符合卫生标准。

2）帮助和指导。对于业务尚不熟练的服务员来讲，领班的检查是一种帮助和指导。如果领班的工作方法得当，这种检查可以成为一种有效的岗位培训。

3）督促考察。领班的检查记录是对服务员考核评估的一项凭据，它能有效地防止客房服务员在工作中违反操作规程、消极怠工等现象，是筛选合格服务员的一种方法和手段。

4）控制调节，领班通过检查可以更多地了解到基层的情况，并反馈到上层管理人员，为其决策提供依据。而酒店通过领班检查来实现管理者的意图，从而实现全方位的控制和调节。

（3）主管抽查。由于主管所管辖的范围比较大，主管通常是对客房进行抽查，抽查的数量一般不得少于领班查房数的10%。主管抽查的作用是了解基层员工的工作情况，是对领班的一种监督和考察。

（4）经理查房。客房部经理每天要拿出一定时间到楼层巡视和检查，抽查客房的清洁卫生。通过巡视抽查，掌握员工的工作状况，了解客人的意见，不断改进管理方法。

酒店客房卫生质量除上述四级检查外，如果有特别重要的VIP客人进店，酒店总经理或主管副总经理还需要亲自检查。

此外，酒店总经理或副总经理、大堂副理等也会定期或不定期地抽查客房卫生清扫整理情况，以掌握客房管理动态，不断改进工作，提高管理水平和服务质量。因为经理人员的查房要求比较高，所以被形象地称为“白手套”式检查[⊖]。

2. 查房的方法

对客房进行检查时，主要采用看、摸、试、嗅、听等方法。

（1）看。检查人员通过目测，看客房的整体状况是否合格。

（2）摸。检查人员通过手摸，看客房各处是否有灰尘。

（3）试。检查人员通过试用，检测设备是否正常完好。

（4）嗅。检查人员通过鼻子嗅，辨别客房内有无异味。

（5）听。检查人员通过耳朵听，检查客房内有无异常声响。

需要强调的是，由于客房内需要检查的部位和设备用品很多，为了防止疏漏，检查客房要按顺时针或逆时针方向依次进行。

第二节　公共区域清洁卫生管理

在酒店，客房部不仅承担了客房的清洁卫生工作，而且还承担了整个酒店的清洁卫生工作。公共区域是酒店的重要组成部分，客人每天人来人往，在这里休憩、停留。整洁美观的环境反映了酒店的整体水平。

一、公共区域清洁卫生工作的特点

公共区域清洁卫生工作是对酒店内部各公共区域的环境卫生及其设施设备的清洁保养，它是一项专业性较强的工作，与客房清洁卫生工作相比，有以下几个方面的特点：

1. 涉及范围广，对酒店影响大

公共区域清洁卫生的范围涉及酒店的每一个角落，又是人流交汇、活动频繁的地方，

⊖“白手套”式检查是指戴着白手套随意擦拭房间设施，以检查是否清洁无尘。

客人对酒店的第一印象是从公共区域获得的。因此，不能降低对公共区域的卫生要求，而应尽最大努力做好公共区域的清洁保养工作。客房管理人员必须做好统一规划、统一布置、统一安排，坚持统一行动，以保证公共区域卫生管理质量标准。

2. 任务繁杂琐碎，卫生保持不易控制

公共区域客流量大，人员复杂，对卫生质量的评价标准不一，这就给公共区域的清扫带来了困难。同时，由于客人在此活动频繁，环境在不断变化，同样给清扫工作带来诸多不便。因此，公共区域服务员在日常工作中应具有强烈的责任心，工作积极主动。管理人员要加强巡视和督促，保证公共区域的清洁卫生质量。

3. 工作的专业性、技术性强

公共区域的清洁保养工作专业性、技术性强，因为工作中所接触的设备、器具、材料及清洁剂种类繁多。为了能够全面胜任公共区域的清洁保养工作，公共区域服务员应勤学苦练，积极主动。管理人员应注意这方面知识和技能的培训，使员工正确操作设备、器具，掌握正确的清洁保养技术，以保持公共区域的卫生质量，提高工作效率。

二、公共区域清洁卫生的业务范围

公共区域清洁卫生的范围，应根据酒店的规模、档次和实际情况而定。其工作范围一般应包括：

（1）负责大厅、门前、花园、客用电梯及酒店周围的清洁卫生。

（2）负责餐厅、宴会厅及舞厅等营业场所的清洁保养工作。

（3）负责酒店所有公共洗手间的清洁卫生。

（4）负责行政办公区域、员工通道、员工更衣室等员工使用区域的清洁卫生。

（5）负责酒店所有下水道、排水、排污等管道系统和垃圾房的清疏整理工作。

（6）负责酒店卫生防疫工作，定期喷洒药物，杜绝“四害”。

（7）负责酒店的绿化布置和苗木的保养工作。

三、公共区域清洁保养工作的任务与要求

酒店公共区域的各个部分由于所处的位置不同、功能不同、设备材料及装饰布置不同等多种原因，其清洁保养工作的业务和要求也就不完全相同。公共区域主要场所的清洁保养工作的任务和具体要求如下：

1. 大厅

大厅是酒店一天 24 小时使用的场所，需要进行连续不断的清洁保养。一是因为这里是酒店最繁忙的场所，客流量大，极易产生灰尘和杂物。二是因为这里是酒店的门面和窗口，直接代表着酒店的形象。因此，大厅清洁保养工作的一般原则是：以夜间为基础，对其进行彻底清洁，白天进行维护和保持。

（1）入口。大厅入口处的清洁保养工作主要是清洁地面和指示标牌等。通常大门处都有车道，由于车辆和人员往来，很容易有尘土杂物，因此需要不断地清洁。白天要不断地

有计划地进行清扫，夜间要进行冲洗。北方地区的酒店冬季最好不要冲洗，以防止地面结冰，导致行人滑倒或车辆交通事故。为了防止或减少行人将尘土带进室内，门外行人必经之处要铺上踏脚垫，踏脚垫要及时更换清洗。另外，此处还要放置雨伞架，在雨雪天气，安排专人照看。配备一些伞套，防止客人将雨水带进室内，减轻室内污染。入口处的指示标牌也要经常擦拭，使其保持清洁光亮。

（2）门、拉手。门和拉手需要经常擦拭，清除灰尘、手印、污迹，保持清洁光亮。

（3）扶手。扶手需要经常擦拭，保证无灰尘、无手印、无锈蚀，光洁明亮。金属扶手须用金属上光剂（省铜剂、不锈钢清洁剂）擦拭。木质扶手需用清洁蜡除污上光，通常每天一次。

（4）室内地面。大厅室内地面白天用拖把或吸尘器清除灰尘杂物、脚印等，晚间客人较少时用打蜡机抛光，还要定期清洁打蜡。大厅地面必须保持无灰尘、无污迹、无杂物，清洁明亮。

（5）沙发、座椅。要随时清除沙发、座椅上面的灰尘杂物，并经常整理复位，如有污迹，要及时安排清洗，保证整洁整齐。

（6）茶几、茶台。茶几、茶台上面的烟灰缸要经常更换。客人正在使用的烟灰缸，里面的烟蒂不得超过 3 个，更换清洁烟灰缸时要注意是否有还未熄灭的烟头，确保安全。要经常擦拭台面，保持无灰尘、无污迹、无杂物，摆放物品整齐。

（7）公用电话间。电话间要经常进行清洁，保证无灰尘、无污迹、无垃圾杂物。电话机要整理复位，并经常消毒。电话间里面的垃圾桶和烟灰缸要及时倒掉。

（8）植物花草。及时清除枯死的枝叶、花朵，并按规定浇水施肥、喷药，要及时清除花草中的烟蒂杂物和花盆、盆套上的泥土、灰尘、污迹。如果是人造植物花草，可以直接清洗。

（9）水池。要及时清除水池内的杂物及沉积的泥沙，定期洗刷。

（10）告示牌、画牌。要经常擦拭玻璃面和金属框架，还要整理复位，保证无灰尘、无污迹，摆放整齐。

（11）烟灰桶。酒店大厅通常都有很多烟灰桶（兼做垃圾桶）。这些烟灰桶要经常清洁，定期清洗。平时，还要检查有无未熄灭的烟头、火种等。

2. 电梯和自动扶梯

电梯使用频繁，需要经常清洁。白天应对其进行清洁维护，保持干净整洁，夜间对电梯和自动扶梯进行彻底清洁，及时更换电梯内的星期地毯，擦亮扶梯把手、档杆、玻璃护档，使其无尘、无手指印。如有观景电梯，则应特别注意其玻璃梯厢的清洁，确保光亮无指印、污迹。此外，应合理安排电梯的清洁保养时间，既要保持电梯的清洁，又要防止影响电梯的正常运行和客人的进出。

3. 公共洗手间

酒店公共洗手间使用频繁，清洁工作难度较大。酒店必须保证公共洗手间设备完好，清洁卫生，用品充足齐全。

公共洗手间的清洁工作包括一般性的清洁工作和全面彻底的清洁工作两部分。一般性的清洁工作主要有：用清洁剂清洗马桶及便池，擦净面盆、台面、镜面，拖净地面，保持无水渍、无脏印，喷洒空气清新剂，保持室内空气清新无异味。更换补充用品，检查皂液器、自动烘手器等设备的完好状况等。全面彻底的清洁工作主要有：洗刷地面、清除水箱水垢，洗刷座厕内的门、窗、隔挡及瓷砖墙面等。为了不影响客人使用，全面彻底的清洁工作应安排在夜间或白天客人较少时进行。必要时，可在门外竖立一张告示牌，告知客人暂停使用及暂停使用的原因，并告诉客人附近洗手间的位置。

4．餐厅、酒吧

餐厅、酒吧营业期间的清洁工作一般由餐厅、酒吧自行解决。如遇到特殊情况需要协助，则客房部应及时采取必要的措施予以解决。餐厅、酒吧的全面清洁保养由客房部安排在非营业时间进行，其工作内容有：

（1）清除餐桌、工作台等处的食物、酒水饮料等的残留物和污迹。

（2）沙发、座椅的除尘除迹。

（3）地面的除尘除迹，定期清洗、打蜡。

（4）墙面的除尘除迹。

（5）灯具及装饰物的除尘除迹。

（6）金属器件的除锈上光。

（7）门、窗、风口处的除尘除迹。

（8）木质家具及装饰物的打蜡保养。

（9）植物花草的清洁与养护。

（10）除虫灭害。

5．多功能厅

多功能厅是用于举行大型宴会及其他大型活动的场所，其使用频率通常没有餐厅、酒吧高，一般不需要每天进行清洁保养，而是根据这里的活动安排来计划、安排其清洁保养工作。活动前，客房部要对多功能厅进行全面的清洁保养，并协助有关部门进行场地布置。活动中，客房部要合理调配人力，保持场地的清洁。活动后，客房部要及时协助有关部门清理恢复场地工作，并做必要的清洁保养工作。另外，客房部还要做好计划，定期对多功能厅进行全面彻底的清洁保养，如清洗地毯、清洁天花板及吊灯、墙面的除尘除迹等。

6．康乐场所

酒店的康乐场所较多，各个康乐场所的营业时间、设施设备的配置及活动内容各有不同。因此，对这些场所的清洁保养工作的安排必须考虑其具体情况，并与相关部门协调配合，既要保证其清洁保养的质量，又不能影响其正常经营活动。

7．后台区域

各个酒店都有后台区域，即服务员活动区域，包括员工通道、电梯、更衣室、服务员卫生间、服务员食堂、办公室、倒班宿舍等。后台区域的使用频率高、区域范围广、清洁保养难度大。酒店后台清洁保养工作做得好与坏，能够直接反映酒店的管理水平，影响服务员的工作环境质量和人的士气。后台的清洁保养工作应根据各个场所的功能用途、使用频率等具体情况，进行合理安排。

（1）员工通道。员工通道通常都是混凝土或砖石地面，日常的清洁保养主要是清除地面的垃圾杂物及污迹，但要注意防滑。定期清洁保养主要是洗刷地面，清除墙面的污迹。

（2）员工电梯。员工电梯的清洁保养工作与客用电梯的清洁保养工作基本相同。

（3）员工更衣室。员工更衣室通常安排专人照看，其清洁保养工作的内容和要求有保持地面清洁、清除垃圾杂物、收拾衣架并送布件房、整理长条凳、清洁浴室卫生间、补充卫生用品、家具设备的除尘除迹等。

（4）办公室。办公室的清洁保养工作一般在上班前或下班后进行，中间方便的时候整理一次，倒掉垃圾。在对办公室进行清洁保养时要特别小心，防止文件丢失。有些办公室由于保密和安全的原因，清洁保养需做特别的安排，通常要与有关人员或部门协调安排。

8. 吊灯

酒店大厅、多功能厅等处都装有大型吊灯。对吊灯的清洁保养工作是一项比较复杂细致的工作，必须周密计划、合理安排，主要注意以下几点：

（1）选择适当的时间。清洁保养酒店公共区域的吊灯应根据各场所的使用情况安排时间，以不影响这些场所的使用为原则。

（2）选择合适的人员。这项工作必须由有经验、责任心强、工作细致认真的服务员承担。因为酒店使用的吊灯大多价格昂贵、易损坏，甚至有些配件还不易采购。在作业过程中，领班或主管要加强现场监督，并要求工程部配合协助。

（3）更换烧坏的灯泡。一般大型吊灯都有很多灯泡，有些酒店要求每次清洁保养时可将全部灯泡换掉。已烧坏的丢弃，尚能使用的用到别处。

（4）配齐设备工具用品。清洁保养吊灯时，必须要有齐全的设备工具和用品，如升降梯、长梯、软刷、各种抹布、专用清洁剂等。

（5）注意安全。清洁保养吊灯时，必须注意安全。一是防止发生工伤事故，二是防止损坏灯具。

9. 酒店垃圾的处理

（1）酒店里所有的垃圾，包括定期从垃圾管道里清除的垃圾，都要集中到垃圾房，统一处理。

（2）将垃圾中的有用物品，如餐具、用具、设备零件等分拣出来，做好登记，移交给有关部门处理。移交时要办好登记和签收手续。

（3）清理垃圾时，若发现客人遗弃的不良刊物不得私自拿走，必须交保安部处理。

（4）将经过清理的垃圾喷洒药物后装进垃圾桶加盖，以便杀灭虫害和细菌。

（5）定期将垃圾运往垃圾工厂或垃圾处理厂。若酒店有焚烧垃圾的设施设备，可先将垃圾焚烧后，再运往垃圾工厂处理，一定要在当天处理完。

（6）保持垃圾房的清洁卫生。垃圾桶要摆放整齐，配备垃圾桶盖子，保证地面无遗留垃圾，尽量减少异味。

（7）垃圾房是处理垃圾的场所，无关人员不得入内。

四、公共区域清洁卫生工作的管理

1．严格挑选员工，加强培训

公共区域的清洁保养工作要求高、技术性强、劳动强度大。因此，要选择合适的人员，加强对他们的培训，使其具备应有的素质和技能，保证清洁卫生工作质量。

合格的酒店公共区域清洁服务员的要求是：①热爱酒店公共区域的清洁工作，具有高度的自觉性和责任感；②能吃苦耐劳；③有丰富的清洁保养知识和熟练的操作技能；④有良好的服务态度和较强的应变能力；⑤身体健康，形象较好。

2．划片包干，分工负责

为了保证清洁保养计划的实施和便于检查效果，需要实行划片包干、分工负责的办法。将各项工作落实到早、中、晚三个班，再根据工作量的大小确定各班次服务员的人数，最后划片包干，将责任落实到人。通常早、中班各责任区的服务员应根据客房部制定的工作流程和时间分配表进行工作，而夜班则只需列出其工作内容即可。

3．制定清洁保养计划与标准

为保证公共区域清洁卫生质量的稳定性，必须制定清洁保养制度与标准。“制度”规定着公共区域的工作流程和质量要求，以便公共区域清洁服务员能按制度与标准的要求去做，保证公共区域清洁卫生质量。

酒店公共区域的清洁保养制度和标准一般包括：

（1）日常清洁保养制度。根据各区域的活动特点和保洁要求，列出所有责任区域的日常清洁基本标准，以便进行工作安排和检查对照。

（2）分期清洁保养计划。分期清洁保养计划类似客房的计划卫生，但酒店公共区域范围广，各处的使用情况和环境要求也不一样，所以分期保养计划应以片、区分列为宜。

4．加强巡视检查，确保卫生质量

公共区域管理人员要加强巡视检查，制定卫生检查标准和检查制度，以便了解各项工作是否达到了酒店规定的标准，发现问题及时纠正。客房部的管理人员也要对公共区域的清洁卫生进行定期或不定期的检查和抽查，以保证公共区域卫生的质量。

公共区域卫生质量的检查应包括以下五个层次：①公共区域清扫服务员对卫生区域和项目的每日自查；②公共区域卫生领班每天的全面检查；③公共区域卫生主管的重点检查；④客房部经理的巡视检查；⑤必要时主管总经理或副总经理的巡视检查。

本章小结

客房清洁卫生是客人对酒店的基本要求，客房服务员需要熟练掌握客房清洁整理的操作流程及要求。作为未来的客房部主管，要按照服务规程制定的标准和要求进行管理和检查，并制订工作计划。同时客房部还承担整个酒店公共区域的清洁卫生工作。对酒店内部各公共区域的环境卫生及其设施设备的清洁保养，是一项专业性较强的工作，酒店公共区域的各个部分由于所处的位置不同、功能不同、设备材料及装饰布置不同等多种原因，其清洁保养工作的业务和要求也会不完全相同。

复习思考题

1. 选择题

（1）经理级人员查房的最高标准，通常被称为（　　）。

A. 客房巡查　　B. 神秘客人

C. 白手套式检查　　D. 不定期抽查

（2）客房卫生清扫的种类包括（　　）。

A. 反复清扫　　B. 简单清扫

C. 一般清扫　　D. 重点清扫

E. 彻底清扫

（3）适用于空房，即暂时没有住人，但可随时出租的客房的清扫是（　　）。

A. 小整理　　B. 大整理

C. 中整理　　D. 强化整理

（4）客房清洁整理的基本原则主要有（　　）。

A. 从上到下　　B. 从里到外

C. 环形整理　　D. 干湿分开

E. 先卧室后卫生间

（5）客房清洁剂的种类主要有（　　）。

A. 酸性清洁剂　　B. 碱性清洁剂

C. 中性清洁剂　　D. 活性清洁剂

E. 水溶性清洁剂

2. 案例题

小张是新到酒店客房部的实习生。作为新人，他认真工作，跟着师傅认真清洁好每个房间。这天，他独立打扫3507号住客房。看样子这间客房住的可能是一对在此度假的年轻夫妇，早上直接出门去玩儿了。小张按照客房清洁的步骤和规定，认真打扫了房间。

在最后做地毯吸尘的时候，他无意间发现床下有一个女士的内衣。他估计是客人不小心掉的，就不假思索地将内衣叠好，和客人的睡衣一起整整齐齐地放到了客人的床上。晚上，小张突然接到客房部经理的电话，要他马上到3507号房间。一进门，小张就看到了怒气冲冲的客人，女客人指着床上的内衣问小张是怎么回事，小张这才发现，原来掉到床下的女士内衣并不是现在的客人的，可能是上个客人遗留的，且当班的客房服务员没有发现。这对年轻夫妇是新婚来度蜜月的，遇到这种事，女客人气坏了，投诉酒店要求赔偿损失。小张不知所措。

请通过这个案例，总结在客房清扫过程中应特别注意的事项。

3．实践题

实际清扫一间客房，按照准备、清扫整理、结束三个阶段，熟悉各阶段操作流程。

第九章

客房部物资管理

知识目标

- 熟悉客房织物用品库存控制
- 熟悉宾客借用品与客用供应品种类
- 熟悉客房设备与日常保养
- 了解客衣洗涤流程

能力目标

- 能够确定客房织物标准量
- 能够处理客衣纠纷

引导案例

一次，客人需要参加晚宴，想熨礼服。客房部管家急忙帮客人找出熨斗，插电试了一下可以正常使用便离开了。不一会儿，接到客人的投诉电话，让他去房间，管家莫名其妙地进去，就见客人正对着熨衣板上的真丝裙子生气呢。一看，上面有一大块烧焦样的东西。管家上前问了缘由，原来熨斗底部不知什么时候粘上了胶，自己只顾检查电，没有注意熨斗底下，结果把客人的衣服烤坏了。管家的脸一下就红了，赶忙向客人道歉，表示会争取把裙子洗干净或赔偿客人损失。从此以后，这位管家在为客人准备设备时，都会里里外外检查仔细，不再想当然地以为东西是好的。

思考：客房部物资种类比较多，在客用品的日常管理中要注意哪些问题，才能为客人提供良好的服务？

酒店客房的设备设施是否齐备完好，客房用品是否舒适美观都是衡量一家酒店档次和服务管理水平的重要标志。客房部的物资种类比较多，大到房间内的家具、电器设备，小到圆珠笔、牙刷等物料用品，使用时都应使客人感到方便舒适。物资管理在一个运营良好的客房部内平日里可能根本显现不出来，不过一旦电视不出影像了、库存的床单不够换了等诸如此类的小麻烦一出，立刻就会显现出客房物资管理的无序，会让客房部经理感到焦头烂额。

第一节 织物用品与工作服管理

织物用品是客房部重要的可循环使用的用品，同时也是酒店成本开支的重要项目。因此，客房部对织物用品的管理和控制工作尤为重要。

一、织物用品管理

1. 织物用品的分类

织物用品主要有以下三类：

（1）床上织物用品。有床单（包括各种尺寸与颜色）、配套的枕套、床垫衬垫或床垫罩、床上抱枕套及沙发靠垫套等。

（2）卫生间织物用品。有浴巾、手巾、专用毛巾、洗脸巾和浴用织物地毯（也称地巾）。

（3）餐桌织物用品。包括台布与餐巾。在房间内仅使用口布和托盘衬垫。另外，宴会用织物是一类特殊的餐桌织物。由于其规格大小、形状和颜色变化较大，这类织物在库存品控制系统中，需要与餐厅织物分开储放。

小知识

1. 常用床单尺寸

单人床（Twin）：167×243cm

加长单人床（X-long Twin）：167×259cm

普通双人床（Full）：205×243cm

中号双人床（Queen）：228×259cm

大号双人床（King/California King）：274×259cm

2. 常用卫生间织物用品尺寸

小方巾：正方形的小毛巾，适宜作擦手、擦脸之用。主要规格有：20×20cm、26×26cm、28×28cm、30.5×30.5cm、33×33cm 等。

面巾：以洗脸为主的长方形毛巾。主要规格有：32×76cm、34×78cm、32×92cm 等。

小浴巾：主要用来淋浴擦洗。主要规格有：28×46cm、40×65cm、46×64cm、46×92cm、34×100cm 等。

大浴巾：主要用来浴后擦身、遮体，又称“披巾”。主要规格有：51×102cm、56×112cm、61×122cm、68×137cm、76×152cm、96×132cm 等。

地巾：又称脚垫。采用粗号纱织制的高密度、高厚度的毯状织物，用于卫生间地面，起到清洁、防滑、保温、装饰作用。常见的有长方形和椭圆形，主要规格有：40×70cm、50×70cm、50×80cm 等。

2．织物用品的标准量

织物用品管理的首要任务是给酒店使用的各类织物用品确定适当的库存水平。关键是要保证织物用品的库存水平能满足客房部平稳运营的需求。织物用品的库存水平若定得太低，就会发生物品短缺现象。物品短缺会影响客房部的顺利运营，会使住店客人感到不快。物品短缺也会使准备就绪的待售房数量减少，并且因为织物用品洗涤过于频繁而缩短了使用寿命。而如果织物用品库存水平定得过高，则虽然客房部运作会很平稳，但由于织物使用效率低，会使库存过量，造成闲置。

织物库存品制定的标准数量应满足客房部正常运营需要的标准库存品水平。一个标准量的织物用品即为各类物品满足所有客房一次配置所需的总量，也称作一个酒店配置（House Setup）。

正常织物供应品的数量应该是满足所有客房所需织物一次配置量的数倍。客房部必须确定多少个标准量的织物才能支撑客房部的有效经营。因此，客房部在制定织物用品标准量时，有三点要注意：织物洗涤周期、织物的更新和发生紧急情况。

（1）织物洗涤周期。这是确定织物标准量的最重要因素。高星级的酒店每天更换和洗涤织物用品。任何时间都会有大量的织物用品在客房和洗衣房之间流动。客房部要恰当确立织物库存水平，必须从酒店最为忙碌的时间着眼，例如，酒店连续三天达到100%的客房出租率。运行良好的店内洗衣房，其洗涤周期一般应保证有三个标准量的织物：第一个标准量的织物洗涤完毕，放入储备室，准备今日待用；第二个标准量织物是前一天使用的，当日待洗；第三个标准量织物今日将从客房中换下，等待明日洗涤。客房部还要把客人额外要求的织物用品及折叠床、坐卧两用沙发和儿童小床使用的织物用品考虑在内。

使用外包洗衣服务的酒店，其洗涤周期比店内洗衣房的周期稍长一些。酒店需储备织物的数量将受到外部洗衣房取送服务频度的影响。频度越高，酒店需补充的织物储备量就越小。如果外部洗衣房服务的周转时间为48小时，那么酒店客房部就需要增加一个标准量的织物，用于充抵酒店与外部洗衣房之间递送的织物。

（2）织物的更新。这是对破旧、受损或失窃织物的更换和补充。由于酒店织物损失情况各不相同，客房部有必要根据酒店以往的历史记录，确定一个合理的织物更换标准量。更换物品的需要量，可以在研究和分析记载损失与更换需求的月度（季度或年度）库存品报告后加以确定。

（3）发生紧急情况。停电或设备故障会造成酒店的洗衣房停止运转，洗涤周期中织物流转也会被终止。客房部应储备一个完整标准量的织物，使客房部在紧急情况下仍能平稳正常地运作。

因此，酒店的洗涤周期、织物更新需求以及紧急情况物品储备等诸多因素表明，酒店至少应保证3～4个标准量的织物用品储备。使用外包洗衣房服务的酒店还需根据情况再增加一个标准量的织物，以充抵递运中的一个标准量的织物。

3. 织物用品的使用时间

确定何时更换织物用品，要以客人需求为前提。有些酒店会每天更换出租房的床单，有些酒店会采用在床上或在门把手上放卡片的方法，让客人自己作出选择。还有些低成本运作的酒店按规定每两天或三天给宾客换一次床单。随着环境保护意识的深入人心，除非有特殊需求，很多客人现在也理解每日更换床单洗涤所带来的水资源浪费和环境污染。其实，除了降低更换布件的频率，正确的洗涤方法也是延长布件使用寿命、降低成本的手段。另外，内部管理也非常重要。员工认真地对待工作，对待客人，从环保的角度出发，制定出合理的工作程序，节水、节能的观念深入人心，并把这种观念传达给客人，得到客人的支持，这将是一种双赢的结果。

4. 织物用品库存控制

为有效地管理织物库存品，客房部需要制定出规范的实施细则，以此确定织物用品的储藏方法、地点、发放时间、分发对象，以及如何通过洗涤周期监督与控制织物用品的流动。

（1）储藏。酒店里大量的织物供应品在客房与洗衣房之间不停地流动。洗净的织物用品在使用前应至少在储物处放置 24 小时。这将有助于增加织物的使用寿命，并使耐久定型织物的皱痕得以舒展平整。客房部主储藏室、洗衣房附近的分发室，以及客房服务员容易拿取物品的楼层布件间，都是织物用品存放的地方。

一般织物储存室需要干燥并且通风良好。室内的存物架应该光滑平整，不会发生钩拉织物纤维的情况。织物应按种类有序排列。室内要有足够的空间，避免造成织物积压与拥挤的状况。织物储存室应该上琐，建立规范的钥匙控制程序。对主储藏室内未曾使用过的新织物用品应采取专门的管理。

（2）分发。楼层的一个标准量是指某一楼层布件间所包括的客房一次配备各类织物所需的织物数量。制定出织物标准量，并将它贴在每楼层的织物壁橱上，以便客房服务员清晰查询。建立分发程序，以便确保每日工作开始时，各楼层的布件间里已经备好其标准量的织物用品。

前台的客房出租率报告，可用于确定各储藏室织物分发的需求量，然后由客房部经理开出织物分发单，明确各储藏室需补充多少织物可供第二天的标准量储备。这张单子也可被用作布件申领单，送交洗衣房经理，由洗衣房经理将所需量的干净织物留出，并将多余的清洁织物存放在洗衣房织物分发室中。当日班结束时，由客房部一名夜班人员将洗衣房经理留出的补充织物用品放入楼层布件间，从而使各层布件间恢复到标准储备水平，以满足第二天工作之需。客房主管可以对壁橱进行抽查，确保规范程序得以执行。

二、工作制服管理

绝大多数酒店要求员工着正装上班。多数情况下是由客房部来负责整个酒店工服的储藏、发放和管理。酒店不同部门员工着装各式各样，也使这项工作变得纷繁复杂。

客房部经理根据各部门负责人提供的信息，每个部门有多少在岗员工、身着什么样的工服、员工的身材尺寸以及工服的换洗频率等，确定有足够的各类工服投入使用。制定标准量水平要考虑的另一个因素是洗衣房处理工作服所需要的周转时间。工作服标准量水平的高低，在很大程度上取决于工作服需要洗涤的频率。

客房部还需考虑酒店各个部门的着制服人员的需求。由于前台员工始终是公众注意的对象，其整洁的外表就显得格外重要。因此，客房部要为前厅部员工维持更高的工服标准量水平。同样，厨师及直接接触食物的餐饮服务人员对卫生的要求很高，因此，厨师、餐饮服务人员及其他厨房工作人员也需要每天更换工作服。

这样在确定工作服的标准数量时就有以下两种方法：

（1）如果工作服每周洗一次，则每周就得给每位员工发 5 件干净的衣服，这种情况下，每位员工在周末开始时，将用 5 件穿脏的衣服去换 5 件干净的衣服。

（2）基于制服日洗日换的原则，即每天用一件脏衣服换一件干净的衣服。这样至少需要三个标准量的工作服。即员工身上穿的工作服为一个标准量，另一个标准量的工作服送洗衣房洗涤，第三个标准量服装供换衣服时发给。

与每周洗涤一次工作服相比，每日洗涤的做法更加可行，而且成本较低，也是大多数酒店实行的方法。客房部确认有 3～4 个标准量的做法更为合理。这样就会有充足的储备来应付新员工的需求，并有余地满足现有员工更换工作服的需求。4 个标准量的储备能够保证在出现事故或不测损毁时，有足够的备用服装来满足应急需要。

日常管理员在整理员工换洗制服时，应随时检查制服的磨损情况。一经发现有破损或磨损的制服，管理员会及时修理。破损严重的会通知制服定制厂家到酒店为该员工重新量尺寸定做。清点、登记制服的工作一般在制服室下班后进行。

第二节 客房用品管理

一、宾客借用品管理

客房部服务的另一项重要工作是向客人提供所需的各种常用物品。客房部负责储备、出借及收回宾客借用的物品。

1. 宾客借用品种类

各个酒店向宾客出借的物品种类各有不同，主要有：

（1）一般借用品：包括熨斗、熨衣板、吹风机（很多酒店客房已备）、闹钟、童床、接线板及变压器。

（2）其他借用品：电热垫、热水瓶、冰袋、剃刀、电动剃须刀、卷发器、加热毯、棉被、毛毯等。

（3）特殊出借物品：手杖、拐杖与轮椅。

2. 宾客借用品确定标准

酒店出借给宾客的物品种类通常取决于酒店的服务水平及其典型客人的需要。而出借物品的库存量取决于酒店的规模及预期的客人需求量大小。宾客借用具体物品的频率，也依据酒店的类别、开房率的水平、宾客当日到店与离店的形式和酒店某一时间段住店客人的类别的不同而不同。尤其在酒店接待大型团体或会展客人的时候，客房部经理、项目接待经理和销售部经理应通力合作，确定酒店宾客借用物品的种类与数量。客房部应负责为满足客人要求而备足物品，做好借用物品的供应工作。

3. 宾客借用品库存控制

管理好宾客借用品涉及保存正确记录、跟踪出借的物品，并确保借出的物品能够及时归还。客房部要储存本部门一切宾客借用品的完整无误的清单。在库存品的记录上应反映出每项物品的名称、制造商、供应商、购买日期、货价、保修及存放地点的信息。记录还应该注明各项物品的标准量。当破旧物品更新时，应及时更新客用品库存总表。

客房部可使用记录表对宾客借用物品进行登记。以加强宾客借用物品的监督和管理。记录借出物品的名称、客人的房号及归还物品的时间，以及客人签名。同时，还注明预期客人结账离店的时间，这将有助于跟踪一些特殊用品，保证客人在离店时及时归还。通过对记录表的分析，客房部能清楚地推测出何时要求借物的客人人数最多，什么是客人经常需要的东西，需要用多长时间。这些都会为客房部的借用品管理提供有用的信息。

在酒店，客人经常借的用品有手机充电器、变压器、转换插头等。客人借用后，客房部工作人员会在酒店计算机管理系统中注明客人所借物品。这样，前台在给客人办离店手续时看到此类信息，会及时提醒客房部人员到房间收回所借物品。如果客人向酒店借比较贵重的物品，或者一间房间入住多人，则在向客人借出物品时，需要客人在借物登记表上签字，以确保收回物品，或者更容易向所借客人追账。当然，现在一些经济型酒店还会要求借用物品的客人提前付押金。押金的多少根据借用物品而定。

二、客用供应品管理

酒店向宾客提供各种多样的客房供应品和方便用品，以满足他们的需求与住店的方便。通常情况下客房部经理负责储备、发放及控制这些物品，并保证这些库存物品储备充足。

（一）客用供应品的种类

酒店日常提供给客人用的供应品种类和数量，多半取决于酒店的规模、接待的客户与服务水平。

（1）一般供应品与方便品。浴皂、洗面皂、马桶座圈、卫生纸、面巾纸、废纸篓、淋浴帽、衣架、一次性拖鞋等。

（2）其他供应品。水罐、冰桶、火柴、烟灰缸等。

（3）特殊供应品。护发素、浴用海绵、针线包、擦鞋布等。

（4）定期发放的供应品。笔、信笺信封及各种印刷物品，如“请勿打扰”牌、防火须知、客人意见表等。此外，提供的物品还可能包括洗衣袋、实用塑料袋、卫生袋、瓶装水、指甲锉及薄荷糖等小食品类。

（二）客房用品的日常控制

客房部对客用品的日常控制，一般采取三级控制的方法。

1．楼层领班对服务员的控制

（1）通过工作表控制服务员消耗量。楼层领班通过服务员做房报告控制每个服务员领用的消耗品，分析和比较各服务员在每房、每客上的客用品平均耗用量。服务员按规定数量和品种为客房配备和添补用品，并在服务员工作表上做好登记。领班凭服务员工作表对服务员领用客用品情况进行核实，防止服务员偷懒或克扣客人用品据为己有。

（2）检查与督导。领班通过现场指挥和督导，减少客用品的浪费和损坏。请服务员在引领客人进房时，按服务规程介绍房间设备用品的性能和使用方法，避免不必要的损坏。督导和检查服务员清扫房间的工作流程，杜绝员工的野蛮操作。例如，少数员工在清洁整理房间时图省事，将一些客人未使用过的消耗品当垃圾一扫而光。

2．建立客用品的领班责任制

各种物资用品的使用主要是在楼层进行，因此，使用的好坏和定额标准的掌握，其关键在领班。建立楼层客用品的领班责任制，是客房部对物资用品的第二级控制。

（1）楼层配备物资用品管理人员，做到专人负责。楼层可设一兼职的行政领班和一名业务领班。行政领班负责楼层物资用品的领发和保管，同时协助业务领班做好对服务员的清洁、接待工作的管理。小型酒店则不设行政领班，由楼层领班监管物资用品的保管和领发工作。

（2）建立楼层家产管理档案。平时如有家产增减或移动，必须由楼层主管或经理批准，并由楼层主管在家产登记卡上进行更改，以加强领班的责任心。

（3）领班每天汇总本楼层消耗用品的数量，向客房部汇报。

（4）领班每周日应根据楼层的存量和一周的消耗量开出领料单，交客房部中心库房。

（5）每月底配合客房部中心库房的物品领发员盘点各类用品。

（6）随时锁好楼层小库房门，工作车按规定使用。

3．客房部对客用品的控制

客房部对全酒店各楼层客房用品的控制，可以从两个方面着手。一是客房部中心库房的管理员（物品领发员）负责整个客房部的客用品领发、保管、汇总和统计工作。二是楼层主管应建立相应的规范和采取措施，使客用品的消耗在满足业务经营活动需要的前提下，达到最低限度。这就是第三级控制。

（1）中心库房对客用品的控制。设立客房部中心库房的酒店，可由中心库房的物品领发员或客房服务中心对客房楼层客用品耗费的总量进行控制。负责统计各楼层每日、每周和每月的客用品使用损耗量。结合客房出租率及上月情况，制作每月客用品消耗分析对照表。

（2）楼层主管对客用品的控制。楼层主管或客房部经理对客用品的控制主要是通过制定有关的管理制度和加强对员工的思想教育来实现的。

（3）防止客人的偷盗行为。这就要求酒店实行访客登记制度，尽可能地少设置出口通道，对多次性消耗用品，如烟灰缸、茶杯、茶叶盒等，印有酒店标志。

第三节 客房设备与清洁用品管理

一、客房设备分类及日常保养

客房设备主要包括家具、电器设备、卫生洁具、安全装置及一些配套设施。对于这些设备的管理包括日常维修保养、登记造册、更新改造。

（1）家具。客房家具从功能上划分，可分为实用性家具和陈设性家具两大类，其中以实用性家具为主。主要有：床、床头柜、写字台、坐椅、沙发、茶几、衣柜、行李架等。客房家具多为木质家具，除了日常清洁，也要注意定期保养。主要做到防潮、防水、防爆晒、防虫蛀，定期打蜡上光、轻搬轻放。床垫、沙发垫定期翻转，保证受力均衡。

（2）电器设备。客房内的电器设备有照明灯具、电视机、空调、冰箱、电话机，有的酒店房间还包括厨房设备设施等。保证这些电器设备位置摆放合理，与室内功能区协调，相互不干扰，始终处于正常运转状态。注意插头是否松动、是否使用中有异响、是否有漏电事故隐患。

（3）卫生洁具。客房内的卫生洁具主要有洗脸台、浴缸、坐便器、通风设备等，多为陶瓷、金属类产品。日常清洁中注意选用温和的清洁剂，以免破坏表面光泽及腐蚀管道。

（4）安全装置。客房内一般都装有烟雾感应器，门上装有门窥镜、安全链，门后张贴安全指示图。楼道装有摄像头、自动灭火器、昼夜明亮的安全逃生的小灯箱。这些防火、防盗的安全装置更要经常维修保养，以免因失灵造成严重后果。

二、清洁器械设备管理

客房部的工具主要包括客房部员工清洁客房及公共区域所需要的主要机械设备。所有机械设备必须保养完好，以便员工安全有效地使用。常用清洁用机械设备有推车、吸尘器、地毯清洗机、各类清洁刷、堆物升降机、洗衣房设备和各种垃圾处理设备。

不同设备具有不同的性能，因此要对其分类编号。客房部需建立设备卡片，与设备部门、财务部门的档案一致，以便核对、控制，便于加强管理。建立设备发放程序，设立设备发放日志表，记载发放及归还的设备，并注明设备发放的名称、日期、使用人、使用地点及归还时间。

对所有主要机械与设备的盘点工作要定期（季度、半年）进行。清点时查看库存品卡片，核实所有物件的准确储放地点，并清点所有附件，最后，对所有机械与设备再做一测试，以确保各机械与设备处于良好的运营状态之中。

三、清洁用品管理

清洁用品是客房部低值易耗库存品的一部分。在客房部的日常经营中，这些物品被消耗或用掉。客房部的重要职责是要加强清洁用品的成本控制和确保清洁材料的正确使用。客房部使用的清洁用品有：

（1）化学品：多功能去污剂、消毒剂、杀菌剂、碗碟洗涤剂、玻璃清洁剂、金属擦亮剂等。

（2）清洁物品：涂抹器具、扫帚、干拖把、湿拖把、拖把绞干器、清洁用提桶、喷雾瓶、橡皮手套等。

清洁用品属于易耗品，所以，它的库存与客房部日常工作中这些物品的消耗率密切相关，它们的库存量的确定，与前面讲到的客用品库存控制中考虑的因素大体一致。各酒店可根据自己的情况制定各自的最小库存量与最大库存量。考虑到采购、运输过程中可能发生的物品损坏、送货延迟等情况，设定一定量的安全储备。但是，要注意考虑化学品的保质期，以免造成浪费。

清洁用品也需要建立严格的控制管理，规范发放程序，掌握发放数量，杜绝员工随意拿取清洁用品的坏习惯。同样，每月对清洁用品的库存进行盘点。通过对库存量的确认，客房部可以确定各项物品需要订购的数量，并将这些供应品的储备恢复到规定的最大储备量水平。

第四节　外包洗衣与客衣洗涤管理

一、外包洗衣管理

现代社会随着能源紧缺的问题越来越突出，很多新建酒店已不在店内设立单独的洗衣房。成立洗衣房需要购进大量机器设备，运转起来需要消耗大量的水、电、气等能源，需要配备专门的技术人员承担此项工作，这些都是一笔不小的投资。所以现在国内除了一些老酒店还保留店内洗衣房外，大多数酒店都采取了外包的形式，即酒店与外包商签订合同，明确说明外部洗衣厂或干洗店承担本酒店的棉织品洗烫服务。合同中应注明收取和送还衣物的时间、结算方式等诸多条款。洗衣外包方式，有利于酒店更加专注于自己的核心业务，将辅助型、开销较大、专业性较强的业务交给外部专业化的企业办理，节约了成本，提高了效率。

尽管外包洗衣可以省去大量的人力和物力，但酒店至少要有1～2名具有相关洗衣专业知识的员工配合外包工作。他们是客人与酒店、酒店与洗衣厂之间的关键人物。特别在为客人提供洗衣服务时，需要特别留心。客人不会因为是外包洗衣而对酒店的洗衣服务降低要求，洗衣厂也不会因为拿来的衣物是客人的就特别留意。这时，这名员工就派上了用场。当他接收客人的送洗衣物时，要里里外外仔细检查，看是否有无法洗去的污渍，一定要提前向客人解释清楚，征求客人的同意后再安排洗涤。同样，在从洗衣厂取回洗好的衣物时也要仔细检查，看是否有由于洗涤失误对衣物造成的损害。

无论是送去脏的棉织品，还是取回洗净的棉织品，都要仔细清点，保证数量一致。外包洗衣的一个最大问题就是棉织品丢失，特别是小件物品的遗失。日积月累，它会给酒店带来不小的损失。另外，要保证取回的棉织品与送去的一致，有时，由于洗衣厂负责若干家企业的洗涤工作，会发生张冠李戴的情况，所以有些酒店要求并提供印有本酒店名称和标志的专用洗涤袋与箱子，避免此类问题的发生。

洗烫服务不论来自店内还是店外，都可以当日取件或隔日取件。当日取件是指早上送去洗涤的衣物当晚送还给客房部。隔日取件是指晚上送洗的衣物第二天早晨返还。但有一点需要注意，由于现在建在市内的大型洗衣厂越来越少，而酒店经常会遇到客人需要加急洗衣的情况。所以，找一家离酒店最近的干洗店，签订加急洗衣及衣物小修补的合同，满足这类客人的要求不失为一个良策。

小知识

外包洗衣服务合同样本

甲方：××洗衣有限公司

乙方：××酒店

经××洗衣有限公司（以下简称甲方）与××酒店（以下简称乙方）双方友好协商，本着自愿、互利互惠的原则，在甲方保证洗衣质量的前提下，达成如下洗衣服务协议：

一、具体合作形式

1. 甲、乙双方经协商确定洗衣价格，并在协议期内该价格固定不变。

2. 甲、乙双方在交接衣物时，共同清点交接数量、种类、衣物洗前情况（如有无破损、特殊污渍、特殊要求）并签字认可。对特殊或高档衣物的洗涤，由甲方确认洗涤方法，并保证衣物的洗涤质量。

3. 每月20日为结账日，甲方应向乙方统一汇出月实际金额明细表，乙方应于每月25日向甲方一次性支付已完成的洗涤款项（节假日顺延）。

4. 为方便经营，经协商由甲方提供取送服装的车辆，并保证在协定时间内将洗后服装送至公司内，特殊衣物除外。

5. 双方应确定专职收送衣物人员，如有更换需及时通知对方。

二、甲方的权利与义务

1. 甲方每日12:30前至乙方处收取当日洗涤衣物，并于18:00前，将洗后衣物送回甲方处。如有加急衣物，甲方应在接到通知起3小时内将衣物送至乙方处，不另行收取加急费用。

2. 作为服务项目之一，甲方应按照协定标准对洗后服装进行包装。

3. 甲方应保证送洗服装的洗涤质量，在接收衣物时乙方要验收，对于不易清洗的污渍甲方应事先说明洗涤效果。

4. 甲方有权在收衣时对于无法洗涤或乙方未发现缺陷之衣物拒绝洗涤。

三、乙方的权利与义务

乙方有义务按照甲方要求对服装污损状况进行检查及记录，并通知甲方取衣人员。如有衣物洗涤不干净的问题，乙方可以要求返工免费重洗。

四、纠纷解决

1. 乙方在甲方收取衣物时，应详细地告知乙方所洗衣物状况及客人的具体要求，由于乙方疏忽造成客人不满，由乙方自行负责。

2. 甲方送衣时，乙方应对衣物进行详细检查，并及时提出问题。如乙方验收合格后衣物出现问题，甲方不承担责任。

3. 由于甲方洗涤不当或者其他原因造成衣物损坏、丢失、掉色事故等问题，双方参照《××市洗染业关于对服务质量和价格投诉的处理办法》执行；乙方应积极协助甲方处理发生的事故纠纷。

4. 由于乙方条件所限，无法对衣物进行详细检查，如衣物洗前状况、衣物内是否有贵重物品等衣物情况（检查时如发现贵重物品，甲方应及时交还给乙方），以甲方收衣时所检查结果为准。如因以上问题乙方与客人产生争议，甲方不承担责任。

五、本协议自甲、乙双方签字之日生效。本协议一经签字，甲、乙双方必须严格履行。如一方违约，应赔偿另一方的经济损失；如一方提前中止本协议，应提前一个月通知另一方后，方可中止。

六、本合作协议一式两份，甲、乙双方各执一份，如有未尽事宜，另行协商。

七、本协议在甲、乙双方代表签字，并加盖公章后生效。

八、合作期限

合作期限为×年。自××××年××月××日起执行，至××××年××月××日止。

甲方： 乙方：

代表人： 代表人：

日期： 日期：

二、客衣洗涤管理

1. 客衣收取服务流程与规范

（1）客人将要洗的衣物放入洗衣袋，填写洗衣单，注明房间号、姓名、洗衣件数、时间、要求。由楼层服务员收集到工作间。

（2）客衣服务员每日早晨收取客衣，做到“三核对”，即核对客人房间号、核对客人洗衣单、核对客人是否签名，无误后，取回客衣。

（3）如果客人要求加急洗衣，服务员接到电话后 10 分钟内到达客人房间收取客衣。加急洗衣应在 4 小时内送回客房，交给客人。

（4）收取客衣时，客衣收发员应对照客房服务员的客衣登记表，与客房服务员一起核对件数，并查对洗衣单填写是否完整。

（5）查对无误后，将洗衣单放入洗衣袋，封紧袋口并请客房服务员在客衣登记表上签字。

（6）将客衣按不同类别送交洗衣厂洗涤、熨烫。

（7）客衣发出后，收发员开始逐份对洗衣单计价，登记汇总表，待送回客衣后交前厅部收银处挂账。

2. 客衣送回服务流程与规范

（1）客衣收发员汇集同属一个房间的所有衣服，根据洗衣单清点数量、种类，查对是否齐全，做好送衣登记。

（2）将登记、整理完毕的挂件衣服按楼层顺序挂在送衣车架上，将洗衣袋放入车内，以便核对。

（3）客衣收发员将客衣送到楼层，客房服务员应迅速清点客衣件数、房号是否与客衣登记表吻合。如没有差错，则迅速将客衣送回客人房间。

（4）如客人在房间，则客衣收发员应先打电话征求客人意见：如客人说方便送入，则应立即送入并请客人清点数目；如客人说暂时不便，则将衣服存放客房服务中心，同时询问客人方便送入的时间，由客房服务员将衣服送入房间。

（5）如客人不在房间，则应在客房服务员的陪同下将衣服送入房间。洗衣袋与挂件全部放于床上（洗衣袋放床尾左下角，挂件放床尾中间，衣架朝上，客衣齐床尾即可）并退出房间关好房门。

三、客衣纠纷处理

尽管服务员倍加小心，但在工作中也难免出现纰漏。如何处理丢失或损毁的客人衣物是一件棘手的问题。客衣纠纷的原因主要有客衣丢失、客衣破损、污迹未洗净、纽扣丢失、客衣染色褪色、客衣缩小等。

发生客衣纠纷，客房部要主动与客人接触，听取客人意见要主动、诚恳、耐心。检查洗后的客衣，了解客人的要求，在查清原因、掌握事实的基础上，区别不同情况处理。凡属于酒店方面的原因引起的客衣丢失、洗坏、染色、褪色及熨烫质量差等纠纷，应主动承担责任，该赔偿的赔偿，该修补的修补，该回洗的回洗，该回烫的回烫。若需赔偿，一般来讲，业界内通常都按以下三种方法赔偿客人损失：①按洗衣费的 10 倍赔偿客人；②店方购买与客人被损衣物相同样式的衣服赔偿；③按客人出示的购买衣服购物小票，照价赔偿。

小案例

一饭店住着某公司的一批常住客。一天，一位客人的西装套装脏了，需要清洗，见服务员小李进房打扫卫生，便招呼说："小姐，我要洗这套西装，请帮我填一张洗衣单。"小李想客人也许是累了，便答应了客人的请求，随即按她所领会的意思帮客人在洗衣单上注明"湿洗"，然后将西装和单子送洗衣房。当班的洗衣工是刚进洗衣房工作不久的新员工，她毫不犹豫地按照洗衣单上的要求对这套名贵西装进行了湿洗，结果造成衣服洗后严重缩水。

客人收到西装后，十分恼火，责备小李说："这套西装价值上万元，理应干洗，为何湿洗？"小李连忙解释说："先生，真对不起！不过，我是照您的交代填写湿洗的，没想到会……"客人更加气愤，打断她的话说："我明明告诉你要干洗，怎么硬说我要湿洗呢？"小李感到很委屈说："先生，实在抱歉！可我确实……"客人气愤至极，抢过话头，大声嚷道："我要向你们经理投诉！"

客房部经理接到客人投诉，立刻找小李了解事情原委，但究竟是"干洗"还是"湿洗"，双方各执一词，无法查证。最后经饭店领导反复研究，考虑到这家公司与饭店的长期合作关系，尽管客人索取的赔款超出了饭店规定的赔偿标准，但为了彻底平息这场风波，最后还是接受了客人的赔偿要求。

在酒店客人的投诉中，因客衣所引起的纠纷占了相当大的比例，如衣物破损、丢失，污迹未洗净，纽扣丢失，客衣染色、褪色等。洗衣的服务环节及涉及人员较多，往往因有关人员工作不够细致或缺乏常识而出现差错。如何有效预防客衣纠纷的发生？在这个典型案例中，可以从以下方面加强管理和控制：

（1）酒店应明确告知客人如何送洗衣物。有的酒店要求服务员每天定时逐一检查所有客房，收集住客送洗衣物，也有的酒店要求住客将洗衣袋挂在房门外待服务员收取。但这两种方法都有明显的缺点。前者容易打扰住客，后者容易丢失。所以，酒店应该在服务指南中明确告之如何送洗衣物，或住客将送洗衣物直接交楼层服务员或打电话到客服中心，由服务员上门收取等。同时请客人在洗衣单上详细填写姓名、联系电话、房号及洗涤种类数目等，以便提供后续服务。

（2）客衣的收取应严格遵守服务规范。服务员在收取客衣时，要当着客人的面清点衣物，查看口袋里有无物件、纽扣有无脱落等，如发现有破损或不能清除的污渍，应委婉地向客人解释，经其同意方可送洗衣房。客房服务员一般应婉拒客人代填洗衣单的要求，即使代客人填写了洗衣单，也应该请客人过目并予以签名确认，以作为依据。本案例中因为客房服务员未遵照服务规范代填洗衣单，而错将名贵西装做湿洗处理，造成责任纠缠不清，使酒店和客人都蒙受了经济损失。所以说在对客服务的过程中只有严格执行酒店的规章制度和服务程序，才是对客人真正的负责。

以往，很多酒店的服务员在收取客衣时一般只核对客人房间号、衣物数量和客人是否填写姓名。但是随着时代的发展，服装面料、饰物的变化日新月异，这种服务显然已不能满足客人多变的需求，所以无论是客房服务员还是洗衣工，在进行衣服分类、洗涤过程中，不仅要细致核对洗衣单，还要以洗涤行业的职业习惯再次核对衣服的保养标志和手感面料质地等，在此基础上，选择最为合适的洗涤方式；在洗涤检查过程中，如发现有斑迹洗不掉或洗衣设备无法洗涤的衣物时，应及时退还客人，并附致歉信（见图9-1），说明不能洗涤的原因，请客人谅解。

洗衣房客衣服务致歉信

洗衣服务
LAUNDRY SERVICE

房号　时间　日期
ROOM No.　TIME：　DATE：

________：

我们已特别注意用________方式洗涤，但在不影响您衣服本身色彩和质地的情况下，无法去除所遗留的污迹。恳请谅解！

________ has been given to this garment, but the remaining stains can not be removed without causing damage to the color or material.

We would like to bring this to your attention and thank you for your understanding.

洗衣房主管
LAUNDRY MANAGER

图 9-1　洗衣房客衣服务致歉信

同时，在洗衣单上减去该衣物的洗涤费；衣物洗熨好后，要及时送还客人，并在流通过程中做好交接记录。有必要根据衣物类别进行适当的包装，如对男式衬衣和内衣进行折叠加封，对女装衬衫或外套要加套挂放等。为便于客人查收，应将衣物放在房内显眼处，切忌将衣物直接放于衣柜内，以免引起不必要的误会与麻烦。如果客人在房内，应请客人当面验收；如门外有"请勿打扰"标志，应将特制的说明卡片（见图 9-1）从门下空隙处塞入，告知客人衣物已洗好，请其与服务中心联系，或为客人电话留言等。

客衣说明卡

洗衣服务
LAUNDRY SERVICE

房号　时间　日期
ROOM No.　TIME：　DATE：

________：

因您的房间挂了"请勿打扰"牌，衣服未能送回，现存放于客房服务中心。若您需要，请拨电话________，我们将派人送上。

Our Laundry Valet found a "Do Not Disturb" sign when returning your clean laundry. It is being retained in the Room Service Centre. Kindly contact________ for delivery.

Thank you.

洗衣房主管
LAUNDRY MANAGER

图 9-1　客衣说明卡

（3）客人提出投诉，引起客衣纠纷时，无论是管理人员还是服务员都应认真耐心听取客人意见，态度要诚恳，并迅速分析和查明具体原因，有针对性地切实为客人解决问题。凡属酒店方面原因引起的客衣纠纷，酒店应主动承担责任，进行相关赔偿、修补或回收、回烫等，若需赔偿，赔偿费最高一般不超过洗衣费的 10 倍。特殊情况需经双方根据具体情况协商解决。就本案例的情况而言，由于投诉客人是长包房客，尽管客人也负有一定责任，但为稳定客源，这家饭店同意了客人的赔款要求，也是完全可以理解的。若属客人或客人衣物本身原因引起的客衣纠纷，酒店不负赔偿责任，但应耐心向客人解释，做到友好协商，事实清楚，原因明确，处理得当，让客人满意。

本章小结

客房部的物资种类比较多，大到房间内的家具、电器设备，小到圆珠笔、牙刷等物料用品。本章主要讨论酒店内客房用品及设备的日常管理。其中织物用品是客房部重要的可循环使用的用品，管理的首要任务是确定各类织物用品适当的库存水平以满足客房部平稳运营的需求。目前许多酒店采用外包的方式完成酒店客房布件、餐桌布件、客衣及员工工服的洗涤工作。洗衣服务管理的重点在于标准化、规范化。尽管外包洗衣可以省去大量的人力和物力，但酒店至少要有 1～2 名具有相关洗衣专业知识的员工配合外包工作。他们是客人与酒店、酒店与洗衣厂之间的关键人物。他们在为客人提供洗衣服务时，需要特别留心。

复习思考题

1．选择题

（1）凡属酒店方面原因引起的客衣纠纷，赔偿费一般不超过洗衣费的（　　）倍。

A．5　　B．3

C．10　　D．20

（2）门窥镜属于（　　）。

A．家具　　B．卫生设备

C．安全装置　　D．电器设备

（3）织物用品主要有（　　）。

A．床上织物用品　　B．客衣

C．卫生间织物用品　　D．工作服

E．餐桌织物用品

(4) 下列属于特殊出借物品的有（　　）。

A. 手杖　　B. 变压器

C. 卷发器　　D. 轮椅

E. 童床

2. 案例题

一家酒店拟制定 3 个标准量的大床床单标准量库存水平，采用店内洗衣服务，该酒店共有 200 张大床。

请问每张大床各配备两张床单，共需购入多少床单？

3. 实践题

查阅资料，了解真丝、亚麻、纯毛等不同面料衣物洗涤时的注意事项。

第十章 客房部安全与危机管理

知识目标

- 了解客房安全工作的基本原则
- 熟悉客房安全设施设备
- 熟悉客房防火安全管理
- 熟悉客房防盗安全管理

能力目标

- 能预防并正确处理酒店内发生的火灾意外
- 能预防并正确处理客房内发生的失窃事件
- 掌握客房危机处理的方式

引导案例

十几年前，一家五星级酒店曾发生过一场惨剧。当时酒店房间内安装的都是落地推拉式的飘窗。这种装修在当时非常时尚，超大的玻璃窗使房间的采光良好。一天晚上，一位客人在外面喝了很多酒，回到房间休息。在起居室的沙发上睡着了。半夜醒来，迷迷糊糊的，可能想回卧室休息，结果认错了方向，一把拉开落地窗就迈了出去，当场摔死后直到天亮才被人发现。这是一个比较典型的客房设施本身有隐患，使客人遭受伤害的事件。

思考：值得欣慰的是这类惨剧不会再发生了。新的旅游酒店行业规则规定，酒店的窗户必须安装限位器，保证任何人不会完全打开窗户，以免发生不必要的伤害。客房是客人在酒店停留时间最久的场所，如何保证这一场所的安全？怎样最大化地消除隐患，全力保证客人的人身、财产和心理安全？

身处异地他乡的住店宾客，对人身、财物和心理的安全要求特别高，酒店有责任和义务保证宾客的安全。客房是客人停留时间最长并存放财物的场所，客房安全最为客人所关心，因此客房安全管理成为客房部的重要工作内容之一。防火、防盗、防伤害是客房安全管理的主要内容。

第一节　客房部安全管理概述

所谓安全管理，是指为保证客人在客房范围内，人身、财产、正当权益不受伤害，也不存在可能导致侵害的因素所采取的各种手段和措施。

一、客房安全的重要性

客房安全管理是酒店经营管理的重要组成部分，直接关系到酒店的生存和发展，是酒店客房管理水平的重要标志，是提高客房出租率和酒店经济效益的重要手段。其重要性表现为：

1. 安全是酒店经营的前提和保证

酒店经营要满足客人消费需求，必须以保证客人安全为基础。如果缺乏安全要素，即使客房再清洁、美观、舒适，服务再周到，客人也是不会光临的。客房安全常出问题，就意味着客房部的管理彻底失败。

2. 客房安全是客人基本、突出的需求

客房是客人在酒店暂居的最主要场所和财物存放地点，是客人的“家外之家”，客人对客房的安全期望值要求高。因此，客房必须是一个安全的场所，酒店有义务和责任为客人提供安全保护，以满足客人的安全期望。

3. 客房安全是酒店安全工作的重要组成部分

酒店安全工作的范围较广，涉及酒店的各个部门和各个角落。客房是酒店的主体，是客人住宿、生活的主要场所，危及客人人身、财产安全的事件绝大多数发生在客房。因此，客房区域是酒店安全工作的要害部位，客房安全是整个酒店安全工作的重要内容。

二、客房安全管理的特点

客房安全管理是整个酒店安全管理的重要组成部分，又具有不同于其他部门安全管理的独特性。这是因为，客房一经出租即成为暂时的私人场所，未经住客允许，任何人，包括客房员工都不得入内，这就给客房安全管理工作增加了难度。客房安全管理的特点有：

1. 要求高、难度大

酒店为保障客房安全制定了许多管理制度，这些制度必须得到客人的理解和配合才能有效实施。如何在工作中既严格执行有关制度，保证酒店客人的安全，又不引起客人的反感，需要客房管理人员认真研究。

2. 服务性强

客房安全是客房商品质量的重要组成部分，要求客房部员工在工作中消除隐患，保证客人人身、财物和正当权益不受侵害。这些都要通过员工严格执行服务规程，尽心尽力搞好客房服务，把安全管理融入服务中来实现。

3. 管理细致入微

由于客房是客人的私人空间，停留时间长，涉及设备用品多，管理稍有不慎，就会造

成对客人的伤害。管理人员要经常巡视客房，检查设施设备，尤其是防火、防盗设施的完好程度。

4．需要其他部门密切配合

客人住的是客房，但客房安全绝不仅仅是客房部的工作，而是需要酒店各有关部门，如保安部、工程部、采购部、餐饮部等共同努力实现的。因此，客房部要与上述部门保持密切联系，共同搞好客房安全管理。

三、客房安全工作的基本原则

为保证酒店、客人、员工的安全，客房安全工作要遵循以下原则：

1．宾客至上，安全第一

“宾客至上，安全第一”是酒店一切工作的基本指导思想，也是安全工作的根本出发点和最终归宿。无论是保安部工作人员，还是客房部员工，都要切实保障客人在酒店人身财产的安全。没有安全保障，一切工作都将无法顺利进行。因此，安全工作是第一位的。

2．预防为主

所谓预防为主，就是集中主要精力做好积极主动的防范工作，防止案件和事故的发生，这是酒店安全工作的基点。预防为主：一是要加强防范，堵塞各种管理漏洞，不给任何违法犯罪分子以可乘之机，把违法犯罪活动制止在预谋阶段；二是要定期进行安全检查，及时发现和消除各种不安全因素和事故苗头，把各类事故消灭在萌芽阶段；三是要加强员工的安全教育，使员工牢固树立“安全第一”的思想。

3．谁主管，谁负责

分清层次，各司其职。客房部安全工作应实行总经理领导下的客房部经理负责制。只有把安全工作的各项要求分解到各个部门，部门经理负责落实，才能把酒店的安全工作做好。

4．内紧外松

“内紧”是指要有高度的警惕性，密切注意不安全因素和各种违法犯罪的苗头，确保住客的安全。“外松”是指安全工作在形式上要自然，气氛要和缓，要适应环境，顺其自然。“内紧”和“外松”是不可分离的统一体。其中，外松是形式，内紧是实质。

5．群防群治

群防群治就是依靠广大员工做好酒店的安全工作。员工是酒店的主人，最熟悉内部情况，深知不安全因素和薄弱环节。只有广泛地依靠员工，才能采取切实可行的措施去堵塞漏洞，消除不安全因素。

此外，住店客人与酒店安全也有直接的利害关系，因此，发动和依靠客人也是安全工作的一个重要方面。

四、客房安全管理的任务

做好客房部安全保卫工作的主要目的：一是为了保障客人的人身安全、财产安全和心理上的安全感；二是为了保障员工的人身安全和员工的合法利益；三是为了保证酒店的安全。

客房安全管理的任务主要有：

1．加强对员工的安全教育，制定严密细致的安全制度，落实安全责任制

客房安全必须让客房部全体员工都来关心。首先，要教育员工增强客房安全意识，懂得如何搞好客房安全，每个人在其中应起什么作用。尤其是楼面服务员和客房清扫员，更要对客房安全切实负起责任，当好楼层的“保安员”。其次，客房安全必须以严密的制度来保证，要集中员工集体智慧制定出周密细致的安全制度，包括客房防火、防盗、钥匙管理、访客接待、员工因公出入客房、楼层安全等一系列规章制度，制定出相关的奖惩措施，使员工有章可循，有法可依。

2．检查有关安全设施设备，保证其正常运转

客房部各级管理人员要在工作中注意巡视检查楼面及客房的安全装置和其他设备设施的安全性能，尤其是防火防盗设施，保证其正常运转或需要启用时能正常发挥作用，对已有的安全制度要经常检查其执行情况。

3．检查督导服务员的安全防范工作，消除安全隐患

客房服务员是接触客房机会最多、最了解客房安全状况的人，必须充分发动服务员寻找安全隐患，提供信息，及时调整改进。例如，消除卫生间地面的积水，防止客人滑倒受伤等。领班也是掌握客房安全状态的人，应督促领班认真查房，纠正服务员工作不细可能带来的不安全问题，使客人安全有保障。

4．保证客房财产安全

客房安全管理不仅要保证客人安全，也要保证酒店财产安全。个别客人会有意无意损坏客房设施设备，有的客人会在退房时拿走客房必备品等，给酒店带来一定的经济损失。为此，客房服务员应严格把关，特别是在客人离店结账时通过查房及时发现问题，通知前台或管理人员去处理，避免由于自己疏忽而给酒店带来损失。

五、客房安全设施设备的配备

安全设施设备是指一切能够预防、发现违法犯罪活动，保障客人和酒店员工安全的技术装备，由一系列机械、仪表、仪器、器材等组合而成。

客房及所属公共区域配备的安全设施设备主要有：

1．消防设施

客房内的消防设施用品主要有设于屋顶的烟感报警器、自动喷淋灭火装置，贴在门后的安全通道出口示意图，摆放在床头柜上的“请勿在床上吸烟”的中英文标志牌。

烟感报警器的作用是当室内烟雾达到一定程度时自动鸣叫报警，酒店消防中心监控室同时显示报警位置。

喷淋灭火装置的作用是当室内温度达到一定程度时，堵在喷头出水口的水银球受热膨胀炸裂，喷头向房间喷水灭火。有烟才有火，因此，有的酒店只设烟感报警器。

安全通道出口示意图上指示了客人所在位置和发生火灾时的安全撤离路线。

设置“请勿在床上吸烟”的中英文标志是国际酒店业通行做法，给予吸烟客人经常的提示是有益的。

为了确保客房安全防火，在楼面通道也要按规定设置报警装置和消防栓或灭火器。两侧要有安全门和消防楼梯。较长的通道中间要设防火隔离门。安全通道应有抽气机、通风装置，以备在发生火灾时能自动启动，抽排燃烧引起的大量烟雾。

2. 防盗设施

在安全方面，客人最关心的要属客房防盗。从近几年来新闻媒体披露的情况看，少数社会上的不法分子已经把酒店客人的财物作为行窃的重要目标，甚至发生了多起谋财害命的恶性事件，使部分客人住进客房后总有不安全感。酒店要对客人的生命财产负责，加强客房防盗工作，增加安全硬件，消除客人的紧张心理。

防盗设施首先是门。门上应安装警眼，并装有安全链。对有阳台、楼层较低的房间，阳台门及窗必须配置安全装置，防止盗窃者从此处进入室内。门锁系统是客房防盗的关键环节，使用高科技产品如电子房卡，对于增强客房安全极为有效。

目前酒店在楼面通道普遍安装了闭路电视监视器，对不法分子是个威慑。若有形迹可疑者，监视器可跟踪监视。有的酒店客房发生失窃事件后，就是靠重放录像带找到的线索。

3. 客房生活设施的安全考虑

为保证住店客人的安全，客房内所有电器及家具设备的安装一定要确保安全。在采购时就要考虑设备的安全性能，不能图便宜买非正规厂家产品。房门、地毯、窗帘、床罩、家具等应具有阻燃性，浴缸要有防滑措施，侧墙上的拉手要安装牢固，最好装高、低两个，以备客人淋浴和盆浴时使用。卫生间的水如未达到饮用标准，应在水龙头上标示出“非饮用水”字样。客房部要与工程部配合，定期检修客房设施设备。客房部各级管理人员和服务员要结合日常工作，细心检查设备的完好性，发现问题及时报修。

第二节 客房部安全管理

为保证客人、酒店员工的安全，客房部应做好防火、防盗、防伤害工作，以保证其业务的顺利开展，满足住店客人的安全需求。

一、防火安全管理

酒店火灾的发生率虽然很低，但是后果极其严重。它不仅直接威胁店内人员的生命和酒店的建筑物和财产，而且会破坏酒店的声誉。客房区域的位置一般处在酒店的高楼层，人员多，扑救和疏散人员都较困难。因此，酒店和客房部都必须制定一套完整的预防措施和处理程序，防止火灾的发生。

（一）客房火灾发生的主要原因

（1）客人躺在床上吸烟，不慎或乱扔烟头、火柴引起火灾。

（2）客人酗酒后吸烟引起火灾。

（3）客人将易燃易爆物品带进客房，引起火灾。

（4）客人在客房使用电炉、电烫斗，不慎引起火灾。

（5）长住客人违反酒店规定，私自增设电器设备，供电线路超负荷运转，造成电源短路，引起火灾。

（6）客人在灯具上烘烤衣物引起火灾。

（7）客房内电器设备因安装不当或连续工作时间过长，导致短路或元器件过热引起火灾。

（8）服务员将未熄灭的烟头倒入垃圾袋或吸入吸尘器的蓄尘袋内引起火灾。

（9）客房内因工程维修起火，没有采取防火措施，引起火灾。

（10）客房安全系统不健全。

（二）客房部火灾预防措施

客房部应结合本部门的具体情况，在酒店防火安全领导小组指导下，成立客房部防火组织，制定具体的火灾预防措施。客房部常用的火灾预防措施有：

（1）在客房区域配备完整有效的防火设施设备用品，如配备烟感报警器、选用具有阻燃性能的材料制作的家具等。

（2）加强对住客的防火宣传。客房安全须知中应有防火要点及需要客人配合的具体要求，床头柜上放置“请勿在床上吸烟”中英文标志牌。

（3）安全通道上不准堆放任何物品，不准用锁关闭，保证通道畅通。

（4）配合保安部定期检查防火、灭火设备及用具，加强客房部员工的消防培训，使员工掌握灭火设备的使用方法和技能。

（5）楼层通道安置报警及灭火装置，安全出口 24 小时都必须有红色照明指示灯。

（6）除指定的吸烟地点外，其他场所一律不准吸烟。

（7）制定客房部各岗位员工在防火、灭火中的职责与任务。

（8）制定火警时的紧急疏散计划和程序，包括如何引导客人疏散、保护重要财产等。

（三）消防与疏散

客房楼层一旦发生火灾，或酒店其他区域发生火警信号和疏散信号，客房部员工必须保持镇静，按照酒店和客房部制定的消防和疏散规则，迅速采取有效措施，保证客人的生命财产和酒店员工的安全，尽量减少损失。

1. 客房区域发生火灾

（1）一旦起火，立即使用最近的报警装置。如立即打破手动报警器玻璃片，发出警报。

（2）拨打酒店规定的报警号码，通知话务员着火地点和燃烧的物质。

（3）迅速利用附近适合火情的消防器材，如灭火机械、水枪、灭火毯等控制火势或将其扑灭。

（4）注意保护客人人身和财产的安全。

（5）如发现客房门下有烟冒出，应先用手触摸此门，如果很热，切勿打开房门。

（6）如果火势已不能控制，则要立即离开火场。离开时应关闭沿路门和窗，在安全距离以外等候消防人员到场，并为他们提供必要的信息。

2．火警信号

（1）客房人员听到火警信号，应立即查实是否发生在本区域。

（2）无特殊任务的客房部员工应照常工作，保持镇静和警惕，随时待命。

（3）除指定人员外，任何工作人员在任何情况下都不得与总机房联系，全部电话线必须畅通无阻，仅供发布火警紧急指示用。

（4）客房部经理或副经理留守在办公室待命，只有在客房区域发生火灾时才赶到现场。

3．疏散信号

疏散信号表明酒店某处已发生火灾，要求客人和全体酒店人员立即撤离房间，赶到集合地点列队点名。该信号只能由在火场的消防部门指挥员发出。

（1）迅速打开太平门、安全梯，并组织人员有步骤地疏散客人。

（2）客房工作人员应敲击和打开房门，帮助客人通过紧急出口离开房间，要特别注意帮助伤残住客，客人离开房间后要立即关好门。

（3）各层楼梯口、路口都要有人指挥把守，以便为客人引路和避免大量客人涌向一个出口，造成挤伤事故。

（4）火灾发生后，要注意检查每一个房间是否有客人。

（5）客房部经理应根据考勤记录在集合地点点名，保证每一个工作人员都点到。

（四）客房服务工作中的防火注意事项

（1）加强对客人的安全管理。客房内禁止使用电炉、电暖气等电器，发现客人使用要立即阻止，报告有关部门处理。发现客人使用电烫斗，要提醒其注意安全。对醉酒客人的房间要多加注意，防止火灾和其他伤害事故的发生。

（2）加强安全检查。要及时消除楼面和客房内的易燃物品，以减少起火因素，注意检查房内电器、电线和插头等，发现安全隐患，要及时采取措施并报修。

（3）加强客房员工的消防培训。使员工掌握“三懂”“三会”“三能”“一知道”等消防基础知识。

“三懂”：懂得本岗位工作中存在哪些火灾危险；懂得怎样预防火灾以及预防措施；懂得怎样扑救火灾。

“三会”：会报警；会使用消防器材；会处理险肇事故。

“三能”：能自觉遵守消防规章制度；能及时发现火险；能有效地扑灭初期火灾。

“一知道”：知道火的三要素，即火源、可燃物、助燃物。

（五）火灾发生时的一般处理方法

客房楼层一旦发生火灾，客房部员工应沉着冷静，按平时防火训练的规定要求迅速行动，以减少火灾造成的损失。火灾发生时的一般处理方法如下：

（1）及时发现火源。当烟感报警器发出火警信号或闻到异味、感觉有异常情况时，客房部员工应立即停止其他工作，迅速查明火源，掌握火情，及时报火警，采取相应扑救措施并通知上级。

（2）及时报警。查明火源及火情后，客房部员工要及时向有关部门报告，讲清地点、燃烧物、火势等情况。报警时一定要镇静，口齿清楚，讲明情况。

（3）及时扑救。如果燃烧面积不大，可根据火情及燃烧物情况，选用适当的消防器材及时扑救，同时尽可能地保护好客人的生命财产安全。灭火后，要妥善保护好现场，以待查明失火原因。

（4）疏导宾客。火灾发生时，要迅速打开安全门、安全梯，组织人员疏散宾客，同时要尽最大努力逐一检查每间客房内是否有遗留宾客，确定无人后在门上做记号，并将门关好，以阻止火势蔓延。

（六）灭火方法及消防器材的使用

客房部员工要了解灭火的原理、方法，熟练掌握各类灭火器材的使用，以便在发生零星火警时能及时进行扑救。

1. 灭火方法

防火灭火的主要措施是把火的三要素分隔开来。灭火的基本方法有：

（1）冷却灭火。即将燃烧物的温度降到燃点以下，使燃烧停止。

（2）窒息灭火。即采取隔绝空气或减少空气中的含氧量的方法，使燃烧物得不到足够的氧气而停止燃烧。

（3）隔离灭火。即把正在燃烧的物质同未燃烧的物质隔开，使燃烧不再蔓延而停止。

（4）抑制灭火。即将有抑制作用的化学灭火剂喷射到燃烧物上，使燃烧停止。

2. 客房消防器材的使用

为防止火灾的发生，酒店配有各种消防剂和器材。这些消防器材不仅种类多，而且配置在酒店各个区域、各个要害部位，一旦发生火灾，可以立即投入使用。客房部员工必须掌握这些消防器材和消防剂的性能、作用和使用方法，才能预防火灾和消灭事故苗头。

客房区域常见的消防器材有两大类，即消防栓和便携式灭火器。

（1）水与消防栓。

1）水。水作为灭火剂的主要作用是冷却，而且汽化后的水还可以排开空气中的氧气，使燃烧过程因缺氧而被抑制。水呈中性，无腐蚀性，无毒性。水能导电，不能扑灭电力火灾，除非事先切断电源。水不能用来扑救不溶于水及比水轻的易燃液体引起的火灾，如苯、醚类。水也不能用来扑灭沸点低于 80℃的易燃液体的失火，尤其不能用来扑救金属钾、电石、多卤化物、钠、发烟硫酸和氧化钠等物品引起的火灾。因为这些物品都能与水发生化学反应，产生易燃或有毒气体。

2）消防栓。用水来扑救火灾主要通过消防栓装置来进行。客房的每层楼都设置有安装消防栓的消防柜。消防栓出水口径一般为 50～65mm，其接口大多数是内扣式的，也有少数为压簧式。消防栓的使用方法是：打开消防柜，卸下出水口的堵头，安上消火栓接口，接上消防水带，注意接口要衔接牢固；然后将水带甩开，注意不要拧花和拐死弯；最后打开闸门，水经消防水带输送到火场。使用完毕后，应先关闸门，然后再把消防水带分解开，卸下接扣，把堵头装好。消防水带每次使用后要冲洗干净，晒干卷好，定期检查，如发现漏水要及时修好。

（2）便携式灭火器。水不能用来扑救 B 类火灾（易燃液体起火）和 C 类火灾（电力起火），所以，客房区域还需配备二氧化碳、干粉及干化学剂类灭火器。客房常用的为便携式（手提式）灭火器。

1）灭火剂及便携式灭火器的使用。表 10-1 为酒店客房部常用的便携式灭火器的类别和使用方法。

表 10-1 便携式灭火器的类别及使用方法

类　别	适用对象	使用方法
二氧化碳灭火器	电火、易燃液体、精密设备、重要文件	1．拔出保险销 2．将鸭嘴压下 3．将喷射口对着火源外部，由外向内喷射（另一种类型是逆时针旋转顶部的手枪）
干粉灭火器	易燃液体、电火、纸类、纺织品	1．拔出保险销 2．挤压提把 3．将干粉对着火源的外部，由外向内喷射
泡沫灭火器	易燃液体着火（切勿用于扑救电火）	1．将灭火器颠倒握牢 2．使泡沫从外向内喷向火源
酸碱灭火器	木料、纸类、纺织品着火（切勿用于扑救电火、易燃液体火灾）	1．将灭火器颠倒握牢 2．将液体喷至火源根部
1211 灭火器	电火、易燃液体、精密设备、重要文件等	1．拔出保险销 2．挤压压把 3．喷向火源根部
灭火毯	普通燃烧物的火灾	直接覆盖着火处

2）保管方法。

① 灭火器应安装在离太平门近，同时又远离容易损害物品的地方，这样使用起来比较方便。

② 防止喷嘴堵塞。

③ 冬季，灭火器要防止冻结。

④ 注意使用年限。

⑤ 保存在干燥通风处，防止受潮、日晒。

⑥ 严禁乱摆乱动。

3）检查与保养。

① 每月称一次灭火器重量，看化学剂是否挥发。

② 每 3 年或 5 年，对灭火器进行流体静力检验，检查眼睛看不到的内部器械的腐蚀与损害程度。

③ 检测后，在每个灭火器上贴上标有检测日期、检测人员及检测项目的标签。

④ 在灭火器喷射装置中盖上合格印章，便于识别。

⑤ 经常检查各个密封部位是否严密。

⑥ 酸碱灭火器需每年更换一次药液。

二、防盗安全管理

客房是客人的“家外之家”，绝大多数客人会将自己的行李物品，甚至一些贵重物品存放在客房，客房里也配备了许多的设备和用品。因此，客房部应严格执行各项安全制度，预防各种盗窃事件的发生，以保障客人和酒店财产不受损失。

1．盗窃者的类型

到酒店进行盗窃作案的主要有以下三种类型的人：

（1）社会上的不法分子混入酒店，进行盗窃作案。

（2）住店客人中的不良分子寻机作案。

（3）酒店员工，特别是客房部员工利用工作之便，进行盗窃作案。

2．盗窃事故的预防措施

（1）配备必要的客房安全设施。为了有效防止失窃事件的发生，保证客人和酒店财产的安全，必须在客房及所属区域配备必要的防盗设备，如闭路电视监控系统、防盗报警装置、门窥镜、防盗扣（链）、电子门锁系统等。目前很多酒店为防止店外客人进入酒店客房区域，将电梯改成插卡式，选择客房区域的楼层，需插入房卡，方可选择楼层。

（2）做好客房钥匙的控制与管理。无论酒店使用哪种类型的钥匙，都应坚持钥匙收发鉴定制度，交接班时要认真核对。老式的还在使用传统钥匙的酒店，正常情况下应定期（如每隔2年）变换整个酒店的门锁系统。目前大多数中高档酒店都采用高科技的新型门锁，使客房的安全更有保障，大大加强客人的安全感。酒店常用的新型门锁有：磁片机械锁、电子光卡锁、电子密码锁、磁卡锁、IC卡锁。它们都分别取代了传统的机械弹子锁，提高了防撬性能，更为安全可靠。

（3）加强对客人的管理。客房部的安全工作须有酒店客人的配合，客房部应制定科学、具体的宾客须知，并放置于客房内，明确告诉客人应尽的义务和注意事项，提醒客人不要随意将自己的房号告诉其他客人和陌生人，提示客人尽可能将贵重物品存放于前台贵重物品寄存处，建立和健全来访客人的管理制度，明确规定来访客人的离店时间，严格控制无关人员进入客房楼层。

（4）加强巡视检查，发现可疑和异常情况及时处理。

小案例

一家大酒店曾经出现过这样一件事：客房部封层，对房间进行维修。工程外包给了某一施工队，把这一楼层的房门都打开，请他们施工。一天，一个小工正在房间里工作时，来了一位女士，说这间房间她刚刚入住，请小工马上离开。这位工人听后立即收拾东西出去了。后来，他跟自己的主管说了一声，但施工单位不太明白酒店的规定，也没太注意。两天后，客房部的员工无意中发现封层的房间晚上亮着灯，上去查看，才发现了这位女士，询问中，发现她的神智有些问题。大家事后想想都觉得挺后怕。一般封层的房间前台不会销售，客房部也不会每天派人打扫。虽然这种事情很偶然，但一旦有人在客房内出现意外，会对酒店的声誉造成很坏的影响。针对此事，该酒店加强了对待修房（Out-of-order）的巡查管理。

除保安部人员每天会例行巡视楼层走廊外，客房部管理人员、服务员也应加强楼层巡视检查，注意在走道上徘徊的外来陌生人、可疑人及不应该进入客房楼层或客房的酒店员工。注意观察客房的门是否关上及锁好，有无异常情况。如果发现客人忘记将钥匙从门锁上取下，应将钥匙送还客人，并提醒其注意保管好钥匙；房间无人则上交主管并登记。发现酗酒、神智异常的客人，要特别留意，避免其损坏房内东西和不良分子乘机进入房间盗窃作案。客人退房，服务员或领班要及时查房，若有客人遗留物品，要登记上交；若发现丢失或损坏物品，要及时报告管理人员，并与有关部门取得联系。服务员在房内作业时，如有客人进入，应试客人房卡，以确认该客人为此房间客人，保证房间物品安全，避免上述案例的发生。

（5）健全客房部员工管理制度。对员工的管理，主要是根据酒店的安全管理条例制定明确的岗位责任制和行为准则，加强对员工服务过程的管理。其中主要有：①客房部员工出入酒店大门及携带物品的规定；②员工进入客房及在房内服务的规定；③员工领用钥匙的程序和手续等。

三、盗窃事故的处理

客人在酒店居留期间难免丢失物品，会向酒店报告，请求帮助查找。酒店要视情节轻重，妥善处理。客房部尤其要急客人所急，积极帮助查找。据国外统计，在客人报称丢失的物品中，有40%是由于放错了地方，30%是客人记忆不清，30%是真正丢失。

客人的财物被盗后，直接通知公安部门的，称为“报案”。客人向酒店反映丢失情况的，称为“报失”。“报案”由当地公安部门受理，“报失”由酒店处理。无论是“报失”还是“报案”，客房部员工都应积极协助客人（或公安机关）调查失窃原因，把属于客房部范围内的工作做好。

处理客人报失的基本程序和方法如下：

（1）客人报失，管理人员要保持冷静，认真听取客人反映情况，不做任何结论性的意见和说些否定的话，以免给以后的处理带来麻烦和困难。

（2）根据客人提供的线索，分析是否确定被盗，及时将情况报告保安部及其他有关部门。

（3）对确属被盗案件的，应详细问明丢失财物经过、物品名称、数量等情况。

（4）尽量帮助失主回忆，来店前后有无查过、有无放错地方等，并在征得失主同意后帮助查找，切勿擅自到客人房间查找。

（5）询问失主是否需要向公安机关报案，并认真记录，最后让客人签字，或要求客人写一份详细的报告经过。

（6）对确属被盗案件的，还应立即报告值班总经理，经同意后向公安机关报告。

(7) 如果被盗财物涉及某一服务员，在未掌握确凿事实之前，管理人员不可妄下结论，也不可盲目相信客人的陈述，以免损伤服务员的自尊心。要坚持内紧外松的原则，细心查访和找寻。

(8) 做好盗窃案件的发案和查破结果的材料整理、存档工作。

四、其他事故的预防

1. 意外事故的预防

由于客人在客房逗留时间较长，客房设备设施复杂、用品繁多，客房部意外事故时有发生。例如，由于卫生间地面、浴缸没有防滑措施，导致客人摔伤；茶杯、酒具破损未及时更换割伤客人；地毯不平整，绊倒摔伤客人；服务员违反安全操作规程，造成工伤事故等。为此，客房部应加强对设施设备的维护保养，加强员工安全教育，要求员工严格执行安全操作规程，加强安全检查。

2. 醉酒住客的处理

酒店中醉酒问题屡有发生，部分醉酒客人会大吵大闹或破坏家具，甚至动手打人，有时还会随地乱吐不省人事。对此，客房部员工应保持理智，对轻醉者，应婉言劝导，安排其回房休息；对重度醉酒且不听劝导的客人，要协助保安人员将其制服送回客房，以免其扰乱其他住客或伤害自己。在安置醉酒客人回房休息后，客房部员工要特别注意其房间内动静，以免房间的家具及用品受到破坏，或因其吸烟引发火灾等不安全情况。此外，客房部员工在楼层走廊遇见醉酒客人，不要单独扶其进房甚至为其宽衣休息，以免客人酒醒后发生不必要的误会。

3. 伤病住客的处理

客人在酒店居留期间，身体可能会偶有不适或突发疾病。客房部员工要能及时发现，及时汇报处理。

(1) 一般性疾病。客人可能会偶感风寒或有其他小恙，客房部员工发现后可询问情况，帮助客人请驻店医生。在此后的几天中应多关心该客人，提醒客人按时服药。

(2) 突发性疾病。包括心脑血管病、肠胃疾病、食物中毒等。客房部员工要立即请医生来，同时报告管理人员，绝对不能擅自做主，救治病人，那样可能导致更严重的后果。在没有驻店医生的情况下，如果患者头脑尚清楚，请客房部员工帮助其购药服用，则客房部员工应婉言谢绝，劝客人立即到医院或请医生到酒店治疗，以免误诊。

如果客人病情严重，客房部要立即与同来的亲属、同伴或随员联系。若客人独自住在酒店，则客房部经理应立即报告在店经理或大堂副理，请酒店派车、派人送客人去医院救治。必要时还要设法与客人所在单位或家人联系。

(3) 传染性疾病。如果发现客人患的是传染性疾病，则必须立即向酒店总经理（夜间是大堂值班经理）汇报，并向卫生防疫部门汇报，以便及时采取有效措施，防止疫病传播。对患者使用过的用品要严格消毒，并在客人离店后对房间、卫生间严格消毒。对接触过患者的服务员，要在一定时间内进行体检，防止疫病扩散。

4．停电事故的处理

造成停电事故发生，既可能是外部供电系统问题引起的，也可能是酒店内部供电系统故障导致的。因此，拥有 100 间以上客房的酒店应配备紧急供电装置，一旦发生意外停电，装置立即自行启动供电，这是对付停电最理想的办法。在没有这种装置的酒店，可以配备足够数量的应急灯，以满足照明需要。

客房部在处理停电事故方面，应制订周密计划，使员工能临危不乱。楼层员工更要从容镇静，沉着指挥，减少客人惊慌情绪，保障客人的安全。应该做到：

（1）立即打开应急灯照明，帮助正在楼道中的客人迅速回到自己房间。

（2）告诉客人这是临时停电，酒店正在采取措施排除故障。请客人锁好房门，在房间内安心等候。

（3）所有员工要平静地坚守岗位，并对楼道、楼梯口、安全出口、库房等处密切关注，防止有人趁机行窃。

（4）管理人员要立即到楼层加强巡视。

5．防止住客遭受外来侵扰和伤害

如何使住客免遭外来侵扰和伤害，保证酒店的正常营业，保障客人在酒店的正常活动与休息，是客房部安全管理的棘手问题。

防止住客在客房内受到侵扰和伤害，下列措施是非常必要的：

（1）加强对电话的控制。住客在客房内可能会受到电话骚扰，针对这一点，酒店要加强对电话的控制：一是总机不要随便将外来电话转接进客房。很多酒店在为客人转接来电时，先询问来电者是否知道客人的姓名，以确认来电者与客人是否相识。当然，总机也不得将住客的情况向他人透露。二是客房的电话机要具备免打扰功能。

（2）配备安全装置。客房内要配备一系列安全装置，以增强住客的防范能力。客房内的安全装置有安全牢固的门锁、客房链、门窥镜（无遮挡视角不低于 160°）等。另外，除正门外，其他能进入客房的门窗部分也要上闩或上锁。

（3）保证客房设备用品的安全性。住客在客房内遭受伤害大多与客房内的设备用品有关，一是因为设备用品本身有故障，二是因为住客使用不当。因此，需要采取下列预防措施：

1）所有电器无漏电现象。

2）家具稳固，无木刺，无尖钉。

3）卫生间的地面、浴缸要防滑。

4）水杯不能有破裂和缺口。

5）冷热水龙头有标记。

6）饮用水必须达到规定的标准。

7）告知客人如何正确使用客房内的设备。

（4）客房内要有安全告示或须知。

（5）提醒客人保持警惕，增强防范意识。

6. 住客死亡的处理

住客死亡是指客人在住店期间因病死亡、意外事件死亡、自杀、他杀或其他原因不明的死亡。除前一种属正常死亡外，其他均为非正常死亡。

住客死亡多发生在客房。楼层服务员要提高警惕，发现客人或客房有异常时要多留心，及时报告管理人员。例如，客人连日沉默不语；客房长时间挂“请勿打扰”牌；房内有异常动静；访客离去后再也不见客人出来，房内久无声响等。对于怀疑有自杀倾向的客人，尤其要多留意观察，多接近，讲些开导的话。

一旦发现客人在客房内死亡，应立即报告客房部经理、总经理、保安部等有关方面，双锁房门，由保安部报告公安机关并派人保护现场，等候调查，不许任何人接近。如调查验尸，证实客人属正常死亡，经警方出具证明，由酒店通知死者家属并协助处理后事。如认定属于非正常死亡，则酒店应积极协助调查。客房楼层服务员与客人接触相对最多，应密切配合调查取证，尽可能详细地提供线索，同时也要注意保密。这种事情扩散出去，不仅会使其他客人产生恐慌，影响酒店声誉，也会给侦破工作造成困难。

客人遗留的财物，客房部要列明清单专人保管，待家属领取。公安机关因侦查需要带走的物品，也要有记录和经手人的签字。

住店客人因病抢救无效死亡的，可由在场医生出具证明。

7. 防自然灾害

很多自然灾害都会给人类造成损害，如地震、台风、雷雨等。尽管很多自然灾害目前人类还无法阻止，但并非无法预测预报。酒店要把预防自然灾害作为安全工作的重要内容，并根据本酒店所处地域及可能遇到的自然灾害，制订相应的安全计划，以尽量减少自然灾害给酒店造成的损失。客房部也要有相应具体的安全计划，内容包括：

（1）客房部及其各工作岗位在发生自然灾害时的职责与具体任务。

（2）应当准备的各种应付自然灾害的设备器材，并定期检查，保证其时时处于完好适用状态。

（3）必要时的紧急疏散计划（类似火灾的紧急疏散计划）。

8. 防疫病

（1）对客房内的设备用品进行严格杀菌消毒。

（2）消灭虫害。

（3）阻止客人将狗、猫等宠物带进酒店。

（4）患有传染病的员工不能上班。

（5）发现有住客患有传染病，可采取措施进行隔离，并对其客房及相关设备用品进行特别处理。

（6）请当地卫生防疫部门进行检查指导。

9. 防止住客的违法行为

由于客房具有高度的私密性，一些人往往会利用这一点在客房内从事违法乱纪活动，如吸毒、贩毒、走私、赌博等，为了防止这类事件的发生，酒店要做好下列几方面的工作：

（1）在“住客须知”上明确规定住客在客房内的哪些做法是被禁止的，以起到警示作用。

（2）加强监督。客房部员工既要对住客给予关心和帮助，又要进行监督和控制，发现问题及时报告。

（3）加强客房服务员的安全意识，提高其识别、判断和处理问题的能力。

10．作好劳动保护，防止工伤事故

客房部员工的工伤事故主要有搬运重物时扭伤腰部、不慎滑倒、化学品烧伤等。劳动保护，就是为保障员工劳动过程中的安全与健康所采取的各种技术措施的总称。客房部应做好劳动保护，预防服务员的工伤事故，防止其受到不必要的伤害。

预防工伤事故，可以采取下列措施：

（1）制定安全操作规程。客房部要根据客房工作的内容和特点，制定一套安全操作规程（或安全守则），对需要服务员在工作中遵守的规定、要求及方法进行说明。

（2）对服务员进行技术培训。客房部要根据安全操作规程及各项工作的程序规范对服务员进行技术培训，使服务员养成安全规范操作的良好习惯，掌握安全操作规范的技能。

（3）加强检查监督。客房部管理人员要加强检查，消除可能导致工伤事故的一切隐患，并对服务员进行监督指导，确保服务员安全操作。

（4）配备劳保用品。配备必要的劳保用品，可以避免和减少发生工伤事故的可能性，如服装、手套、鞋子、口罩等。劳保用品的配发要根据服务员的岗位职责和工作任务，不能只讲形式，不重实效。

（5）改善劳动环境，预防职业疾病。酒店劳动环境的好坏，不仅影响员工的工作热情和工作效率，而且关系到员工的身心健康。如果服务员长期在嘈杂、阴暗、潮湿、高温等环境下工作，将会导致一些职业病的发生，如洗衣房等场地的环境应引起客房部管理人员的高度注意。另外，还要对员工进行定期健康检查，建立健康档案。

（6）实行劳逸结合。客房部应合理组织劳动，科学安排服务员的工作时间，尽量避免加班加点，保证其有足够的休息时间。同时，还要注意组织各种球类、郊游等文体活动，放松身心，增强服务员的体质，使他们能以良好的精神面貌迎接工作。

（7）注意保护和保障女员工的健康。女员工由于生理特点，如经期、孕期、哺乳期，比男员工更易疲劳和患病。所以，必须对女员工实行必要的特殊政策。

第三节　客房部危机管理

所谓危机，是指那些能够引起传媒的广泛报道，并会影响到一个组织或一个国家的正常运转甚至存亡的重大事件。酒店危机是指阻碍酒店正常经营、生存发展的隐患。酒店危机管理是指有计划、有组织、有系统地消除隐患完成既定目标或为减少隐患、降低酒店危机情形所带来的威胁的一系列组织活动。酒店经营充满风险和挑战，酒店危机如同前进道路上潜在的陷阱。为获得发展、获得更高的酒店利益，发现陷阱，避免酒店危机是酒店经营者必须面临的课题。

一、酒店危机管理的重要性

酒店危机管理工作并不是在危机出现之后才开始的。中国有句俗话叫做“未雨绸缪”，也就是说，酒店全体员工时刻都要有危机意识，等到危机发生后才引起重视，那就太晚了。实施酒店危机管理，重要的是形成一个管理危机情形的有效协调机制，以便最大限度地利用酒店内外的资源以及训练有素的员工，保证在酒店危机发生后酒店经营的正常进行，并把危机造成的损失和干扰降低到最低程度。

二、酒店危机的种类

酒店业作为旅游业的重要组成部分，是一个十分脆弱的行业，任何一场自然灾害（如2003年的“非典”）、一次突发事件都会对其正常运转产生重大影响。酒店危机主要表现在：

（1）员工解雇/流失（人力危机）。

（2）财务指标低于预期值。

（3）员工士气低下。

（4）企业诉讼。

（5）负面影响的媒体报道。

（6）破坏性的传闻。

（7）酒店产品缺陷或质量问题。

（8）技术上的失误。

（9）有不满情绪的现任或前任员工引发的暴力威胁行为。

（10）工作事故导致某位高层决策者的突然死亡。

（11）丢失主要客户。

（12）政府调查或罚款。

（13）天灾人祸。

（14）经济抵制。

（15）酒店成为并购的对象。

在客房部的日常经营管理过程中，可能会发生的危机主要有：客房部人力危机、负面影响的传媒报道、自然灾害、突发性事故的发生、员工工作失误引发的事故等。

三、酒店危机管理的基本原则

实施危机管理，必须遵循一定的原则，这些原则包括：

（1）对危机的威胁要进行及时、有准则的评估，以便酒店危机管理委员会作出合理的判断。

（2）明确界定酒店危机管理委员会成员的责任。

（3）实施可靠的通信联系和危机报告程序。

（4）必要时需要得到当地政府部门的支持。

（5）在危机还处在谣言期间时确保酒店的正常运转。

四、客房部危机管理的具体措施

由于客房部经营的特点，造成各种各样的隐患是难免的。要在日常经营过程中，防范各种事件和危机的发生，减少损失，客房部应采取的措施主要有：

1. 提高认识

酒店既是客人的“家外之家”，也是员工的温馨港湾，安全最为重要。客房部的各级管理人员要把危机管理当成其日常的工作内容之一。检验客房部管理人员个人能力的最好方法就是看他们是否能够对那些可能对酒店的经营等造成损害的危机进行有效的管理。

只有在危机被发现，并在危机还没有影响到酒店的正常经营之前迅速采取措施才会达到最有效的危机管理。因为，在这种情形下，公众不会通过大众传媒了解到酒店遇到的危机。

在危机已经出现，或者在危机已经不可避免地影响到酒店的经营时，提前制订好的危机管理应急预案能够把损失降到最低程度。

尽管制订应急预案看上去是一项庞大的工程，但实际上，这也是一些常识性的工作。这项工作要求管理人员先找到对酒店的经营起着关键作用的功能和程序，然后再设计可操作的、易于沟通的应急预案。

只有那些准备了完善的应急预案来应对各种危机的酒店企业，才能在降低损失方面做到心中有数，才可以取得主动权。

小案例

2003 年的春夏之交是令全国人民难忘的。北京人更是深有感触。“非典”在京城肆虐横行。面对一个个鲜活的生命转瞬间撒手人寰，面对繁华的北京街头突然间空空荡荡，面对医务人员恪尽职守、全力以赴的投入，面对治疗“非典”定点医院门口那扎眼的黄色警戒线和人民自发在医院门口挂上的鲜红的中国结，面对每位北京市民每一天都充满焦虑的眼神，人们在一场从来未曾经历过的灾难面前，从开始的掉以轻心、束手无策到后来的团结一致、众志成城，时至今日，想来还是令人潸然泪下。在这场灾难中，酒店业更是遭到重创，全行业严重亏损。客源骤减，很多酒店客房出租率几乎为 0。为了降低成本，很多酒店采取了封楼层、安排员工休假、解聘合同到期的临时工等措施。同时，为保证住店客人和工作人员的安全，严格遵照政府要求每天对酒店全面进行消毒工作。

在“非典”最严重时期，为减少交叉感染，政府征用治疗“非典”定点医院附近的酒店，要求提供客房，安排医务人员的食宿，尽全力为轮换医务人员创造一个安静舒适的环境，保证他们能够很好地休息和放松。接到上级通知，北京永安宾馆负责接待同仁医院、酒仙桥医院的医护人员。酒店成立突发事件临时指挥部，选派高素质的工作人员，立即行动，制订周密的计划，保证圆满完成任务。就客房部而言，首先杜绝一切可能造成病毒传播的隐患，入住前全面清扫客房，按规定对房间进行过氧乙酸消毒，关闭中央空调系统，临时安装纱窗，全部开窗通风，并为房间配备灭蚊器。为避免交叉感染，把客用品整齐堆放在房间走廊，请医务人员自己拿取。对于医务人员的生活垃圾，请他们各自袋装封好，统一放入大垃圾袋中封好，放置走廊口，客房服务员在定期收取垃圾时，按要求从头到脚穿好防护服，并按规定把垃圾封装消毒，运到指定地点。当医务人员的房间设备发生故障，需要进入房间修理时，也要求服务员穿好防护服，工作完毕后，按要求消毒。同时每天定时按要求向指挥部汇报工作情况。除了保证为住店医务人员提供好舒适的住宿，酒店还做好了内部服务员的自我保护工作，安排他们在店内休息，同样为他们提供了充足的后勤保障，圆满顺利地完成了这一艰巨的任务。

2．建立危机管理机构

从组织机构来落实危机防范工作，是首要的一环。酒店危机管理委员会（也可叫危机管理小组或应急指挥部）应该是在总经理领导下的负责酒店内部危机管理的最高决策机构，成员包括酒店各主要部门的负责人，甚至还要包括电话总机房的员工以及酒店聘请的法律顾问、医生、消防专家等。危机管理机构的成员最好配备后备人员，以便在主要成员不在时能随时替补。

酒店危机管理机构建立之后，要明确各成员工作任务、职权和责任，以及机构内的决策程序、工作章程、工作范围、奖励条件、工作计划及目标。例如，属于单个部门的危机隐患报部门经理，属于整个酒店的危机隐患报总经理，再由危机管理机构分析研究，尽快消除隐患，防止事故发生。

3．制订危机管理应急预案

危机管理委员会成立之后的首要任务，就是要制订酒店内部的危机管理应急预案。酒店危机管理应急预案既要详细周到，又要切实可行，具有可操作性且言简意赅。

客房危机管理应急预案一般有防范火灾的预案、防范治安突发事件的预案、防范各种自然灾害的预案、防范客房部员工在管理或服务中操作失误引起事故的预案等。

酒店危机管理应急预案，既是危机发生时的处理程序，也是危机处理的行动纲要。危机管理应急预案要明确规定，当危机发生时，各级管理人员和服务人员的具体分工、职责和工作程序。还要明确谁来处理什么样的问题、谁有权处理什么问题、处理问题的原则等，如由谁发出酒店紧急状态令、由谁对外发布信息、由谁负责现场指挥或善后处理等。制定危机的处理程序，争取时间，果断地采取措施，及时处理危机。

客房部在制订危机管理应急预案时，可以用不同的颜色表示危机的程度，如蓝色表示低度危机，黄色表示中度危机，红色表示高度危机。同时也可以设定客房内部使用的报警密码或口令，使员工在遭到绑架、抢劫或遇到生命危险时，能够有效地保护自己，及时顺利地报警。例如，当一名客房服务员在客房 5 楼的楼道里遇到一个形迹可疑的男子时，肯定不便当着这位男子的面呼叫保安说："快来人，我看见了一个可疑的男子在楼道窥视！"但他可以用类似"5楼蓝色绸带，5楼蓝色绸带"这样的密语报警。

在制订危机管理应急预案时，要注意如下要点：

（1）计划指导行动。预案中的计划不要事无巨细，没有重点，把时间和精力浪费在琐事上面，而是要从客房部的整体出发，制定出大的原则，用来指导客房部全体员工的行为。

（2）危机管理应急预案不要过于注重细节，抽象一点也许更好，使其具有一定的通用性，能够用于一般的危机管理。

（3）危机管理应急预案根据形势的变化要不断地更新，更新的部分要成为危机管理应急预案的一部分，整合成新的预案，用来指导员工的行为。

（4）一旦多种危机并发，危机管理应急预案就要避轻就重，按轻重缓急的顺序来处理。

（5）危机管理应急预案要包括轮休制度。如果员工在危机中连续工作8小时，应该要轮换休息。否则，会造成员工的极度疲劳，导致事故的发生。

（6）各种应付危机的设施设备要有操作说明书，要培训员工操作的技巧。当危机发生时，员工可以根据说明书或操作指南来进行工作。

（7）当危机发生时，并不是所有人员或设备都能100%地投入使用，只有80%是可以使用的，余下20%的人员和设备由于缺席、外出或无法操作而不能投入使用，这就是"80—20"法则。因此，有效的预案仅仅能使用一半可以使用的资源。如果能超过一半，就非常不错了。

4．培训与模拟练习

客房部对员工进行危机防范的培训、模拟演习或训练，有利于加深员工对危机认识的熟悉程度，提高员工处理危机的能力。有效的培训和演习能够减少在实际操作过程中人为的错误，提高工作效率，节省宝贵的时间。训练能提高员工的应变能力和操作技能，提高员工对潜在危机的警惕性，增加客房部处理危机的经验。

训练和演习可以采用以下方法：

（1）背景阅读。目的是使员工了解事件的整个背景。

（2）研讨、头脑风暴法。通过员工之间互相研究讨论，集中大家的智慧，找出最好的处理办法。

（3）观看录像。通过看录像，学习录像教材的做法，达到训练的目的。

（4）案例分析。可以将员工分成几个小组，对有关案例进行分析，找出解决问题的最佳方法。

（5）组织演习队伍。根据工作职责或部门的划分，组织演习队伍，进行模拟演习。

（6）计算机模拟。通过计算机进行模拟演习，提高员工的快速反应能力。

（7）现场演习。一切按实际来操作，检测危机处理中的不足之处，使员工更具真实感，以便发扬优点。

（8）野外演习。通过在野外实地演习，给员工一种真实感，强化员工实战能力。

客房部每年都要作一份年度危机处理的训练计划，并将计划在会议上讨论通过。该计划要细化到小组，保证每个成员都能够参与，并检查员工履行任务的水平和能力。通过举办各种不同情况的防范危机的演习，检验计划方案是否可行、是否需要修改或调整。客房部的危机管理是日常管理的一部分，要常抓不懈，持之以恒。

本章小结

所谓安全管理，是指为保证客人在客房范围内，人身、财产、正当权益不受伤害，也不存在可能导致侵害的因素所采取的各种手段和措施。客房是客人停留时间长并存放财物的场所，客房安全最为客人所关心，因此客房安全管理成为客房部的重要工作内容之一。防火、防盗、防伤害是客房安全管理的主要内容。酒店危机是指阻碍酒店正常经营、生存发展的隐患。危机管理需要有计划、有组织、有系统地消除隐患，完成既定目标。

复习思考题

1．选择题

（1）以下选项中不是客房安全工作基本原则的是（　　）。

A．宾客至上，安全第一　　B．管理细致入微

C．内紧外松　　D．群防群治

（2）以下选项中属于客房安全设施、设备的有（　　）。

A．自动喷淋灭火装置　　B．安全链

C．“非饮用水”标志　　D．手电筒

E．烟感报警器

（3）员工掌握消防基础知识中的“一知道”是指（　　）。

A．知道如发生火灾，要报警、使用消防器材、处理险肇事故

B．知道本岗位工作中存在哪些火灾危险、如何预防火灾以及预防措施

C．知道消防规则制度、能及时发现火灾、能有效扑灭初期火灾

D．知道火的三要素，即火源、可燃物、助燃物

（4）下列属于酒店危机管理中常出现的状况的是（　　）。

A．自然灾害　　B．破坏性传闻

C．政府调查　　D．大规模解雇员工

E．恐怖事件

（5）下列属于酒店的防盗设施的有（　　）。

A．门窥镜　　B．防盗链

C. 电子门锁系统　　　　　　　　D. 逃生示意图

E. 烟感报警装置

2. 案例题

全球主流酒店集团在智慧酒店建设方面已经取得了不少进展。数字酒店客房系统由客房中的智能网络电视和后台的软件平台及服务器群组成，可以通过酒店的运营管理系统与客房的空调、门锁、窗帘等自动控制装置集成起来，形成一个完整的智能化酒店网络系统。

请问智慧酒店除了为客人带来全新的体验外，如何提高酒店安全与危机管理水平呢？

3. 实践题

设计一个客房部可能发生的危机，模拟一次演练。

参考文献

[1] 徐文苑，严金明．饭店前厅管理与服务[M]．北京：清华大学出版社，北京交通大学出版社，2004．

[2] 蔡万坤．前厅与客房管理[M]．北京：北京大学出版社，2006．

[3] 李葱葱，肖树青．前厅与客房管理[M]．北京：中国财政经济出版社，2005．

[4] 林红梅，沈蓓．前厅客房服务与管理[M]．北京：电子工业出版社，2009．

[5] 吴军卫．饭店前厅管理[M]．北京：旅游教育出版社，2003．

[6] 沈忠红．现代饭店前厅客房服务与管理[M]．北京：人民邮电出版社，2006．

[7] 曹红，方宁．前厅客房服务实训教程[M]．北京：旅游教育出版社，2009．

[8] 饶勇．现代饭店营销创新 500 例[M]．广州：广东旅游出版社，2000．

[9] 吴梅．前厅服务与管理[M]．北京：高等教育出版社，2002．

[10] 曾小力，韦小良，韦明体．前厅服务与管理[M]．北京：旅游教育出版社，2002．

[11] 余炳炎，张建业．饭店前厅部的运行与管理[M]．北京：旅游教育出版社，2002．

[12] 陈雪琼．前厅、客房服务与管理[M]．北京：机械工业出版社，2004．

[13] 国家旅游局人事劳动教育司．前厅服务与管理[M]．北京：旅游教育出版社，2004．

[14] 劳动和社会保障部教材办公室．前厅服务知识与技能[M]．北京：中国劳动社会保障出版社，2005．

[15] 林碧属，丁林．前厅、客房的服务与管理[M]．北京．清华大学出版社，2006．

[16] 祝红文，周令芳，代荣英，张立．前厅实务[M]．重庆：重庆大学出版社，2009．

[17] Gary K Vallen，Jerome J Vallen．现代饭店管理技巧——从入住到结账[M]．潘惠霞，等译．北京：旅游教育出版社，2002．

[18] Michael L Kasavana，Richard M Brooks．前厅部的运转与管理[M]．包伟英，译．北京：中国旅游出版社，2002．

[19] 余炳炎，朱成强．饭店前厅与客房管理[M]．天津：南开大学出版社，2001．

[20] 于水华，谌文．酒店前厅与客房管理[M]．北京：旅游教育出版社，2011．

[21] 潘之东．饭店客房管理[M]．北京：中国旅游出版社，2002．

[22] 张谦．饭店服务管理实例评析[M]．天津：南开大学出版社，2000．

[23] 范运铭，支海成．客房服务与管理[M]．北京：高等教育出版社，2004．

[24] 王燕．解读酒店“贴身管家服务”[J]．人力资源研究，2008（2）．

参考文献

[1] [illegible]

[2] [illegible]

[3] [illegible]

[4] [illegible]

[5] [illegible]

[6] [illegible]

[7] [illegible]

[8] [illegible]

[9] [illegible]

[10] [illegible]

[11] [illegible]

[12] [illegible]

[13] [illegible]

[14] [illegible]

[15] [illegible]

[16] [illegible]

[17] [illegible]

[18] [illegible]

[19] [illegible]

[20] [illegible]

[21] [illegible]

[22] [illegible]

[23] [illegible]

[24] [illegible] 2008（2）.